DICTIONNAIRE

DES

MÉTAPHORES FRANÇAISES.

DICTIONNAIRE

DES

MÉTAPHORES FRANÇAISES,

EXTRAITES

DES MEILLEURS AUTEURS FRANÇAIS,

DANS LE STYLE SOUTENU, ET MÊME DANS LE STYLE FAMILIER;

Par A. Varinot,

ANCIEN ÉLÈVE DE L'ÉCOLE POLYTECHNIQUE.

> Pour peu qu'on ait de la chaleur dans l'esprit
> on a besoin de métaphores ou d'expressions
> figurées pour se faire entendre.
> J.-J. ROUSSEAU.

A PARIS,

CHEZ ARTHUS-BERTRAND, LIBRAIRE,

RUE HAUTEFEUILLE, Nº 23.

1819.

PRÉFACE.

La métaphore est entièrement fondée sur la ressemblance de deux objets ; elle n'est même qu'une comparaison abrégée. Si je dis de quelque grand ministre, qu'il supporte l'État, comme une colonne, le poids d'un édifice , je fais une comparaison ; mais si je dis que ce ministre est lui-même la colonne de l'Etat, alors la figure devient une métaphore. La comparaison du ministre et de la colonne est insinuée dans l'esprit plutôt qu'exprimée. L'un des objets est tellement supposé semblable à l'autre, que leurs noms peuvent se remplacer sans qu'on fasse formellement la comparaison : le ministre est la colonne de l'Etat. Ainsi, c'est une manière plus vive et plus animée d'exprimer la ressemblance que l'imagination découvre dans les objets. Toutes les langues sont remplies de métaphores ; cette figure se répand jusques dans la conversation familière.

De toutes les figures du discours, aucune

n'approche de la peinture autant que la métaphore; son effet particulier est de donner de la clarté et de la force aux descriptions, de rendre les idées intellectuelles, en quelque sorte visibles à l'œil, en leur donnant de la couleur, de la substance et des qualités sensibles; mais pour produire cet effet, il faut une main habile et délicate, car le moindre défaut d'exactitude peut produire de la confusion sur l'objet, au lieu d'y répandre du jour. Pour faire mieux sentir le mérite de cette figure, je citerai un passage de Boileau :

Jadis de nos auteurs les *pointes* ignorées
Furent de l'Italie en nos vers attirées.
Le vulgaire ébloui de leur faux agrément ,
A ce nouvel appât courut avidement.
La faveur du public excitant leur *audace* ,
Leur nombre *impétueux inonda* le Parnasse ;
Le madrigal d'abord en fut *enveloppé* ;
Le sonnet *orgueilleux* lui-même en fut *frappé* ;
La tragédie en fit ses plus chères délices ;
L'élégie en *orna* ses douloureux caprices :
Un héros sur la scène eut soin de s'en *parer* ,
Et sans pointe un amant n'osa plus soupirer :
On vit tous les bergers, dans leurs plaintes nouvelles,
Fidèles à la pointe encor plus qu'à leurs belles ;
Chaque mot eut toujours deux *visages* divers ;
La prose la reçut aussi-bien que les vers ;
L'avocat au palais en *hérissa* son style,
Et le docteur en chaire en *sema* l'évangile.
La raison outragée enfin ouvrit les *yeux* ,
La *chassa* pour jamais des discours sérieux,

Et dans tous ses écrits la déclarant *infâme*,
Par grâce lui laissa *l'entrée* en l'épigramme,
Pourvu que sa finesse éclatant à propos,
Roulât sur la pensée, et non pas sur les mots.
Ainsi de toutes parts les désordres cessèrent,
Toutefois à la cour les turlupins restèrent,
Insipides plaisans, bouffons infortunés,
D'un *jeu* de mots grossiers partisans surannés.
Ce n'est pas quelquefois qu'une muse un peu fine
Sur un mot, en passant, ne *joue* et ne badine,
Et d'un sens *détourné* n'abuse avec succès ;
Mais, fuyez sur ce point un ridicule excès,
Et n'allez pas toujours, d'une *pointe* frivole ,
Aiguiser par la *queue* une épigramme *folle*.

Combien de différentes pensées, renfermées dans ces vers, ne perdraient-elles pas de leur force et de leur beauté , si on les présentait sous la forme d'une similitude, ou qu'on substituât les expressions prises dans le sens naturel ? Il est nécessaire de donner quelques règles sur l'emploi des métaphores.

D'abord, elles ne doivent pas être répandues avec profusion ; elles doivent être adaptées à la nature du sujet qu'on traite : elles ne doivent pas être brillantes et plus élevées que le sujet ne le comporte ; il ne faut pas qu'elles donnent au style une sorte d'enflure, ni qu'elles lui ôtent la dignité qu'il doit avoir.

Il y a des métaphores permises, belles même

en poésie, et qui, en prose, paraîtraient absurdes ou peu naturelles. D'autres conviennent au style oratoire, et seraient déplacées dans une composition historique ou philosophique. Il faut toujours se rappeler que les figures ne sont que le vêtement de la pensée.

La seconde règle est relative au choix des objets d'où l'on tire les métaphores et les autres figures. Un vaste champ est ouvert au langage figuré. La nature entière, pour user nous-mêmes de figure, étale à nos yeux ses richesses et nous permet de prendre, dans tous les objets sensibles, ce qui peut éclairer nos idées intellectuelles et morales. Ce ne sont pas seulement les objets riches et brillans, mais encore ceux qui sont graves ou terribles, sombres même et hideux, qui peuvent fournir des figures assorties au sujet. Mais il faut se garder de faire jamais aucune allusion qui rappelle à l'esprit des idées désagréables, basses et dégoûtantes.

Lors même que les métaphores sont choisies dans le dessein d'avilir ou de dégrader un objet, un auteur doit s'étudier à ne pas exciter le dégoût par ses allusions.

Cicéron blâme un orateur de son temps d'avoir appelé son adversaire *le fumier du palais*,

Stercus curiœ. La ressemblance, dit-il, est bien saisie; mais la pensée d'une telle ressemblance blesse la bienséance.

En troisième lieu, en observant que les objets d'où l'on tire les métaphores doivent avoir quelque dignité, il ne faut rien négliger pour que la ressemblance, qui est le fondement de la métaphore, soit claire et frappante.

Il n'y a point de grâce pour excuser les métaphores forcées, d'y joindre la phrase, *pour ainsi dire*, dont quelques écrivains font un très-grand usage. Une métaphore, qui a besoin de cette excuse, ne doit point être admise.

En quatrième lieu, il faut faire attention, dans l'emploi des métaphores, à ne point mêler le langage propre et le langage figuré, à ne composer jamais une période de manière qu'une partie doive être prise métaphoriquement, et l'autre dans le sens littéral.

En cinquième lieu, si c'est une faute de mêler le langage propre et le langage métaphorique, c'en est une plus grande de s'exprimer de manière que deux métaphores différentes se rencontrent dans le même objet. C'est ce qu'on appelle une métaphore mixte, qui est l'abus le plus choquant que l'on puisse faire de cette figure. Telle est cette expression : « Prendre les armes contre une mer de douleurs. » Cela produit un mélange contre nature, qui déroute totalement l'imagination. Quintilien nous a suffisamment prémunis contre cette faute. Ayez surtout soin, dit-il, de finir par le même genre de métaphore par lequel vous avez commencé. Il y a des auteurs qui commencent par une tempête et qui finissent par un incendie. C'est une inconséquence grave.

Observez quel groupe d'objets incompatibles se présente dans le passage suivant. Il est extrait d'une pièce intitulée *la Tempête*. Il s'agit de quelques personnes qui recouvrent leur jugement, lorsque l'enchantement qui le leur avait fait perdre est détruit ; le charme se dissout peu à peu, et comme le matin se glisse furtivement sur la nuit et en fond l'obscurité, ainsi leurs esprits, prenant l'essor, commencent à chasser les fumées ignorantes qui voilent leur raison éclairée.

Il y a là tant de choses mal-assorties, que l'esprit ne peut rien voir avec clarté.

Le matin qui se *glisse* furtivement sur l'obscurité, et qui en même temps la *fond* ; les esprits des hommes qui *chassent des fumées, des fumées ignorantes*, et des *fumées qui voilent*. Un poète peint un ange qui franchit les airs, et le représente au même moment comme étant *à cheval*, et comme *faisant voile* sur *le sein* de l'air. Il est impossible que l'imagination se forme un tableau net d'objets aussi confus.

Il y a des fautes de la même espèce dans la phrase suivante : « Sous quelque jour qu'on en-» visage la nature humaine, sa vue suffira toujours » pour éteindre les semences de l'orgueil. » Remarquez l'incohérence des choses qui se trou-vent ici rassemblées : « Une vue éteint, et elle » éteint des semences. »

Horace est aussi incorrect dans le passage sui-vant :

Urit enim fulgore suo qui præægravat artes infrà se positas :

Urit qui *præægravat*; celui qui écrase, éblouit. C'est là évidemmment un mélange d'images in-compatibles.

On a donné une bonne règle pour reconnaître la justesse d'une métaphore, lorsqu'on a là-dessus quelque doute, et qu'on craint de mêler des images mal assorties.

Il faut essayer d'en former un tableau, et con-sidérer comment s'accordent ses différentes parties ; voir quel aspect le tout présenterait, si on venait à l'exécuter au pinceau. Par ce moyen on remarquera si les circonstances contiennent quelque chose d'incompatible : si , comme dans les exemples que je viens de citer, on n'a produit qu'une association monstrueuse ; si un seul et même objet est constamment offert à l'imagination , et s'il est toujours sous sa forme et sous ses couleurs naturelles.

Ce n'est pas assez d'éviter les métaphores mixtes , il faut, en sixième lieu , se garder de les entasser sur un même objet : c'est en vain que chacune sera distincte ; s'il y en a trop , elles produiront la confusion. On peut en juger par les strophes suivantes d'Horace , qui ont été justement critiquées par d'habiles commentateurs :

Motum ex Metello consule civicum ,
Bellique causas , et vitia , et modos ,
Ludum que fortunæ , gravesque
Principum amicitias et arma
Nondum expiatis uncta cruoribus ,
Periculosæ plenum opus aleæ
Tractas , et incedis per ignes
Suppositos cineri doloso.

Ce passage, quoique vraiment poétique , est cependant pénible et obscur ; cela provient de ce que le poète accumule trois métaphores distinctes pour peindre la difficulté d'écrire l'histoire des guerres civiles , travail que Pollion avait entrepris ; premièrement , *Tractas arma uncta cruo-*

ribus nondum expiatis (Vous maniez des armes encore teintes de sang non encore expié); ensuite *opus plenum periculosæ aleæ* (C'est un ouvrage plein d'un dangereux hasard) ; et enfin *incedis per ignes suppositos cineri doloso* (Vous marchez sur des feux que couvre une cendre trompeuse). L'esprit se prête difficilement à suivre ces diverses images qui présentent , par une succession rapide , le même objet sous plusieurs formes.

La septième et dernière règle qu'il me reste à donner pour les métaphores , est de ne pas les pousser trop loin. Si on s'arrête long-temps sur la ressemblance qui sert de fondement à la figure , si on la suit jusque dans les moindres circonstances, ce n'est plus une métaphore , mais une allégorie. Le lecteur se lasse, ce jeu de l'imagination ne tarde pas à l'ennuyer, et le discours devient obscur. C'est ce qu'on appelle pousser ou presser une métaphore.

C'est une des principales causes de l'embarras et de la dureté dans le langage figuré. Il est des auteurs qui poussent aussi quelquefois leurs métaphores au-delà des justes bornes. Leur goût pour les ornemens du style les entraîne , et s'ils trouvent une figure qui leur plaise, ils ne peuvent se résoudre à l'abandonner ; ainsi, en parlant de la méditation , on ne doit pas la présenter métaphoriquement, comme un *remède évacuant* qui peut être utile à un écrivain.

Ces avertissemens méritent l'attention particulière des jeunes littérateurs , qui sont sujets à se laisser éblouir par un style brillant et fleuri, sans considérer s'il est ou non à sa place. Ils doivent avoir constamment sous les yeux ce précepte de Cicéron : Celui-là est véritablement éloquent, qui sait discourir, en style simple , sur les sujets ordinaires, et traiter avec dignité les grands sujets, et ne s'élever qu'à la hauteur convenable dans les sujets moyens. Celui qui ne sait point parler d'une manière tranquille , douce, réglée, distincte, se livre à des transports que ne partagent point ses auditeurs, et semble un fou parmi des sages , ou un homme ivre au milieu d'une compagnie de gens sobres qui jouissent de toute leur raison.

Il n'y a point de figure qui puisse rendre intéressante une composition vide et sans âme; tandis qu'un sentiment ou une pensée sublime ou pathétique se soutient parfaitement de soi-même , sans emprunter le secours d'une décoration étrangère. Aussi, plusieurs passages très-admirés , dans les bons auteurs, sont conçus dans le langage le plus naturel.

C'est ainsi que le style simple de l'Écriture (« Il a dit, tout a existé ; il a commandé, et tout a paru ; Dieu dit : Que la lumière soit, et la lumière fut. ») présente mieux une pensée élevée que n'auraient pu faire les plus brillantes métaphores. La place la plus convenable des figures, qui sont les ornemens du discours, est celle où règne un ton modéré d'élévation et de passion, et là même, ces ornemens ne contribuent à embellir le discours, qu'autant qu'ils ont pour bâse des pensées solides et des sentimens naturels, qu'ils sont placés à propos, qu'ils naissent du sujet sans apprêt et sans recherche.

C'est M. Goffaux, professeur distingué du collège Louis-le-Grand, qui m'a donné l'idée de ce Dictionnaire.

Non-seulement il y a une métaphore dans le mot correspondant à celui qui est à la marge, mais j'ai encore eu soin de n'employer que des phrases qui sont presque toutes métaphoriques ; ainsi ce Dictionnaire renferme presque toutes les métaphores usitées dans la langue française ; du moins, on peut suppléer facilement à celles qui manquent, et même en créer de nouvelles.

Pour conserver le texte des auteurs dans toute son intégrité et ne pas multiplier inutilement les parenthèses, j'ai laissé les pronoms, et je n'ai désigné les personnes que quand le sens de la phrase l'exigeait absolument. Dans cette phrase : « La mort, qui avait éteint ses yeux, n'avait pu effacer toute sa beauté, et les grâces étaient encore peintes sur son visage pale, » il est inutile de dire qu'il est question du jeune Hippias.

DICTIONNAIRE

DES

MÉTAPHORES FRANÇAISES.

A.

·....N'attends pas que j'abaisse ma haine :
Je te l'ai déjà dit, César, je suis Romaine. *Corneille.*
   (*Cornélie à César.*)

Abaisser.

Assez et trop long-temps l'arrogance de Rome
A cru qu'être Romain, c'était être plus qu'homme
Abattons sa superbe, avec sa liberté :
Dans le sang de Pompée éteignons sa fierté. *Corneille.*
   (*Ptolémée à ses courtisans.*)

Abattre.

Les prêtres qui composaient l'histoire de l'Egypte, de cette suite infinie de siècles qu'ils ne remplissaient que de fables et de généalogies de leurs dieux, le faisaient pour imprimer dans l'esprit des peuples l'antiquité et la noblesse de leur pays. Au reste, leur vraie histoire était renfermée dans des bornes raisonnables ; mais ils trouvaient beau de se perdre dans un abîme infini de temps qui semblait les approcher de l'éternité.

Abîme.

                            Bossuet.

   Que sert à mon esprit de percer les abîmes
      Des mystères les plus sublimes,
      Et de lire dans l'avenir ? *Racine.*

Si toutes les rênes du gouvernement ne fussent enfin tombées dans une autre main, la monarchie française serait maintenant aux abois. *J.-J. Rousseau.*

Abois.

Abois. L'idolâtrie, qui semblait être aux abois, découvrit tout-à-fait son faible. *Bossuet.*

Aboli. Si quelques années après votre mort vous reveniez, hommes oubliés, au milieu du monde, vous vous hâteriez de rentrer dans vos tombeaux pour ne pas voir votre nom terni, votre mémoire abolie, et votre prévoyance trompée dans vos amis, dans vos créatures, et plus encore dans vos héritiers et dans vos enfans.

Bossuet.

Aborder. Le mystère sur la sensibilité des nerfs n'a pas été abordé. *Rivarol.*

——— En lisant la vie de cet insensé (Pyrrhus), Emile trouvera que tous ses grands desseins ont abouti à s'aller faire tuer par une femme. *J.-J. Rousseau.*

Abrégé. Le clergé, corps illustre autant qu'utile, paraissait être l'abrégé de la société entière, dont il était l'ame et le lien moral. *Roux de Laborie.*

Abreuver. Les uns rient des absurdités dont les nations ont été abreuvées, les autres gémissent de ces impostures; la multitude infinie des mensonges fait des Démocrites et des Héraclites. *Voltaire.*

———
Dans des fleuves de sang le fer s'abreuve et nage,
Ivre de vengeance et d'horreurs. *Lebrun.*

Absorber. Ici bas mille passions ardentes absorbent le sentiment interne et donnent le change aux remords.

J.-J. Rousseau.

Accord. Le paysage n'était point un tableau colorié, c'était une simple estampe où se réunissaient tous les accords de la lumière et des ombres. *Bernardin de Saint-Pierre.*

——— Voltaire, sensible surtout à cet accord entre le rhythme et la pensée, semble regarder le reste comme

un subordonné qu'il rencontre plutôt qu'il ne le cherche.
La Harpe.

Accourcir.

> J'espère que le ciel, sensible à mon outrage,
> Accourcira bientôt, dans les pleurs, dans la rage,
> Les jours infortunés que ma bouche a maudits. *Voltaire.*

Accrocher.

Une âme simple, qui ne cherche, pour ainsi dire, qu'à s'accrocher à ce qui l'environne, prend aisément le change. *J.-J. Rousseau.*

Acharner.

Jérusalem, assiégée par les Romains, était déchirée par trois factions ennemies. Si la haine qu'elles avaient pour les Romains allait jusqu'à la fureur, elles n'étaient pas moins acharnées les unes contre les autres. *Bossuet.*

———

> Nôtre sort est beaucoup plus rude
> Chez les grands que chez les petits :
> Cependant notre âme insensée
> S'acharne au vain honneur de demeurer près d'eux. *Molière.*

Acheminer.

Je puis vous dire avec vérité que si durant cinq cents ans le peuple de Dieu fut sans prophètes, tout l'état de ce temps était prophétique ; l'œuvre de Dieu s'acheminait, et les voies se préparaient insensiblement à l'entier accomplissement des anciens oracles.
Bossuet.

———

Je vois avec plaisir que tout s'achemine à ce que vous appelez votre bonheur. *J.-J. Rousseau.*

———

> ....Courant m'embrasser,
> Il (Néron) m'écarta du trône où je m'allais placer.
> Depuis ce coup fatal, le pouvoir d'Agrippine,
> Vers sa chute, à grands pas, chaque jour s'achemine. *Racine.*

Adapter

L'orateur emploiera toutes les différentes formes de l'éloquence selon le besoin, et adaptera le ton de son discours, non seulement au sujet, mais à ses différentes parties. *Traduit de Quintilien.*

Adapter.

Les situations qu'inventent les écrivains qui ont

l'imagination vive , les nuances délicates qu'ils aper-
çoivent dans les caractères , la naïveté des peintures
qu'ils ont à faire , leur font adopter des tours de
phrases qui sont admirables, toutes les fois qu'ils ne
sont ni précieux, ni obscurs. *Diderot.*

Affadir. Je gâtai ma pièce (Œdipe) pour plaire aux acteurs ,
en affadissant, par des sentimens de tendresse, un sujet
qui le comporte si peu. *Voltaire.*

——— Le charme du style mêlé s'affadit et se perd. *Rivarol.*

Affaisser. Nous laissons affaisser notre esprit dans la noncha-
lance. *J.-J. Rousseau.*

Affamé. Affamé de transports , j'attends ce moment tardif
avec impatience. *J.-J. Rousseau.*

Affronter. Des chênes et des pins les orgueilleuses têtes
Vont jusque dans la nue affronter les tempêtes. *Colardeau.*

Affubler. .....Il me prend une envie :
C'est d'affubler sa face de palais,
A poing fermé, de deux larges soufflets. *Voltaire.*

Age.. Il est constant que dès le premier âge du monde,
les hommes avaient déjà fait de grands progrès dans la
science du mouvement des astres. *Cassini.*

Agile. Le soleil agile et rayonnant monta dans les cieux.
Chateaubriand.

Agrandir. Rome, encore pauvre et attachée à l'agriculture,
nourrissait une milice admirable qui ne respirait que la
gloire, et ne songeait qu'à agrandir le nom romain.
Bossuet.

Aïeule. Nil ! quels sont ces débris sur tes bords dévastés ?
C'est Thèbe aux cent palais, l'aïeule des cités ? *Chenedóllé.*

Aigri. Un flatteur est souvent un esprit aigri , un ennemi
couvert. *Laffiteau.*

Aigrir. Pourquoi venir encor aigrir mon désespoir ? *Racine.*

Ne puis-je menacer un ingrat qui m'offense, *Aigrir.*
Sans aigrir de vos soins l'injuste défiance ? *Crébillon.*

On associe à Paris avec art l'esprit et la raison, les *Aigu.*
maximes et les saillies, la satire aiguë, l'adroite flatterie et la morale austère. *J.-J. Rousseau.*

.....L'aiguille du temps, des heures entourée, *Aiguille.*
Ne nous donne à la fois qu'un point de leur durée. *Colardeau.*

Quand la charité distribue les richesses, elle crée, pour *Aiguillon.*
ainsi dire un monde nouveau dans le monde physique ;
elles font circuler en tous lieux l'abondance et la vie;
elles sont l'aiguillon et la récompense du travail.

> *L'abbé Poule.*

Le travail aiguise l'appétit. *J.-J. Rousseau.* *Aiguiser.*

Mes voyages, toujours aiguisés par la gêne, ne faisaient —————
qu'aiguiser en moi le goût des plaisirs rustiques.

J'ai peu connu la cour ; mais la crédulité —————
Aiguise ici les traits de la malignité. *Voltaire.*

Sur des ailes de feu la grâce descendue, *Aile.*
Chasse enfin le nuage épaissi sur ma vue. *Colardeau.*

.....Le sommeil, trompant ses chagrins envieux, —————
Là couvre enfin de l'aile, et pèse sur ses yeux. *Gilbert.*

L'incendie aux ailes brûlantes —————
Fond dans les cieux épouvantés. *Lebrun.*

Toutes les espèces d'oiseaux-mouches sont assez —————
nombreuses et paraissent confinées entre les deux
tropiques, car ceux qui s'avancent en été dans les
zones tempérées n'y font qu'un court séjour; ils semblent suivre le soleil, s'avancer, se retirer avec lui, et
voler sur l'aile des zéphirs à la suite d'un printemps
éternel. *Buffon.*

Albion verra sur ses côtes, *Ailé.*
De nos célèbres Argonautes
Descendre les châteaux ailés. *Lebrun.*

Air. — Une femme mondaine et toute occupée de plaire, répand sur tout son domestique un air de licence et de mondanité ; sa maison devient un écueil d'où l'innocence ne sort jamais entière. *Massillon.*

Airain. — .....Mes sens sont glacés par un sommeil d'airain. *Lebrun.*

Ajuster. — L'usurpation commence par se mettre peu à peu en possession ; l'équité, l'intérêt public jettent des cris et réclament. La politique vient, qui ajuste comme elle peut l'usurpation avec l'équité, et l'abus reste.

Voltaire.

Alarme. — La jalousie qui ne dort jamais, et l'avarice qui s'alarme de tout, suscitèrent une guerre odieuse. *Raynal.*

Aliment. — La tempête de la nuit, le silence du matin, voilà les alimens de l'enthousiasme et les témoins du génie dans les momens de création. *La Harpe.*

Alliage. — L'alliage des nations fondues ensemble dans l'incendie des guerres, s'épure et se polit par le commerce.

Reynal.

Allumer. — Votre amour contre nous allume trop de haine. *Racine.*

Allumé. — Il se peut bien faire que des cervelles allumées aient eu des visions ; on en a mille exemples de siècle en siècle. *Voltaire.*

Aloi. — Quand on aime bien, on aime tout ; et la beauté qui ne donne aucun chagrin, comme la vôtre, n'est pas une chose à oublier. Si M. de Grignan la détruit, tenez-vous pour dit que sa tendresse n'est pas d'un bon aloi.

Mme. de Sévigné à sa fille.

Altéré. — Le ciel, le juste ciel, par le meurtre honoré,
Du sang de l'innocence est-il donc altéré ? *Racine.*

——— Ne quittez point ce fer de carnage altéré,
Que ce fer n'ait éteint sa soif et sa vengeance
Dans un sang abhorré. *Lebrun.*

.........Toi, cendre sacrée,   *Altéré.*
Cendre de mon époux, de vengeance altérée,
Mânes sanglans, faut-il que votre meurtrier
Règne sur votre tombe et soit votre héritier ? *Voltaire.*

J'appris à juger sainement des choses ; l'autorité,   *Altérer.*
l'opinion n'altéraient point mes jugemens.
                         J.-J. Rousseau.

La vérité ne s'altère que par le changement des ——
hommes. *Pascal.*

Le style est l'homme même ; le style ne peut donc ——
ni s'enlever, ni se transporter, ni s'altérer. *Buffon.*

Quant à Vulcain, Vénus le flatte, le supplie, l'im-   *Amadouer.*
plore, l'amadoue. *Bernardin de Saint-Pierre.*

       Jamais la dame la plus belle   ——
       Ne charma tant son favori,
       Que fait cette épouse nouvelle
       Son hypocondre de mari.
       Il l'amadoue ; elle le flatte. *La Fontaine.*

Voulez-vous que la religion chrétienne ne soit qu'un   *Amas.*
amas de sophismes ? *Voltaire.*

       C'est le printemps qui rend l'âme   *Ame.*
       A nos champs semés de fleurs. *Molière.*

La louange agréable est l'âme des beaux vers. *Boileau.*

J'ai senti l'amertume des remords ; j'ai goûté les   *Amertume.*
douceurs de la victoire. *J.-J. Rousseau.*

       Sur tous les côteaux voisins   *Ambre.*
       On voit briller l'ambre fertile
       Dont elle (l'Aurore) dore nos raisins. *J. B. Rousseau.*

       J'aime cet ambre liquide   ——
       Dont Chypre enivre mes regards. *Lebrun.*

.....La feuille, en tombant du pampre dépouillé,   ——
Découvre le raisin de rubis émaillé :
De l'ambre le plus pur la treille est colorée.
Les celliers sont ouverts, la cave est réparée. *Saint-Lambert.*

Si j'avais des melons ambrés au cœur de l'hiver, avec   *Ambré.*

quel plaisir les goûterais-je, quand mon palais n'a besoin d'être humecté ni rafraichi ! *J.-J. Rousseau.*

Ambulant. L'idée d'un grand voyage flattait ma manie ambulante, qui déjà commençait à se déclarer.

Le même.

Amorce. On connaît peu l'amour, on craint trop son amorce ;
C'est sur nos lâchetés qu'il a fondé sa force.
C'est nous qui, sous son nom, troublons notre repos :
Il est tyran du faible, esclave du héros. *Voltaire.*

Amorcé. ... Si même un jour le lecteur gracieux,
Amorcé par mon nom, sur vous tourne les yeux,
De votre auteur, alors, faites-lui la peinture.
Boileau a ses vers.

Ampoulé. Mon esprit n'admet point un pompeux barbarisme,
Ni d'un vers ampoulé l'orgueilleux solécisme. *Boileau.*

Anarchie Il me faut un Dieu qui me sauve du chaos et de l'anarchie de mes idées. *Rivarol.*

Anatomie. L'homme éprouve une répugnance naturelle quand on le force d'assister à l'anatomie de ses facultés.

Le même.

Anatomiser. Newton a anatomisé la lumière. *Fontenelle.*

Ancré. La vanité est si ancrée dans le cœur de l'homme, qu'un goujat, un marmiton, un crocheteur, se vante et veut avoir ses admirateurs, et les philosophes même en veulent. *Pascal.*

Animer. La toile est animée, et le marbre respire. *Voltaire.*

Anse. Le philosophe échappe à la main du destin, qui ne sait pas où le prendre, parce qu'il a brisé, comme dit le stoïcien, les anses par lesquelles le fort saisit le faible pour en disposer à son gré. *Raynal.*

Antichambre Tous les médecins sont à la porte du dernier asile où la nature se renferme ; elle ne se montre jamais à eux, et ils devinent dans son antichambre. *Voltaire.*

(9)

Nous anticipons l'avenir comme trop lent, et comme *Anticiper.*
pour le hâter, ou nous rappelons le passé pour l'arrêter
comme trop prompt. *Pascal.*

L'homme a la force et la majesté : les grâces et la *Apanage.*
beauté sont l'apanage de la femme. *Buffon.*

Il n'y a de réel hors de l'homme que l'espace, les
corps et leur manière d'être ; le temps est notre con-
ception, notre apanage. *Rivarol.*

      Aplanissez l'onde orageuse. *J.-B. Rousseau.* *Aplanir.*

La morale uniforme en tout temps, en tout lieu, *Apôtre.*
A des siècles sans fin vous parle au nom de Dieu :
C'est la loi de Trajan, de Socrate, la vôtre ;
De ce culte éternel la nature est l'apôtre. *Voltaire.*

Pour qui ne les craint point il n'est point de prodiges ; *Appât.*
Ils sont l'appât grossier des peuples ignorans,
L'invention du fourbe et le mépris des grands. *Le même.*

Fille de la peinture et sœur de l'harmonie, *Appauvrir.*
      Jadis la poésie,
Sous le voile enchanteur d'aimables fictions,
Audacieuse et sage en ses expressions,
Pour cadencer un vers qui dans l'âme s'imprime,
Sans appauvrir l'idée enrichissait la rime. *Gilbert.*

Pour que la rose soit à la fois un objet d'amour et de *Appeler.*
philosophie, il faut la voir lorsqu'elle brille sur sa propre verdure, que le zéphir la balance sur une tige hérissée d'épines, que l'aurore l'a couverte de ses pleurs,
et qu'elle appelle par son éclat et par ses parfums la
main des amans. *Bernardin de Saint-Pierre.*

En appesantissant le despotisme, Babar avait voulu *Appesantir.*
l'enchaîner lui-même. *Raynal.*

La nature a mis dans ma mauvaise tête le poison de *Appétit.*
ce bonheur ineffable dont elle a mis l'appétit dans mon
cœur. *J.-J. Rousseau.*

Vos pensées s'exhalent sans art et sans peine ; elles *Apprêté.*

portent au cœur une impression délicieuse que ne produit point un style apprêté. *J.-J. Rousseau.*

Apprivoiser. Ce qui nous paraissait terrible et singulier
S'apprivoise sans peine
Quand ce vient à la continue. *La Fontaine.*

——— N'envisageant le papisme que par des liaisons avec
des amusemens, je m'étais apprivoisé sans peine avec
l'idée d'y vivre. *J.-J. Bousseau.*

Apprivoisé. ... Voyez-vous bondir ces flots errans ?
Courez, emparez-vous de ces fougueux torrens ;
Guidez dans des caveaux leur onde apprivoisée. *Delille.*

Approfondi. Une grande vérité approfondie vaut mieux que la
découverte de cent mensonges.

Arbre. Ce roi, fils de David, où le chercherons-nous ?
Le ciel même peut-il réparer les ruines
De cet arbre séché jusques dans ses racines ? *Racine.*

Arc. Que ne peut point Pandore ? elle est femme, elle est belle.
La voilà, jouissons de son étonnement ;
Retirons-nous pour un moment
Sous les arcs lumineux de la voûte éternelle. *Voltaire.*

Archive. Au lieu de reculer trop loin les limites de la durée,
je les ai rapprochées autant qu'il m'a été possible, sans
contredire évidemment les faits consignés dans les archives de la nature. *Buffon.*

——— Pour connaître tous les prestiges de la puissance de
l'imagination, il ne faut qu'étudier les enfans, qui sont
pour nous les archives toujours renaissantes du genre
humain. *Rivarol.*

Ardeur. On voit les Arabes abattus sous les ardeurs de leurs
passions et de leur climat, ayant à peine la force de
respirer. *Raynal.*

Arduc. Je suis entraîné à une des questions les plus ardues
que la curiosité de l'homme se soit proposées.
Rivarol. (Récapitulation.)

(11)

Le temps qui toujours marche avait pendant deux nuits
    Echancré selon l'ordinaire
De l'astre au front d'argent la face circulaire. *La Fontaine.*   *Argent.*

...Heureux (le voyageur) s'il rencontre une rustique source,
    Qui libre dans sa course,
Aime à lui prodiguer tout son liquide argent ! *Lebrun.*   ———

Un lait pur l'abreuvait de ses flots argentés. *Le même.*   *Argenté.*

Cymodocé flattait son vieux père de ses belles mains   ———
caressait sa barbe argentée. *Chateaubriand.*

    Le Dieu qui répand la lumière
De son char argenté lance les premiers feux. *J.-B. Rousseau.*   ———

C'était le même œil, le même teint, les mêmes traits,   ———
même gaîté, tout, jusqu'à la même voix, cette voix
argentée de la jeunesse, qui fit toujours sur moi tant
impression. *J.-J. Rousseau.*

Les cloches dans les airs de leurs voix argentines   *Argentin.*
    Appelaient à grand bruit les chantres à matines. *Boileau.*

Il y a des esprits qui n'apprennent que ce que le   *Aride.*
monde veut bien ignorer, une science vaine, aride,
dénuée d'agrément et d'utilité, qui ne tombe point dans
la conversation, qui est hors de commerce, semblable
à une monnaie qui n'a plus de cours. *La Bruyère.*

Ouvrez les yeux, songez qu'Oreste est devant vous...   *Arme.*
    (*Oreste à Hermione.*)
Oui, c'est vous dont l'amour naissant avec leur charmes,
Leur apprit le premier le pouvoir de leurs armes.
    (*Hermione à Oreste.*)   *Racine.*

... Si la dureté de votre aversion   ———
Nomme encor notre amour une rébellion,
Du moins souvenez-vous qu'elle n'a pris pour armes
Que de faibles soupirs et d'impuissantes larmes. *Corneille.*

La mer, comme une puissante alliée des barbares,   *Armée.*
entre dans le camp des Francs pour en chasser les Romains. Les Romains reculent devant l'armée des flots.
        Chateaubriand. (Les Martyrs.)

Armer. L'ardeur de se montrer et non pas de médire
Arma la vérité des traits de la satire. *Boileau.*

——— Le ciel s'arma d'éclairs et de feux qui semblaient tomber sur la terre. *Fénélon.*

——— Pour mieux armer le cerveau contre les rhumes, les fluxions et toutes les impressions de l'air, accoutumez vos enfans à demeurer été et hiver, jour et nuit, toujours tête nue. *J.-J. Rousseau.*

Armé. Tous mes ressouvenirs sont armés de poignards. *Colardeau.*

Arracher. Ce secret m'importune, il faut que je l'arrache. *Voltaire.*

Arranger. Je repris mon travail, attendant paisiblement que mes idées s'arrangeassent assez dans ma tête pour me montrer ce que j'avais à faire. *J.-J. Rousseau.*

Aspect. A l'aspect de l'autorité inébranlable des lois, le monopole, ce tyran de l'industrie, disparaîtra pour jamais. Les entraves que l'intérêt particulier a mises au commerce, vous les ferez céder à l'intérêt général. *Raynal.*

——— ... Fuyez l'aspect de ce climat sauvage,
Qui ne parle à vos yeux que d'un triste esclavage. *Racine.*

Assaillir. Mille mouvemens contraires m'assaillirent à la fois.
J.-J. Rousseau.

——— La dame releva son voile d'une main tremblante, regarda Zadig, jeta un cri d'attendrissement, de surprise et de joie, et succombant sur tous les mouvemens divers qui assaillaient à la fois son âme, elle tomba évanouie. *Voltaire.*

Assaisonnement. C'est dans les dissipations et la licence des armes que l'impiété est un bon air; la foi, une faiblesse; la religion, un songe; les vérités du salut, le partage des âmes oiseuses; les terreurs de l'éternité, une vaine frayeur; et la sainteté de nos mystères, souvent l'assaisonnement des débauches. *Massillon.*

Eurymaque était habile pour assaisonner une louange *Assaisonner.*
licate. *Fénélon.*

  Qui ne rirait de voir qu'avec un soin extrême   *Assassin.*
  L'homme ait inventé l'art de se tuer lui-même?..
  Vous êtes dans votre art tous de francs assassins
  Produits par les enfers, payés des médecins.
              (Sur les cuisiniers.) *Regnard.*

  ... As-tu jamais vu le sort et son caprice   *Assassiner.*
  Accabler un mortel avec plus d'injustice,
  Le mieux assassiner? *Regnard.*

Ce serait une chose plaisante à mettre sur le théâtre,
que les grimaces savantes des auteurs et leurs raffinemens
ridicules, la vicieuse coutume d'assassiner les gens de
leurs ouvrages, leur friandise de louanges, leurs ména-
gemens de pensées, leur trafic de réputation, et leurs li-
gues offensives et défensives, aussi-bien que leurs guerres
d'esprit et leurs combats de prose et de vers. *Molière.*

On m'assassine dans le bien, on m'assassine dans
l'honneur, et voilà un traître, un scélérat qui a violé
tous les droits les plus saints, qui s'est coulé chez moi
pour me dérober mon argent. *Molière.*

  Aux premiers accès d'une sainte manie   *Assaut.*
  Mon esprit alarmé redoute du génie
  L'assaut victorieux. *J.-B. Rousseau.*

En vain mon imagination fit le tour du globe, au   *Asseoir.*
milieu de tant de sites offerts au bonheur des hommes
par la nature, je n'y trouvai pas seulement de quoi asseoir l'illusion d'un peuple heureux suivant les lois.
           Bernardin de Saint-Pierre.

Psyché raisonnait sans qui lui fut possible d'asseoir
un jugement certain. *La Fontaine.*

Plus on s'élève, plus la félicité semble s'éloigner de
nous; les chagrins et les noirs soucis montent et vont
s'asseoir même avec le souverain sur le trône. *Massillon.*

Assiéger. Je ne veux pas voir sans cesse devant moi un espio
de mes affaires , un traître dont les yeux maudits a
siégent toutes mes actions , dévorent ce que je posséd
et furètent de tous côtés pour voir s'il n'y a rien à vole
Molière.

——— Les sensations attendent l'homme dans son entre
dans le monde ; elles l'assiégent de toute part, et l
demandent audience toutes à la fois. *Rivarol.*

——— Les discours flatteurs assiégent le trône , s'emparei
de toutes les avenues et ne laissent plus d'accès à l
vérité. *Massillon.*

Assis. La grâce seule veut apprendre aux hommes que
chasteté , l'humilité , la tempérance , pouvaient ét:
assises sur le trône. *Massillon.*

Associer. Le sentiment est là prêt à s'associer à tous les obje
qui le frappent par l'entremise des sens. *Massillon.*

Assommer. Un froid écrit assomme,
Il ne faut que ce faible à décrier un homme.

Assortir. Il faut savoir assortir les entretiens dont on amus
un enfant au tour d'espri t qu'on lui a donné.
J.-J. Rousseau.

Assorti. Il est des nœuds secrets , il est des sympathies
Dont par le doux rapport les âmes assorties
S'attachent l'une à l'autre et se laissent piquer
Par ces je ne sais quoi qu'on ne peut expliquer. *Corneille.*

Assoupi. Que le glaive assoupi dans vos mains dédaignées
S'éveille pour l'honneur. *Lebrun .*

Assoupir. Il fit en sorte d'assoupir l'affaire. *J.-J. Rousseau.*

——— La foudre est assoupie. *Gilbert.*

——— Quand la nature ne peut séduire notre raison par de
images étrangères , elle l'assoupit par le charme de
sentiment. *Bernardin de Saint-Pierre.*

... J'atteste des dieux la majesté sacrée,   *Assouvi.*
Que je serai soumis aux volontés d'Atrée,
Que par moi seul enfin son courroux assouvi,
Fera voir à quel point je lui suis asservi.
     (*Thyeste à Atrée.*)   *Crébillon.*

Que sera-ce quand, en contentant nos impudiques   *Assouvir.*
désirs, en assouvissant nos vengeances et nos secrètes
jalousies, en accumulant dans nos coffres des trésors
d'iniquités, sans jamais vouloir séparer le bien d'autrui
d'avec le nôtre, trompés par nos plaisirs, par notre
santé, par notre jeunesse, nous viendrons tout-à-coup
à notre dernier jour? *Bossuet.*

L'ambition déplaît quand elle est assouvie. *Corneille.*

La foudre est l'astre seul qui nous luit dans les airs.   *Astre.*
                      Crébillon.

Ma famille se réfugia dans le christianisme, asile de   *Asile.*
la véritable indépendance. *Chateaubriand.*

Démosthène est l'athlète de la raison, il la défend de   *Athlète.*
toutes les forces de son âme et de son génie, et la tri-
bune où il parle devient une arène. *Maury.*

Tel est le danger des passions, que même sans les   *Atmosphère.*
partager, vous respirez dans leur atmosphère quelque
chose d'empoisonné qui vous enivre. *Chateaubriand.*

    Il (le soleil) était témoin de la fête,   *Atour.*
     Paré d'un magnifique atour,
     Et caché le reste du jour,
     Sur le soir il montrait la tête. *La Fontaine.*

L'auteur de la nature a attaché l'ennui à l'inaction.   *Attacher.*
                Voltaire.

Vit-on jamais une âme en un jour plus atteinte   *Atteint.*
De joie et de douleur, d'espérance et de crainte,
Asservie en esclave à plus d'événemens,
Et le piteux jouet de plus de changemens? *Corneille.*

    La cour a pour vous de appas?   *Atteler.*
  Quoi! vous pourriez vous plaire en un lieu de fracas,

Où les grands, les petits , sont, d'une ardeur commune,
Attelés jour et nuit au char de la fortune. *Regnard.*

Attérer.   Après avoir abattu l'orgueil dans tous les endroits par où il semblait vouloir s'élever, David l'attére tout-à-fait. *Bossuet.*

Attiser.

.... Loin d'oser
Approuver la fureur de votre emportement,
Loin que par mes discours je l'attise moi-même,
Croyez qu'il faut aimer autant que je vous aime
Pour avoir pu souffrir tous les noms odieux
Dont votre amour le vient d'outrager à mes yeux. *Racine.*
(*Iphigénie à Achille qui voulait se venger d'Agamemnon*).

Attraper.   Le mouvement attrappe plus d'aventures bonnes ou mauvaises. Le repos se dérobe mieux aux unes et aux autres. *Rivarol.*

Aurore.   Aimables enfans, sortez dans les campagnes ; chaque site vous présente ses plantes et chaque plante ses fleurs : jouissez du mois qui vous les donne ; avril est votre frère : il est à l'aurore de l'année comme vous êtes à celle de la vie. Connaissez ses dons rians comme votre âge. *Bernardin de Saint-Pierre.*

——— Vous voulez que le poète seul soit à son aurore ce qu'il doit être à son midi. *Gilbert.*

——— Douce Aphrodite, fille du soleil et de la mer, brillante aurore de l'année, viens me ranimer avec toute la nature. *Bernardin de Saint-Pierre.*

———

Les ravages, l'exil, la mort, l'ignominie,
Dès ma première aurore ont assiégé ma vie. *Voltaire.*

———

Chantons l'auteur de la lumière,
Jusqu'au jour où son ordre a marqué notre fin ;
Et qu'en le bénissant notre aurore dernière
Se perde en un midi sans soir ni sans matin. *Racine.*

———

A peine ai-je goûté l'aurore de la vie ;
   Mes yeux s'ouvraient au jour :

Je n'ai respiré qu'un moment.
Douce félicité, pourquoi m'es-tu ravie ? *Voltaire.*

C'est à la cour que des exemples, que l'on croit illus- *Autoriser.*
tres, autorisent les démarches les plus criminelles, et
font perdre insensiblement cette délicatesse de conscience et cette horreur pour le crime qui étaient de si
puissantes barrières pour nous retenir dans les bornes
de la vertu. *Saurin.*

Les imaginations échauffées ne laissent aucune auto- *Autorité.*
rité à la raison. *Chateaubriand.*

.... Mes pleurs, *Avant-cou-*
Du sang qui va couler sont les avant-coureurs. *Voltaire.* reur.

Confonds dans ses conseils une reine cruelle ;
Daigne, daigne, mon Dieu, sur Mathan et sur elle,
Répandre cet esprit d'imprudence et d'erreur
De la chute des rois funeste avant-coureur. *Racine.*

Voici une question incompréhensible qui a exercé *Aveugler*
depuis plus de seize cents ans la curiosité, la sensibilité
sophistique, l'esprit de cabale, la fureur de dominer,
la rage de persécuter, le fanatisme aveugle et sangui-
naire, la crédulité barbare : Jésus-Christ est-il le Verbe ?
Voltaire

Nous ne devons point engager notre foi sainte sans *Aveuglement*
le consentement de ceux à qui nous devons le jour ; il
en faut plutôt croire les lumières de leur prudence
que l'aveuglement de notre passion : je sais que l'emportement de la jeunesse nous entraîne le plus souvent
dans des précipices fâcheux. *Molière.*

Sa tête est vacillante et sa jambe avinée. *Berchoux.* *Aviné.*

La marche a quelque chose qui anime et avive mes *Aviver.*
idées. *J.-J. Rousseau.*

Ces petits souverains qu'il (le peuple) fait pour une année, *Avorter.*
Voyant d'un temps si court leur puissance bornée,

2

Des plus heureux desseins font avorter le fruit,
De peur de le laisser à celui qui les suit. *Corneille.*

Avorter.

Tout ridicule plaît et le peuple est crédule ;
Mais avant qu'à ce compte il se laisse emporter,
Il vous est trop aisé de le faire avorter. *Le même.*

Avorté.

Je sais par quel malheur son esprit avorté
L'expose aux fiers transports d'un tyran irrité. *Th. Corneille.*

———

Tes ennemis flattés
Deviendront la juste proie
De leurs complots avortés. *J.-B. Rousseau.*

Axe.

Les cris perçans et les voix lamentables
N'arrivent point aux oreilles du dieu (le Destin);
A ses regards un bronze incorruptible
Offre en un point l'avenir ramassé :
L'urne des sorts est dans sa main terrible ;
L'axe du temps pour lui seul est fixé. *Dorat.*

B.

Badiner.

Aimables enfans, les prairies seront votre école, les fleurs vos alphabets, et Flore votre institutrice. L'aimable déesse du printemps a rompu les chaînes qui la retenaient captive.... Une gaze verdoyante, et dont la transparence laisse deviner les appas qu'elle couvre, badine autour de son beau corps, et en caresse amoureusement les contours arrondis. *Bernardin de S.-Pierre.*

Baiser.

.... Le jeune Palémon
Pour elle (Doris) de la trompe adoucissait le son,
Et jamais chez Thémis nymphe plus ravissante
Ne reçut les baisers de l'onde caressante. *Delille.*

Baisser.

Carthage, qui avait commencé de baisser, ne se soutenait plus que par Annibal. *Bossuet.*

Balance.

Je tiendrai parole avec cette même franchise qui ne mit jamais aucun avantage en balance avec la bonne foi. *J.-J. Rousseau.*

Jamais chez Duguay-Trouin l'intérêt ne balança *Balancer.*
l'honneur. *Thomas.*

   ... Si vous avez eu pour moi quelque pensée
   Qui, sur un faux rapport, puisse être balancée,
   Cessez d'être en balance. *Corneille.*

   ... Le fougueux époux de la jeune Orythie
   Vole et disperse au loin les frimas de Scythie,
   Fait frémir mollement les vagues des moissons,
   Balance les forêts sur la cime des monts,
   Chasse et poursuit les flots de l'Océan qui gronde,
   Et balaye en fuyant les airs, la terre et l'onde. *Delille.*

Que les astres de la nuit rayonnent toujours dans le *Balayer.*
voile azuré de l'air, et qu'il soit tour à tour et à jamais
le bruyant ministre de la musique et des tempêtes, soit
qu'il porte un doux frémissement et de tendres émo-
tions dans nos âmes, et que son aile vigoureuse balaye
avec fracas la surface des mers et de la terre. *Rivarol.*

Notre langue est celle qui a retenu le moins de ces *Balbutie.*
négligences que j'appellerais volontiers des restes de la
balbutie des premiers âges. *Diderot.* (Lettre sur les
Sourds-Muets.)

   .... L'aquilon qui gronde *Balle.*
   Sans cesse fait partir de son sein orageux
   Et le givre piquant et les flocons neigeux,
   Et des frimas durcis les balles bondissantes,
   Sur la terre sonore au loin retentissantes. *Delille.*

Zadig avait appris dans le premier Livre de Zoroastre *Ballon.*
que l'amour-propre est un ballon gonflé de vent, dont
il sort des tempêtes. *Voltaire.*

Deux bandes de mers s'étendent depuis les contrées *Bande.*
septentrionales, toujours en s'élargissant, jusqu'aux
contrées les plus méridionales. *Buffon.*

   Ils sont tous à cet âge où la maturité *Bandeau.*
   Fait tomber le bandeau de la crédulité. *Voltaire.*

Banqueroûte — Je fais par cet hymen banqueroute à tous autres ;
J'évite tous leurs fers pour mourir dans les vôtres. *Corneille.*

— Mon père a consenti que je suive mon choix,
Et je fais banqueroute à ce fatras de lois. *Le même.*

Baptiser. — .... Cette bilieuse
Baptise son chagrin du nom de piété. *Boileau.*

— Je suis des plus exempts de cette passion (la tristesse) et ne l'ayme ni l'estime, quoyque le monde ayt entrepris, comme à prix fait, de l'honorer de faveur particulière. Ils en habillent la vertu, la sagesse, la conscience. Sot et vilain ornement ! Les Italiens ont plus fortablement baptisé de son nom la malignité.
Montaigne.

Barrière. — L'homme voit partout (dans les déserts de l'Arabie Pétrée) l'espace comme son tombeau ; la lumière du jour, plus triste que l'ombre de la nuit, ne renaît que pour éclairer sa nudité, son impuissance, et pour lui présenter l'horreur de sa situation, en reculant à ses yeux les barrières du vide, en étendant autour de lui l'abîme de l'immensité qui le sépare de la terre habitée.
Buffon.

— Le prince n'avait été touché au vif que de la dernière secousse ; mais à la vérité ce fut qu'estant plein et comblé de tristesse, la moindre surcharge brisa les barrières de la patience. *Montaigne.*

Barrer. — Des évènemens imprévus nous barrèrent. *Rousseau.*

Bas. — Georges Biordos fut élu évêque par une brigue de scélérats ; ses mœurs étaient plus basses que sa naissance ; il joignait la perfidie la plus lâche à la férocité.
Voltaire.

— S'il est pour me trahir des esprits assez bas,
Ma vertu pour le moins ne me trahira pas ;
Vous la verrez brillante au bord des précipices,
Se couronner de gloire en bravant les supplices. *Corneille.*

Le continuel ouvrage de notre vie, c'est bastir la mort. *Montaigne.* — *Bâtir.*

Sans changer de discours, changeons de batterie. *Corneille.* — *Batterie.*

Nous avons préparé un bon nombre de batteries pour renverser ce dessein ridicule. *Molière.*

Je ne vous dis point tous les pays que j'ai battus, ni tous les chemins que fait mon imagination. *Battre.*
Madame de Sévigné.

Il y eut des peuples qui s'avancèrent le long de la presqu'île de Malaque ; et, familiarisés avec la mer qu'ils côtoyaient, ils prirent le parti de profiter des commodités réunies que les deux élémens présentent aux voyageurs en naviguant d'îles en îles ; ils parcoururent ainsi ce grand baudrier d'îles que la nature a jeté dans la Zone Torride. *Baudrier.*
Bernardin de Saint-Pierre.

Vous croyez donc que les plus cruels déplaisirs et les plus mortelles douleurs ne se cachent pas sous la pourpre, et qu'un royaume est un remède universel à tous les maux, un baume qui les adoucit, un charme qui les enchante ? *Bossuet.* — *Baume.*

Molina sent couler dans ses veines le baume du sommeil. *Marmontel.*

Satan, vomi par l'enfer, se replonge dans le gouffre béant. *Chateaubriand.* — *Béant.*

Seul il (Charlemagne) paraît avec éclat au milieu des ténèbres universelles qu'il dissipe en un moment, et son nom imprime encore quelque grandeur au berceau des monarchies modernes, qui ne sont que des débris de son empire. *De Fontanes.* — *Berceau.*

Berceau. ... Remontez au berceau du monde, c'est l'imagination que vous y rencontrez. *Rivarol.*

———

Ici (à St.–Denis) tout est vivant, tout parle à ma mémoire,
De ce temple sacré tout raconte la gloire ;
L'apôtre des Gaulois y trouva son tombeau,
De notre foi son sang y rougit le berceau. *Treneuil.*

———

Je vis commencer le christianisme chez les Francs :
religion céleste, qui dira les charmes de votre berceau ?
Chateaubriand.

———

La théorie des sons est à peine créée depuis un siècle chez les modernes, et chez quelques nations barbares elle est encore à son berceau. *Thomas.*

———

Répondez, fiers sapins, dont les cimes antiques
Flottaient sur le berceau des temps. *Lebrun.*

Bercer. La musique doit bercer l'âme dans le vague, et ne lui présenter que des motifs. *Rivarol.*

———

... Connais enfin si pauvre en ses largesses,
Dieu berce la vertu d'impuissantes richesses. *Gilbert.*

———

En voyant déjà commencer la décadence de l'Angleterre, que j'ai prédite au milieu de ses triomphes, je me laisse bercer au fol espoir que la nation française, victorieuse à son tour, viendra peut-être un jour me tirer de la triste captivité où je vis. *J.-J. Rousseau.*

Bercé. Toujours battu, mais bercé par les flots,
Je ris en paix de l'orage et des sots. *Colardeau.*

Bizarrerie. Tout s'empoisonne entre les mains de la jalousie ; les succès les plus glorieux ne sont qu'un assemblage de circonstances heureuses, qu'on doit à la bizarrerie du hasard, plus qu'à la sagesse des mesures. *Massillon.*

Blessure. Je sais que vos regards vont rouvrir mes blessures,
Que tous mes pas vers vous sont autant de parjures,
Je le sais, j'en rougis. *Racine.*

Boire. Boire l'heureux oubli d'une vie inquiète. *Delille.*

Ce vieillard qui charmait la Grèce,   *Boire*
Cet Anacréon si vanté,
Dans la coupe de l'allégresse
Sut boire l'immortalité. *Lebrun*.

Ils boivent les affronts comme l'eau. *J.-J. Rousseau.*   ——

Boire la mort dans la coupe sacrée. *Marmontel.*   ——

Il prenait plaisir à voir combien la terre du Noyer   ——
était bonne et buvait avidement son eau. *J.-J. Rousseau.*

Dans une coupe d'or ils boivent à long traits   ——
L'oubli de tous les maux et des biens imparfaits. *Colardeau.*

Mange cet agneau tout vif, dévore ses chairs toutes   ——
chaudes, bois son âme avec son sang.
                        J.-J. Rousseau.

... Doucement il faut boire la chose,   ——
Et je vois votre sort malheureux à ce point,
Que, vous sachant dupé, l'on ne vous croira point. *Molière*,

        La céleste troupe   ——
        Dans ce jus vanté
        Boit à pleine coupe
            L'immortalité. *J.-B. Rousseau*.

Montaigne a vu qu'on s'offense d'un esprit boiteux.   *Boiteux.*
                        Pascal.

Bien souvent ils chantaient les douceurs de leurs peines,   *Bond.*
Tandis que cent cailloux luttant à chaque bond,
Suivaient les longs replis du cristal vagabond. *La Fontaine.*

Je lâchai la bonde à mes larmes. *J.-J. Rousseau.*   *Bonde.*

D'une épaisse crinière il (le cheval) fait bondir les flots, *Bondir.*
De ses naseaux brûlans il respire la guerre,
Ses yeux roulent du feu, son pied creuse la terre. *Delille.*

        Des reflux troublant l'harmonie,   ——
        Autour de la froide Hibernie
        L'onde bondit de toutes parts. *Lebrun.*

Mérovée nous poursuivaient escorté de ses pairs qui   ——
bondissaient autour de lui comme des tritons.
                        Chateaubriand.

Bora. Louis XII, par sa victoire d'Aiguadel, mit Venise à deux doigts de sa ruine. *Raynal.*

Borner. Il y a des opinions qui sont bornées par les montagnes et par les fleuves. *Thomas.*

Bouche.
En vain les bombes menaçantes
De ses navires conjurés,
De mille flammes rugissantes
Vomissent les traits égarés. *Lebrun.*

——— Satan allait prolonger les plaintes d'un repentir inutile, quand la bouche embrasée de l'abyme venant à s'ouvrir, le rappelle tout-à-coup à d'autres pensées.
Chateaubriand.

——— Le philosophe errant au pied du Vésuve, entraîné par le désir de connaître, approche de la bouche du volcan, il en mesure de l'œil la profondeur. *Thomas.*

Bouché. Je n'ai supposé dans mon élève ni un génie transcendant, ni un entendement bouché. *J.-J. Rousseau.*

Bouclier. Le vieillard reste sous le bouclier de son insensibilité. *Rivarol.*

Boue. Dès que le poison (la jalousie) a gagné le cœur, on trouve des âmes de boue où la nature avait d'abord placé des âmes grandes et bien nées. *Massillon.*

Bouffée. Je voudrais mettre tout ce que vous m'écrivez de M. de Turenne dans une oraison funèbre ; vraiment votre style est d'une énergie et d'une beauté extraordinaire : vous étiez dans les bouffées d'éloquence que donne la douleur. *Mme. de Sévigné à sa fille.*

Bouffi.
Vous avez sur la scène,
En vers bouffis, fait hurler Melpomène ;
C'est un grand point, mais ce n'est pas assez. *J.-B. Rousseau.*

Bouleverser. Pourquoi faut-il qu'un insensé préjugé vienne changer les directions éternelles et bouleverser l'harmonie des êtres pensans ? *J.-J. Rousseau.*

Je vois des harangues, des infinités de complimens, de visites; on vous fait des honneurs extrêmes, il faut répondre à tout cela : vous êtes accablée ; moi-même, sur ma petite boule, je n'y suffirais pas.   *Boule.*
Mme. de Sévigné à sa fille.

Qu'est-ce qu'un souverain né avec une valeur bouillante et dont les éclairs brillent déjà de toutes parts dès ses plus jeunes ans, si la crainte de Dieu ne le conduit et ne le modère ? *Massillon.*   *Bouillant.*

Une âme bouillante et ferme n'eut pensé qu'à mourir : Dugay-Trouin ose encore espérer de vaincre. *Thomas.*   ——

Vous riez de me voir faire un contemplatif, un philosophe, un vrai théologien d'un jeune homme ardent, vif, emporté, fougueux, dans l'âge le plus bouillant de la vie. *J.-J. Rousseau.*   ——

Le propre du fanatisme est d'échauffer les têtes ; quand le feu qui fait bouillir ces têtes superficielles a fait tomber quelques flammèches dans une âme insensée et atroce, quand un ignorant furieux croit imiter saintement Aod, Judith et leurs semblables, cet ignorant a plus de complices qu'il ne pense. *Voltaire.*   *Bouillir.*

> Quand il fut en l'âge où la chasse
> Plaît le plus aux jeunes esprits,
> Cet exercice avec mépris
> Lui fut dépeint ;
> Le jeune homme inquiet, ardent, plein de courage,
> A peine se sent-il des bouillons de cet âge,
> Qu'il soupire pour ce plaisir. *La Fontaine.*   *Bouillon.*

Modère ces bouillons de ta mélancolie. *Boileau.*   ——

Un cœur qui fait bouillonner le feu des passions vio·   *Bouillonner.*

lentes, exhale toujours des fumées qui montent à la tête. (*Traduit d'Young*).

Bourrasque. — Je vous prie que si vous avez encore quelque bourrasque à espérer de votre bile, vous en obteniez d'attendre que ma fille soit accordée.

Mme. de Sévigné à M. de Grignan.

—— Je n'ai jamais été follement prodigue que par bourrasques. *J.-J. Rousseau.*

Bourrer. — M. le marquis s'y prend bien, et vous bourre de la bonne manière. *Molière.*

Bras. — Anténor le premier sort des bras du sommeil. *La Fontaine.*

Braver. — Le mal bravait toutes les ressources de l'art.

Sismondi.

Bride. — La modestie m'empêche de vous louer à bride abattue, parce que j'ai dit et pensé les mêmes choses que vous.

Mme de Sévigné.

—— Dieu tient du plus haut des cieux les rênes de tous les gouvernemens ; il a tous les cœurs en sa main, tantôt il retient les passions, tantôt il leur lâche la bride, et par là il remue tout le genre humain. Veut-il faire des conquérans ? il fait marcher l'épouvante devant eux, et il inspire à eux et à leur soldats une hardiesse invincible. *Bossuet.*

—— Il faut qu'un galant homme ait toujours quelque empire
Sur les démangeaisons qui nous prennent d'écrire,
Il doit tenir la bride aux grands empressemens
Qu'on a de faire éclat de tels amusemens. *Molière.*

Brider. — Si on n'occupe les esprits à certain sujet qui les bride et les contraigne, ils se jettent déréglés par-ci par-là dans le vague champ des imaginations. *Montaigne.*

Brigade. — Que tout naisse sans culture,
Toujours fraîcheur, toujours verdure,

> Toujours l'haleine et les soupirs
> D'une brigade de Zéphirs. *La Fontaine.*

Les boutons, les fruits et les fleurs se montrent à   *Brillant.*
la fois, et l'année entière est étalée dans un brillant
désordre. (*Traduit d'Addisson*).

> Brisons un pareil entretien,   *Briser.*
> Je pousserais trop loin votre esprit et le mien. *Molière.*

De la vague orageuse ils brisent la colère. *Colardeau.*   ———

> Votre raison, qui n'a jamais flotté   *Broncher.*
> Que dans le trouble et dans l'obscurité,
> Et qui, rampant à peine sur la terre,
> Veut s'élever au-dessus du tonnerre ;
> Au moindre écueil qu'elle trouve ici bas,
> Bronche, trébuche et tombe à chaque pas. *J.-B. Rousseau.*

> .... On éclaircira bientôt toute l'histoire ;   ———
> Après ce mauvais pas où vous avez bronché,
> Le reste encore long-temps ne peut être caché. *Corneille.*

Plus on les veut brouiller, plus on va les unir. *Racine.*   *Brouiller.*

Je comprends qu'on peut être étonné de trouver,   *Brouter.*
parmi les dames de Montélimart, ce qui conviendrait
si fort ailleurs ; mais on broute où l'on est attaché.
Mme de Grignan.

C.

Les Neuchâtelais, qui ne se connaissent pas en vé-   *Cabrer.*
ritable étoffe, voyant un homme froid et sans façon,
prirent sa simplicité pour de la hauteur, se cabrèrent
contre ses soins bienfaisans. *J.-J. Rousseau.*

Heurter de front tous les sentimens est le moyen de   ———
tout gâter ; et il y a certains esprits qu'il ne faut prendre
qu'en biaisant, des tempéramens ennemis de toute
résistance, des naturels rétifs que la vérité fait cabrer,
qui toujours se roidissent contre le droit chemin de la

raison, et qu'on ne mène qu'en tournant où l'on veut les conduire. *Molière.*

Caché. Par une loi inévitable, l'action de ces hommes qui remuent tout, produit une résistance égale dans ce qui les entoure, ils pèsent sur l'univers et l'univers sur eux, et derrière la gloire est presque toujours caché l'exil, le fer ou le poison. *Thomas.*

Cachet. Jeune homme, recevez dans votre âme jeune encore, le cachet de la vérité. *J.-J. Rousseau.*

Cadavéreux. Quelque soit le nombre des méchans sur la terre, il est peu de ces âmes cadavéreuses devenues insensibles, hors leur intérêt, à tout ce qui est juste et bon.

J.-J. Rousseau, Émile, L. IV.

Cadavre.
Dans quels transports le sage, à son foyer assis,
Suit les nombreux combats d'Athènes et de Rome ;
A travers deux mille ans applaudit au grand homme,
Consulte l'orateur et le guerrier fameux,
Partage les revers des peuples grands comme eux,
Voit l'empire romain sous le fer des Vandales,
De ces vils empereurs expier les scandales ;
Et bientôt déchiré par divers potentats,
Son cadavre fécond enfanter cent Etats. *Legouvé.*

——— Chacun tire peut-être secrètement une consolation dans ses maux, en songeant combien nos propres douleurs sont peu de choses, comparées à ces calamités qui frappent des nations entières, et qui ont étendu les cadavres de tant de cités. *Châteanbriand.*

———
Arbres dépouillés de verdure,
Malheureux cadavres des bois,
Que devient aujourd'hui cette riche parure
Dont je fus charmé tant de fois? *J.-B. Rousseau.*

———
Peuples, rois, vous mourrez, et vos villes aussi :
Là gît Lacédomone ; Athènes fut ici.
Quels cadavres épars dans la Grèce déserte ! *L. Racine.*

Il y a un faible irrémédiable attaché aux desseins hu- *Caducité.*
mains, et c'est la mortalité; tout peut tomber en un
moment par cet endroit-là, ce qui nous force d'avouer
que le vice le plus inhérent et le plus inséparable des
choses humaines, c'est leur caducité. *Bossuet.*

Romulus n'avait point été frappé de la foudre, mais *Calfeutrer.*
il s'était élevé dans les airs au milieu des éclairs et
au bruit du tonnerre, à la vue de tout un peuple, et
cette aventure se calfeutra avec le temps, d'un si grand
nombre de pièces, que les esprits forts du siècle suivant devaient en être fort embarrassés.

Diderot, Pensées philosophiques.

Les langues italienne et anglaise, abusant de leurs *Calquer.*
inversions, se jettent dans tous les moules que le texte
leur présente; elles se calquent sur lui. *Rivarol.*

Il est étonnant quelle foule de faits et de circonstances vient dans mon esprit se calquer sur une folie.

J.-J. Rousseau.

Comment percer des airs la campagne profonde? *La Fontaine.* *Campagne.*

Les Anglais dépendant du caprice des saisons et des *Caprice.*
peuples, ne pouvaient, selon les idées autrefois reçues,
faire un commerce avantageux. *Raynal.*

Je fis une belle lettre en style d'orateur, où cousant *Capter.*
des phrases de livres avec mes locutions d'apprenti, je
déployais toute mon éloquence pour capter la bienveil-
lance de M. de Warens. *J.-J. Rousseau.*

Vous voyez l'âme raisonnable déchue de sa première *Captive.*
dignité, parce qu'elle quitte Dieu et que Dieu la quitte,
menée de captivité en captivité, captive d'elle-même,
captive de son corps, captive des sens et des plaisirs,
captive de toutes les choses qui l'environnent. *Bossuet.*

Caractère.   Du sang dont vous sortez l'auguste caractère,
Sera-t-il effacé par cet amour ? *Voltaire.*

Carré.   Votre monsieur qui dépeint mon esprit juste et carré,
composé, étudié, l'a très-bien dévidé, comme disait
cette diablesse. *Mme de Sévigné.*

Caresse.   Bienheureuses de toutes parts,
Et pleines d'exquises richesses,
Les terres où de mes regards
J'arrête les douces caresses !
(Vers prononcés par Louis XIV représentant Apollon). *Molière.*

Caresser.   ... Que des justes Dieux Zopire soit puni,
Si tu vois cette main jusqu'ici libre et pure,
Caresser la révolte et flatter l'imposture. *Voltaire.*

———   Je caressai tendrement mes chimères, faute de
voir autour de moi rien qui les valût.
                          J.-J. Rousseau.

Carrière.   ... C'est mal de l'honneur entrer dans la carrière
Que dès les premiers pas reculer en arrière. *Corneille.*

———   Dans la carrière des idées morales, on ne peut avancer trop lentement. *J.-J. Rousseau.*

Casque.   Triomphe-t-il (le coq), Dieu ! quel transport éclate!
Il fait voler son casque d'écarlate. *Campenom.*

Casser.   Le sénat romain déclara qu'il ne pouvait pas casser
un décret du peuple. *Bossuet.*

Ceindre.   Vous voyez ces remparts qui ceignent notre asile. *Voltaire.*

La justice du ciel semble ceindre elle-même
Les lauriers destinés à couronner son front. *Crébillon.*

Ceinturé.   Tout le bel air était sur le théâtre ; le marquis de
Villeroi avait un habit de bal, le comte de Guiche
était ceinturé comme son esprit. *Mme. de Sévigné.*

Cendre.   La compagnie danoise continua à languir, son dé-
périssement devenait même tous les jours plus grand ;
elle expira en 1730, mais après avoir manqué à ses

engagemens. De ses cendres naquit, deux ans après, une nouvelle société. *Raynal.*

> ... De son vain orgueil les cendres rallumées
> Poussent déjà dans l'air de nouvelles fumées. *Corneille.*

Cendre.

La religion doit être tellement l'objet et le centre où toutes les choses tendent, que qui en saura les principes puisse rendre raison de toute la nature de l'homme en particulier, et de toute la conduite du monde en général. *Pascal.*

Centre.

Tous mes vœux, tous mes soins, nos cœurs étaient en commun; rien n'en passait au-delà de ce petit cercle. *J.J. Rousseau.*

Cercle.

> Le cercle de nos destinées
> Est marqué de joie et d'ennuis. *J.-B. Rousseau.*

> ...Je préparerai les vengeances célestes ;
> Je livrerai vos jours au démon de l'orgueil,
> Qui, par vos propres mains, de vos grandeurs funestes
> Creusera le cercueil. *J.-B. Rousseau.*

Cercueil.

Il y a sans doute une chaîne des pensées des hommes depuis l'origine du monde jusqu'à nous. *Thomas.*

Chaîne.

Plutarque dit qu'il voit le langage latin par les choses. Le sens éclaire et produit les paroles, non plus de vent ains de chair et d'os, elles signifient plus qu'elles ne disent. *Montaigne.*

Chair.

> Tout vit par la chaleur d'une lettre éloquente. *Colardeau.*

Chaleur.

L'œil reçoit et réfléchit en même temps la lumière de la pensée et la chaleur du sentiment; c'est le sens de l'esprit et la langue de l'intelligence. *Buffon.*

Il faut tâcher de mettre notre foi dans le sentiment du cœur, autrement elle sera toujours incertaine et chancelante. *Pascal.*

Chancelant.

Chanceler. Turenne meurt, tout se confond, la fortune chancèle, la victoire se lasse, la paix s'éloigne, les bonnes
intentions des alliés se ralentissent, le courage des
troupes est abattu par la douleur et ranimé par la vengeance. *Fléchier.*

———— Il y a des femmes qui, réparant à force d'art toutes
les injures du temps, savent rétablir sur un visage une
beauté qui chancèle. *Montesquieu.*

Chanter. Si les Français savaient chanter des sentimens, ils ne
chanteraient pas de l'esprit. *J.-J. Rousseau.*

Chaos. L'Europe, quand il (Charlemagne) disparut, retomba
dans ce chaos de barbarie d'où il avait si rapidement
jeté les plus grands traits de lumière. *De Fontanes.*

————
> Ma jalousie à tout propos
> Me promène sur ma disgrace,
> Et plus mon esprit y repasse,
> Moins j'en puis débrouiller le funeste chaos. *Molière.*

Char. La résurrection de Jésus-Christ attache à son char
de triomphe les principautés et les puissances des ténèbres ; sa gloire sort triomphante du sein de ces op-
probres, la croix devient le signal éclatant de sa
victoire. *Massillon.*

———— Au char de ma fortune il est temps qu'on l'enchaîne. *Voltaire.*

————
> Sa gloire est mon penchant ; cette gloire inhumaine
> A son char éclatant en esclave m'enchaîne. *Regnard.*

Charger.
> De protestations, d'offres et de sermens,
> Vous chargez la fureur de vos embrassemens. *Molière.*

———— Vous chargez la doctrine de mystères, vous qui
n'êtes faits que pour affermir la religion chrétienne.

Voltaire.

Charrier. Un torrent formé par la fonte des neiges roulait à

Vingt pas de nous une eau bourbeuse, et charriait avec
bruit du limon, du sable et des pierres.

J.-J. Rousseau.

Ce n'est pas tout que la volonté charrie droit.　　*Charrier.*

Montaigne.

Hélas ! chaque matin, je courais pour vous voir,　　*Charmes.*
 (charmantes fleurs),
Je vous soignais le jour, vous visitais le soir,
Des eaux du Paradis j'entretenais vos charmes,
Et mes yeux maintenant vous arrosent de larmes. *Delille.*

Il eût été mieux, sans doute, d'attendre à la faire　*Châtier.*
représenter (Zaïre), que j'en eusse châtié le style.

Voltaire.

Ce nom de roi des rois et de chef de la Grèce　　*Chatouiller.*
Chatouillait de mon cœur l'orgueilleuse faiblesse. *Racine.*

La louange chatouille et gagne les esprits. *Lafont.*

... Par un mouvement commun à la nature.
Quelque maligne joie en son cœur s'élevait,
Dont sa gloire indignée à peine le sauvait (César) ;
L'aise de voir la terre à son pouvoir soumise,
Chatouillait malgré lui son âme avec surprise. *Corneille.*

Remettez-vous d'une alarme si chaude! *Molière.*　　*Chaud.*

Voyez-vous ce mont chauve et dépouillé de terre,　*Chauve.*
A qui fait l'aquilon une éternelle guerre ?
L'Olympe pluvieux de son front escarpé,
Détachant le limon de ses eaux détrempé,
L'emporte dans les champs, et de sa cime nue
Laisse les noirs sommets se perdre dans les nues. *Delille.*

Aux monts idaliens un bois délicieux　　*Chenu.*
De ses arbres chenus semble toucher aux cieux. *La Fontaine.*

Celui qui m'a prêté son argent, je le tien　　*Chien.*
Pour le plus grand coquin, le plus juif, le plus chien
Que l'on puisse trouver. *Regnard.*

3

Choc. La bonté se brise et périt sous le choc des passions humaines. *J.-J. Rousseau.*

——— Tel qu'on l'avait vu dans tous les combats, résolu, paisible, occupé sans inquiétude de tout ce qu'il faut faire pour les soutenir : tel fut-il (le prince de Condé) à ce dernier choc (à la mort) ; et la mort ne lui parut pas plus affreuse, pâle et languissante, que lorsqu'elle se présente au milieu du feu, sous l'éclat de la victoire qu'elle montre seule. *Bossuet.*

Choquer. Un enfant ne sent la raison de rien dans tout ce qui choque ses fantaisies. *J.-J. Rousseau.*

——— Toutes les passions se choquent. *Thomas.*

Ciment. Quel serait le ciment, réponds-moi si tu l'oses,
De l'horrible amitié qu'ici tu me proposes ? *Voltaire.*
   (*Zopire à Mahomet.*)

Cimenter. Des masses que le sang avait mal cimentées se sont trouvées dissoutes, ont mis à découvert les ossemens des meurtriers et des tyrans. *Raynal.*

——— Cet attachement que sa durée épure, que ses effets honorent, ne s'est cimenté que par des vertus.
                              J.-J. Rousseau.

Circoncire. Je ne dis point que vous êtes mon but, ma perspective, vous le savez bien, et que vous êtes dans mon cœur d'une manière que je craindrais fort que M. Nicole n'y trouvât beaucoup à y circoncire. *Mᵐᵉ de Sévigné.*
   (*Lettre à sa fille*, datée des Roches, 15 janvier 1690.)

Circonscrit. Quel est ce petit clocher que je vois de Montmartre ? c'est celui de St.-Gratien, où Catinat a vécu en sage, et où se repose sa cendre. Mon âme circonscrite à un petit village, part de là pour embrasser le grand siècle de Louis XIV, et le jeter ensuite dans une sphère bien plus sublime qne celle du monde, qui est celle de la vertu. *Bernardin de Saint-Pierre.*

Une circulation rapide de l'argent, qu'une défiance *Circulation.* universelle retenait dans l'inaction depuis si long-temps, redonna du mouvement à tout. *Raynal.*

Mes idées circulent sourdement dans ma tête ; elles *Circuler.* y fermentent jusqu'à m'émouvoir, m'échauffer, me donner des palpitations. *J. J. Rousseau.*

Il circule dans le monde une envie au pied léger qui —— vit de conversations : on l'appelle Médisance. *Rivarol.*

Les premiers journaux qu'on vit circuler en Europe, —— étaient français. *Rivarol.*

Un esprit céleste circule, comme une douce vapeur, —— dans tous les contours de cette figure admirable (l'Apollon du Belvédère). *Winckelman.*

La langue espagnole circulait en France avec l'or de —— Philippe. *Rivarol.*

Si je ne vous fais pas aussi bonne chère que je vou- *Ciseaux.* drais, c'est la faute de monsieur notre intendant, qui m'a rogné les ailes avec les ciseaux de votre économie.
Molière.

Le cœur est citoyen de tous les pays. *Montesquieu.* *Citoyen.*

Le bonheur vient s'asseoir sur des tapis de mousse,
Il est citoyen des hameaux. *Lebrun.*

Grand Dieu ! rendez le calme à la terre agitée ; *Clameur.* qu'elle soit dans le silence ! Qu'à votre voix la discorde et la guerre cessent de faire retentir leurs clameurs orgueilleuses. *Buffon.*

Les clameurs du combat s'élèvent jusqu'au ciel. ——
Châteaubriand.

Claquer.   Cher ami, je me suis moqué
De la censure insupportable ;
J'ai mon drame (Zaïre) en public risqué,
Et le parterre favorable
Au lieu de siffler m'a claqué. *Voltaire.*

Clarté.   .... Oui c'est vous qui pouvez
Contre la jalousie armer toute mon âme,
Et des pleines clartés d'un glorieux espoir,
Dissiper les horreurs que ce monstre y fait choir. *Molière.*

———   ... Je me rends à vos hautes bontés,
Je recouvre la vue auprès de leurs clartés. *Corneille.*

———   Les vives clartés de l'Ecriture avaient comme ébloui leurs cœurs accoutumés à ne recevoir qu'une lumière mêlée d'ombres. *Chateaubriand.*

Clavier.   La main fantastique de l'imagination joue sur tout le clavier des sens, agite et mêle sans ordre les passions et les idées. *Rivarol.*

Clef.   Les gens artificieux avaient trouvé la clef de son cœur, pour en tirer les plus importans secrets.

Fénélon.

———   Malheur à vous, docteurs de la loi, qui vous êtes saisis de la clef de la science, n'y étant point entrés vous-mêmes, l'avez encore fermée à ceux qui voulaient y entrer. *Jésus-Christ.*

Clinquant.   Ma pièce auparavant me semblait merveilleuse ,
Maintenant je n'y vois que d'horribles défauts,
Du faible, du clinquant, de l'obscur et du faux. *Piron.*

Clocher.   Votre comparaison est odieuse et cloche. *Regnard.*

Code.   Je l'apporte en naissant, elle est écrite en moi
Cette loi qui m'instruit de tout ce que je doi
A mon père, à mon fils, à ma femme, à moi-même ;
A toute heure je lis dans ce code suprême
La loi qui me défend le vol, la trahison. *L. Racine.*

Coiffer.   Fille se coiffe volontiers
D'amoureux à longue crinière. *La Fontaine.*

De cet écervelé la voilà donc coiffée ! *Coiffer.*
Elle veut à mes yeux lui servir de trophée. *Voltaire.*

Alger, riche des dépouilles de la chrétienté, tu di- *Cœur.*
sais en ton cœur avare : Je tiens la mer sous mes lois,
et les nations sont ma proie. *Bossuet.*

J'ai beau frapper du pied, rien ne sort qu'une vie *Coin.*
triste et unie. M. de Grignan m'est bien nécessaire,
car j'ai un coin de folie qui n'est pas encore mort.
     Mad. de Sévigné.

...Comme les vers de *Cinna*, d'*Andromaque*,
 Vous croyez à grands pas, chez la postérité,
 Courir, marqués au coin de l'immortalité. *Boileau.*
 (*Epître à ses vers.*)

La lune a un certain balancement qui fait qu'un
petit coin du visage se cache quelquefois, et qu'un
petit coin de la moitié opposée se montre.
     Fontenelle.

....   L'onde mugissante *Colère.*
 Vient briser sur ses bords sa colère impuissante. *Delille.*

Collègue des intelligences célestes dans l'empire des *Collègue.*
mondes, elle (la Fortune) prévoit, juge et régne à jamais. *Rivarol.*

 Toute la bande des amours *Colombier.*
  Revient au colombier. *La Fontaine.*

Vous tenez entre vos bras les colonnes du plus noble, *Colonne.*
du plus puissant, du plus ancien empire de l'univers.
     Le Beau.

Une colonne de feu dont le sommet touche à la nue,
descend sur l'arbre et le consume. *Marmontel.*

Quand un homme feint de préférer mon intérêt au *Colorer.*

sïen propre, de quelque démonstration qu'il colore ce
mensonge, je suis très-sûr qu'il en fait un.

J. J. Rousseau.

Colorer.   Songez..........
Au meurtre tout récent du malheureux Osmon ;
Dans leur rébellion les chefs des janissaires,
Cherchant à colorer leurs desseins sanguinaires,
Se crurent à sa perte assez autorisés
Par le fatal hymen que vous me proposez.
(*Bajazet à Roxane*).

——— Ne vous préparez point à tromper ma tendresse, *Racine.*
A chercher des raisons dont la flatteuse adresse
A mes yeux éblouis colorant vos refus,
Vous ramène un amant qui ne vous connaît plus. *Voltaire.*

Coloré.   Vous vous payez d'excuses colorées,
Et toutes vos raisons, monsieur, sont trop tirées. *Molière.*

Coloris.   Rien de tout ce qu'écrivait Voltaire ne nous échap-
pait. Le goût que je pris à ses lectures m'inspira le désir d'apprendre à écrire avec élégance, et de tâcher
d'imiter le beau coloris de cet auteur dont j'étais enchanté. *J. J. Rousseau.*

——— Le sentiment n'a besoin ni d'art, ni de coloris, et sa
pureté fait toute sa parure. *J. J. Rousseau.*

——— Il y a dans l'homme deux puissances : l'une animale,
et l'autre intellectuelle ; c'est faute d'avoir observé ces
deux puissances, que tant d'ouvrages vantés faits sur
l'homme ont un coloris faux. *Bernardin de Saint-Pierre.*

Colosse.   Aux bords du Groënland le pêcheur exilé
Vante dans son langage en couplets modulé,
Ses traits et ses harpons, leur atteinte fatale
Aux colosses pesant sur la mer boréale,
Et les flots revomis de leurs larges naseaux,
Et leur sang qui s'épanche en rougissant les eaux. *La Harpe.*

——— A peine de l'Islande a-t-il (le Batave) quitté les ports,
Sur les flots apaisés s'il voit l'eau jaillissante

Qui lance dans les airs d'une haleine puissante,
Le colosse animé que cherche sa fureur ;
A l'instant tout est prêt. *Esmenard.*

Les combats de la Foi sont des combats de tous les jours ; on a à faire à des ennemis qui renaissent de leur propre défaite. *Massillon.* — Combat.

Plus loin elle (la lumière) produit dans la forêt moins sombre
Le mobile combat et du jour et de l'ombre. *Boisjolin.*

Achever des forfaits ! c'est au sang de Minos
A savoir les combler ; non au sang d'un héros. *Crébillon.* — Combler.

... Mon malheur n'est point encore comblé. *Colardeau.* ——

Le ciel a banni de mon âme tous ces transports tumultueux d'un attachement criminel, tous ces honteux emportemens d'un amour terrestre et grossier ; et il n'a laissé dans mon cœur pour vous qu'une flamme épurée de tout le commerce des sens, une tendresse toute sainte, un amour détaché de tout, qui n'agit point pour soi, et ne se met en peine que de votre intérêt. — Commerce.

Molière.

Je ne serai pas fâché qu'il cultive les connaissances par un commerce de lettres. *J. J. Rousseau.* ——

La pensée a besoin du commerce de la pensée. ——

Thomas.

Je vois Fléchier qui arrange méthodiquement une phrase et en arrondit les sens. Il marche ensuite à une autre ; il y applique le compas, et de là à une troisième. — Compas.

Thomas.

De quelque crime affreux cette tête est complice. *Crébillon.* — Complice.

La nécessité compose les hommes et les assemble. — Composer.

Montaigne.

Le corps qui avait concentré dans ses mains tous les pouvoirs, manqua aux engagemens qu'il avait pris. — Concentrer.

Raynal.

Concert. Je m'imaginai que tout le monde m'observait de concert. *J.-J. Rousseau.* —

Concerté.
D'un sens embarrassé dans des mots captieux,
Le monstre (le Sphynx) chaque jour dans Thèbe épouvantée
Proposait une énigme avec art concertée. *Voltaire.*

Concevoir. Je vois clairement que ma mère a conçu des soupçons.
J.-J. Rousseau.

——— Un bruit sourd se fait entendre dans les entrailles du volcan. Ce bruit, semblable à celui de la mer lorsqu'elle conçoit les tempêtes, s'accroît et se change bientôt en un mugissement profond. *Marmontel.*

Concilier. Ce grand conquérant (Cyrus), dès la première année de son règne, donna son décret pour rétablir le temple de Dieu à Jérusalem, et les Juifs dans la Judée. Il faut un peu s'arrêter dans cet endroit, qui est le plus embrouillé de la chronologie ancienne, par la difficulté de concilier l'histoire profane avec l'histoire sainte.
Bossuet.

Concours. Bien que le concours des goûts généraux fasse le bon goût, il y a peu de gens de goût. *J.-J. Rousseau.*

Condamner.
Qui se venge à demi court lui-même à sa perte ;
Il faut ou couronner ou condamner sa haine. *Corneille.*

Confin. Nous avons amené notre élève à tracer le pays des sensations, jusqu'aux confins de la raison puérile.
J.-J. Rousseau.

——— Ces plages alternivement sèches et noyées, où la terre et l'eau semblent se disputer des possessions illimitées, et ces broussailles de mangles jetées sur les confins indécis de ces deux élémens, ne sont peuplées que d'animaux immondes qui pullulent dans ces repaires, cloaques de la nature, où tout retrace l'image des déjections monstrueuses de l'antique limon. *Buffon.*

Il n'est pas possible de composer une histoire con- *Confronter.*
temporaine autrement qu'en consultant avec assiduité
et en confrontant tous les témoignages. *Voltaire.*

Tout cède devant lui (Démosthène). Il a la domina- *Conquérant.*
tion de ses paroles, et sa langue conquérante s'enrichit
des trésors inépuisables de sa verve et de son imagination. *Maury.*

Tout ce que la philosophie a dit de l'étude en géné- *Conquête.*
ral, combien nous devons le dire avec raison de cette
passion constante et douce qui s'anime par le temps,
échauffe sans consumer, entraîne avec tant de charme,
imprime à l'âme des mouvemens si vifs, et cependant
si peu tumultueux, s'empare de l'existence toute entière,
l'arrache au trouble, à l'inquiétude, aux regrets, l'attache avec tant de force à la conquête de la vérité, a
pour premier terme l'observation des actes de la faculté
créatrice. *Lacépède.*

C'était le dessein d'avancer dans cette étude de sa- *Conseiller.*
gesse qui la tenait (la princesse Anne) si attachée à la
lecture de l'histoire, qu'on appelle avec raison la sage
conseillère des princes. *Bossuet.*

    Le sort officieux
  Présentait partout à ses yeux
Les conseillers muets dont se servent nos dames. *La Fontaine.*

Les Français sont le seul peuple dont les mœurs peu- *Consistance.*
vent se dépraver sans que le fond du cœur se corrompe,
ni que le courage s'altère. Le Français allie les qualités
héroïques avec le plaisir, le luxe et la mollesse ; ses
vertus ont peu de consistance, ses vices n'ont point de
racines. *Duclos.*

    O bienheureux mille fois *Contagieux.*
    L'enfant que le Seigneur aime!

> Loin du monde élevé, de tous les dons des cieux
> Il est orné dès sa naissance,
> Et du méchant l'abord contagieux
> N'altère point son innocence. *Racine.*

Contagion.

> ... Chacun fuit sa présence importune,
> Et la contagion de sa triste fortune. *Delille.*

Vous porterez vos vues sur l'avenir ; vous calculerez l'influence du climat , le danger des circonstances , la contagion de l'exemple , et vous en préviendrez les effets. *Raynal.*

Conter. Cette campagne, toujours étalée, conte tous les secrets et tous les charmes du printemps, comme toutes les horreurs de l'hiver. *M_{me}. de Sévigné.*

Contexture. Un juge équitable ne se lassera point de rendre justice à l'artificieuse et fine contexture des tragéd es de Racine, les seules peut-être qui aient été bien ourdies d'un bout à l'autre depuis Eschyle jusqu'au grand siècle de Louis XIV. *Voltaire.*

Contrebalancer. La honte du nom romain ne fut pas le seul effet de la défaite de Crassus. Sa puissance contrebalançait celle de Pompée et de César, qu'il tenait unis comme malgré eux ; par sa mort, la digue qui les retenait fut rompue. *Bossuet.*

Les Romains étaient curieux surtout ou de diviser ou de contrebalancer par quelque autre endroit les puissances qui devenaient trop redoutables , ou qui mettaient de trop grands obstacles à leurs conquêtes.

Bossuet.

Contre-pied. Prenons le contre - pied de ce que font les ambitieux et les méchans ; ils vont au-devant des hommes qui s'élèvent pour les ranger sous leurs drapeaux, ou pour les abattre ; allons à la recherche des hommes

vertueux qui sont dans l'oubli, pour en faire nos mo-
dèles. *Bernardin de Saint-Pierre.*

Pour conduire un adulte, il faut prendre le contre- *Contre-pied.*
pied de tout ce que vous avez fait pour conduire un
enfant. *J.-J. Rousseau.*

> Ce frein (la morale) de la justice et de la conscience,   *Contre-poids.*
> De la raison naissante elle est le premier fruit ;
> Dès qu'on la peut atteindre, aussitôt elle instruit.
> Contre-poids toujours prompt à rendre l'équilibre
> Au cœur plein de désirs, asservi, mais né libre ;
> Arme que la nature a mise en notre main,
> Qui combat l'intérêt pour l'amour du prochain. *Voltaire.*

Les enfans et les sauvages qui ont presque toujours
une passion dominante que le contre-poids des idées ne
balance pas, offrent des traits de caractère qui éton-
nent. *Rivarol.*

L'homme a été abandonné à sa propre providence ;
tous les maux qu'il a faits à ses semblables rejaillissent
sur lui tôt ou tard. Cette réaction est le seul contre-poids
qui le puisse ramener à l'humanité.
Bernardin de Saint-Pierre.

Une superbe puissance, ennemie de la raison, qui se *Contrôler.*
plaît à la contrôler et à la dominer, pour montrer combien elle peut en toute chose, a établi dans l'homme une
seconde nature. *Pascal.*

Ce fut une chose rare de voir les convulsions de la *Convulsion.*
prévention expirante sous la force de la vérité et de la
raison. *Mme. de Sévigné.*

Il y avait dans l'Amérique méridionale des Anglais
las des convulsions de leur liberté populaire, et des Italiens, de la léthargie de leurs gouvernemens aristocra-
tiques. *Bernardin de Saint-Pierre.*

Convulsion. Comme les sentimens dont il était l'objet (Alcibiade) devenaient des passions violentes , ce fut avec des convulsions de joie et de fureur que les Athéniens l'élevèrent aux honneurs. *Barthélemy.*

Copier.
... Ce n'est plus le temps où la licence
Daignait encore copier l'innocence. *J.-B. Rousseau.*

——————
Notre nation, respectueuse envers les grands, se fait une gloire de copier leurs mœurs. *Massillon.*

Corps.
Vois l'empire romain tombant de toutes parts ,
Ce grand corps déchiré dont les membres épars
Languissent dispersés sans honneurs et sans vie, *Voltaire.*

——————
C'est de lui (Cadmus) que nous vient cet art ingénieux
De peindre la parole et de parler aux yeux,
Et par les traits divers de figures tracées ,
Donner de la couleur et du corps au pensées. *Brébeuf.*

——————
L'église apprend qu'elle doit verser du sang, non-seulement pour défendre tout le corps de sa doctrine , mais encore chaque article particulier. *Bossuet.*

——————
Mes enfans, dit la souveraine (Catherine II) aux députés de ses vastes états ; mes enfans , pesez avec moi les intérêts de la nation, formons ensemble un corps de lois qui établisse solidement la félicité publique.
Raynal.

——————
Peut-on jeter les yeux sur tout le corps de la nation grecque et ne pas avouer qu'elle s'élève souvent au-dessus des forces humaines ? *Mably.*

Cortège.
Je laisse à ton sort ,
Que mon destin protège ,
Mes lauriers pour cortège. *Lebrun.*
(*Corneille à sa nièce*).

——————
Qu'on imagine une langue rapide comme les mouvemens de l'âme ; une langue qui, pour rendre un sentiment, ne le décomposerait jamais en plusieurs mots ;

une langue dont chaque son exprimerait une collection d'idées. Telle est presque la perfection de la langue romaine dans Tacite ; point de signe superflu, point de cortège inutile. *Thomas.*

Assis dans la vallée, le berger contemplait la lune *Cortège.* au milieu du brillant cortège des étoiles.

Châteaubriand.

Je ne te verrai plus (ô soleil), soit que dans ta carrière
Tu verses sur la plaine un océan de feux,
Soit que vers l'occident le cortège des ombres
Accompagne tes pas, ou que les vagues sombres
T'enferment dans le sein d'une humide prison.

Baour de Lormian.

Ajoutez aux avantages généraux des graminées, une *Cosmopolite.* variété étonnante de caractères dans leurs floraisons et leurs attitudes, qui les rend plus propres que les végétaux de toute autre classe, à croître dans toute sorte de sites. C'est dans cette famille cosmopolite que la nature a placé le principal aliment de l'homme.

Bernardin de Saint-Pierre.

Les richesses de l'art, le goût exquis des chants, la *Costume.* beauté des voix, la justesse de l'exécution, tout, dans les délicieux concerts des *Scuole,* concourt à produire une impression qui n'est assurément pas de bon costume, mais dont je doute qu'aucun homme soit à l'abri.

J. J. Rousseau.

N'as-tu pas fait, dans l'ardeur de me plaire, *Couché.*
De longs sermens tous couchés par écrit,
Des madrigaux, des chansons sans esprit ? *Voltaire.*

La vertu sait être riche et puissante et savante, et *Coucher.* coucher en des matelas musqués. *Montaigne.*

Vous êtes couché sur l'état en qualité d'ingénieur des troupes de débarquement. *J. J. Rousseau.*

Coudre. Je sais coudre une rime au bout de quelques mots. *Boileau.*

—— Si l'on cousait ensemble toutes les heures que l'on passe avec ce qui plaît, l'on ferait à peine, d'un grand nombre d'années, une vie de quelques mois.

La Bruyère.

Coulant. Les vers sont d'un beau style et la prose est coulante. *Boileau,*

Couler. La douce persuasion et les grâces naïves coulent de ses lèvres. *Fénélon.*

Couleur. Les injustices des Romains étaient d'autant plus dangereuses, qu'ils savaient mieux les couvrir d'un prétexte spécieux de l'équité, et qu'ils mettaient sous le joug insensiblement les rois et les nations, sous couleur de les protéger et de les défendre. *Bossuet.*

—— Ceux de qui la conduite offre le plus à rire,
Sont toujours sur autrui les premiers à médire,
Des actions d'autrui teintes de leurs couleurs,
Ils pensent dans le monde autoriser les leurs. *Molière.*

Coup. .... C'est une précieuse,
Reste de ces esprits jadis si renommés,
Que d'un coup de son art Molière a diffamés. *Boileau.*

Coupe. O mort ! combien pour moi ta coupe fut amère ! *Lebrun.*

—— On m'a fait boire jusqu'à la lie, la coupe amère et douce de la sensibilité. *J. J. Rousseau.*

Couper. Emile n'aura point l'impertinent savoir-vivre d'un jeune fat qui, pour amuser la compagnie, parle plus haut que les sages, et coupe la parole aux anciens.

J. J. Rousseau.

—— Plus je rends son bien-être indépendant, soit des volontés, soit des jugemens des autres, plus je coupe en lui l'intérêt de mentir. *Le même.*

—— Malheureusement la route est fort coupée, et le pays difficile. *Le même.*

Peut-être si la voix ne m'eût été coupée,
L'affreuse vérité me serait échappée. *Racine.*

   Coupée.

... Triomphant sur son trône de glace,
L'hiver s'énorgueillit de voir l'astre du jour
  Embellir son palais et décorer sa cour. *Delille.*

   Cour.

Je sais mon don Juan sur le bout du doigt, et connais votre cœur pour le plus grand coureur du monde ;
il se plaît à se promener de lieus en lieus, et n'aime
guère à demeurer en place. *Molière.*

   Coureur.

La langue se traîne sans cesse après l'esprit ; la quantité des idées rendues à la fois pourrait être telle, que,
la langue allant plus vite que l'esprit, il serait forcé de
courir après elle. *Diderot.*

   Courir.

... Sans gêner ma plume, en ce libre métier,
Je la laisse au hasard courir sur le papier. *Boileau.*

Partout vous auriez vu le désespoir courir les cheveux épars. *Gilbert.*

L'hymen se couronnait de fleurs et de verdure. *Voltaire.*

   Couronner.

Je vois couronner mes soins, je commence d'en
goûter le fruit. *J. J. Rousseau.*

Meurs, s'il y faut mourir, en citoyen romain,
Et par un beau trépas couronne un beau dessein. *Corneille.*

Déesse, daigne entendre et couronner mes vœux. *Colardeau.*

Il est comme un rocher qui, menaçant les airs,
Rompt la course des vents et repousse les mers. *Voltaire.*

   Course.

A des yeux étrangers se confiant en vain,
Il (Buffon) vit peu par lui-même, et tel qu'un souverain,
De loin et sur la foi d'une vaine peinture,
Par ses ambassadeurs courtisa la nature. *Buffon.*

   Courtiser.

Dans un humble tissu long-temps emprisonné,
Insecte parvenu, de lui-même étonné ;
L'agile papillon, de son aile brillante,
Courtise chaque fleur, caresse chaque plante. *Michaud.*

Les dépenses que vous faites seront cause qu'un

   Cousu.

jour on me viendra chez moi couper la gorge, dans la
pensée que je suis tout cousu d'or. *Molière.*

Couture. En l'amitié, les âmes se mêlent et confondent l'une
en l'autre d'un mélange si universel, qu'elles effacent
et ne retrouvent plus la couture qui les a jointes.

Montaigne.

Couver. Vous dont le fol espoir couvant un vain trésor,
D'un stérile travail croit voir sortir de l'or,
D'un chimérique bien laissez là l'imposture :
L'or naît dans les sillons qu'enrichit la culture,
La terre est le creuset que mûrit nos travaux. *Delille.*

——— Messire Jean Chouart couvait des yeux son mort. *La Fontaine.*

——— L'avarice se contente de couver son trésor. *Rivarol.*

——— Voyez quand la pervenche, en nos champs ignorée,
Offre à Rousseau la fleur si long-temps désirée ;
La pervenche, grand Dieu ! la pervenche ! soudain
Il la couve des yeux, il y porte sa main,
Saisit sa douce proie. *Delille.*

——— La méditation assise et recueillie,
Couve tous les trésors renfermés dans son sein,
Et son front taciturne est penché sur sa main. *Thomas.*

Couvert. ... Vous le soupçonnez d'une haine couverte. *Racine.*

Cramponner. Où faudrait-il que la terre fût cramponnée, pour résister au mouvement de la matière céleste, et ne pas
s'y laisser emporter ? *Fontenelle.*

Crédit. Je disais vérité.... quand un menteur la dit,
En passant par sa bouche elle perd son crédit. *Corneille.*

Créer. Duguay-Trouin a créé un nom pour ses descendans.

Thomas.

Crêpe. En vain l'aurore vigilante
Déchire de sa main brillante
Le crêpe lugubre de la nuit. *Lebrun.*

——— Je suis parti, les cieux d'un crêpe noir voilé. *Molière.*

Crête. Les eaux qui tombent sur les crêtes et les sommets des montagnes, et les vapeurs qui s'y condensent, et les neiges qui s'y liquéfient, descendent par une infinité de filets le long de leurs pentes. *Cuvier.*

... J'aimerais en vous un or faux et perfide,
Par le creuset du temps en vapeur converti ! *J.-B. Rousseau.*

Creuset.

Vous êtes insupportable de me pousser à bout avec un raisonnement aussi creux que celui-là. *Fontenelle.*

Creux.

Quelques esprits creux très-savans sont tout étonnés de trouver que le premier homme fut créé aux Indes.
Voltaire.

—————

Amusez-vous, ne rêvez point creux, ne faites point de bile ; conduisez votre grossesse à bon port.
Madame de Sévigné à sa fille.

—————

Jean Châtel, ni Ravaillac n'eurent aucun complice ; leur crime avait été celui du temps ; le cri de la religion fut leur seul complice. *Voltaire.*

Cri.

Le parlement ordonna que tous les détails d'une administration corrompue seraient mis sous ses yeux ; que les abus multipliés et crians qu'on avait commis seraient dévoilés ; que les droits d'un peuple entier seraient pesés dans la balance de la liberté et de la justice. *Raynal.*

Criant.

Je n'ai jamais su faire des dettes criardes, et j'ai toujours mieux aimé souffrir que de devoir.
J. J. Rousseau.

Criard.

Les rondeaux de Benserade sont fort mêlés ; avec un crible il en demeurerait peu : c'est une étrange chose que l'impression. *Madame de Sévigné.*

Crible.

Si le sang de Jésus-Christ a crié vengeance contre les Juifs, c'est qu'en le répandant, ils fermaient l'oreille à la voix de Moïse et des prophètes, qui le déclaraient le Messie. *Diderot.*

Crier.

4

Crier.   Le sang de vos rois crie et n'est pas écouté. *Racine.*

———   Que sert le silence, quand le remords crie?
J.-J. Rousseau.

———   De ces vieilles forêts le silence vous crie. *Lebrun.*

———   La toux du corps entier fait crier les ressorts,
Et l'humeur sans sortir résiste à ses efforts. *Castel.*

———   Pressé d'un bras nerveux l'arbre résiste et crie. *Gilbert.*

Croasser.   Ses rivaux obscurcis autour de lui croassent. *Boileau.*

Croiser.   Un augure soutient à Tarquin que toute innovation dans la cavalerie est sacrilége, si les dieux ne l'ont autorisée. Choqué de la liberté de ce prêtre, et résolu de le confondre et de décrier en sa personne un art qui croisait son autorité, Tarquin le fait appeler sur la place publique. *Diderot.*

———   Il ne faut point croiser nos deux puissances (le corps et l'âme), ou les heurter l'une contre l'autre, c'est-à-dire, porter le sentiment de l'intérêt sur notre misère.
Bernardin de Saint-Pierre.

———   Dans les seules espèces de la poule et du pigeon, l'on a fait naître très-récemment de nouvelles races en grand nombre, qui toutes peuvent se propager d'elles-mêmes; tous les jours dans les autres espèces on relève, on ennoblit les races en les croisant. *Buffon.*

Croupe.   Lorsque j'étais en pleine mer, et que je n'avais d'autre spectacle que le ciel et l'eau, je m'amusais quelquefois à dessiner les beaux nuages blancs et gris, semblables à des croupes de montagnes qui voguaient à la suite les unes des autres sur l'azur des cieux.
Bernardin de Saint-Pierre.

———   Chaque site extraordinaire nourrit pour l'homme un serviteur commode; mais sans sortir de nos hameaux le cheval solipède paît dans les plaines, la vache pe-

santé au fond des vallées, la brebis légère sur la croupe
des montagnes, la chèvre grimpante sur les flancs des
rochers. *Bernardin de Saint-Pierre.*

Nous aimons mieux croupir dans notre ignorance   *Croupir*
que de l'avouer; nous aimons mieux satisfaire une
vaine curiosité, et nourrir dans notre esprit indocile
la liberté de penser tout ce qu'il nous plaît, que de
ployer sous le joug de l'autorité divine. *Bossuet.*

L'eau que je buvais était un peu crue.   *Cru.*

J. J. Rousseau.

Mon pénitent reprendra dans ses repas l'usage so-   *Cristal.*
bre du vin tempéré par le cristal des fontaines.

J. J. Rousseau.

Les voiles blanches teintés de pourpre par les rayons
de l'aurore, s'enflaient aux haleines des zéphirs, et les
rames dorées fendaient le cristal des mers.

Châteaubriand.

> Les ruisseaux respectent leurs rives ;
> Et leurs naïades fugitives,
> Sans sortir de leur lit natal ,
> Errent paisiblement , et ne sont point captives
> Sous une prison de cristal. *Racine.*

Sur des rameaux féconds l'homme cueillait la vie. *Lebrun.*   *Cueillir.*

Hypocrite , jaloux, cuirassé d'impudence. *Gilbert.*   *Cuirassé.*

Le culte de l'argent est le premier culte. *Voltaire.*   *Culte.*

> Quoiqu'un peuple l'adore et qu'un roi le caresse,   *Cyprès.*
> Qu'il soit environné des plus vaillans guerriers,
> J'irai sous mes cyprès écraser ses lauriers. *Corneille.*

(*Chimène , voulant venger la mort de son père sur Rodrigue son
amant.*)

D.

Dauber. Comme sur les maris accusés de souffrance,
De tout temps votre langue a daubé d'importance,
Vous devez marcher droit pour n'être point berné. *Molière.*

Débarquer. Vous êtes la protectrice du mérite incommode, et
tout ce qu'il y a de vertueux indigent va débarquer
chez vous. *Molière.*

Débarrasser Daignez débarrasser ma vie et ma fortune
De ces nœuds trop brillans dont l'éclat m'importune. *Voltaire.*

Débauche. Le cardinal de Retz, sur la fin de sa vie devint doux,
paisible, sans intrigue, et l'amour de tous les honnêtes
gens de son temps, comme si toute son ambition d'autrefois n'avait été qu'une débauche d'esprit et des tours
de jeunesse dont on se corrige avec l'âge. *Hénault.*

Débile. Les mémoires excellentes se joignent volontiers aux
jugemens débiles. *Montaigne.*

Déboire. Pour parvenir à cet état où l'ambitieux se figure
tant d'agrémens, il faut languir dans l'incertitude des
succès, toujours flottant entre l'espérance et la crainte,
et souvent après des délais presque infinis, avoir
encore l'affreux déboire de voir toutes ses prétentions
échouer. *Bourdaloue.*

Débordement L'homme fut laissé à lui-même; ses inclinations se
corrompirent, ses débordemens allèrent à l'excès, et
l'iniquité couvrit toute la face de la terre. *Bossuet.*

——— Vient-on de placer quelqu'un dans un nouveau poste,
c'est un débordement de louanges en sa faveur qui
inonde les cours et la chapelle, qui gagne l'escalier,
les salles, la galerie, tout l'appartement.

La Bruyère.

Un cœur plein d'un sentiment qui déborde, aime à *Déborder.*
s'épancher. *J. J. Rousseau.*

> .... Paris voit chez lui de tout temps
> Les auteurs à grands flots déborder tous les ans. *Boileau.*

Lorsque les lois de Rome eurent perdu leur force, ses armées, leur discipline, ses concitoyens, leur amour pour la patrie, les barbares, que la terreur du nom romain avait poussés vers le nord, que la violence y avait contenus, se débordèrent vers le midi.
>> *Raynal.*

Le courage de Porcie l'abandonne, ses larmes débordent. *Bernardin de Saint-Pierre.*

> Je reconnais Martel qui sut, dans nos vieux âges, *Délordé.*
> Du Maure débordé repousser les ravages. *Castel.*

On la croirait sourde (la mort), et toutefois elle entend le plus petit bruit qui décèle la vie. *Chateaubriand.* *Déceler.*

> Excitons ces feux allumés, *Déchaîner.*
> Déchaînons ces vents enfermés. *J.-B. Rousseau.*

> Le Vésuve en courroux, sous ses monts caverneux,
> Recommence à mugir avec un bruit affreux,
> Et déchaîne en poussant une affreuse fumée,
> Sur son gouffre tonnant la tempête allumée. *Castel.*

> Tu peux faire trembler la terre sous tes pas, *Déchaîné.*
> Des enfers déchaînés allumer la colère. *J.-B. Rousseau.*

Je n'ai jamais pu prendre sur moi de décharger mon cœur dans le sein d'un ami. *J. J. Rousseau.* *Décharger.*

L'image de la nature, telle qu'elle a dû être au sortir du chaos ! des monts sourcilleux, décharnés, déchirés haut en bas, crevassés, fracturés dans toute leur étendue, paraissent défier la fureur des élémens réunis et la marche destructive du temps. *Bourrit.* *Décharné.*

On déchiffre enfin la moitié d'un billet. *Déchiffrer.*
>> *J. J. Rousseau.*

Déchiffrer. Faisons donc quelques récits
Qu'elle décriffre sans glose. *La Fontaine.*

——— J'étais à peu près aussi avancé qu'elle, en deux ou
trois fois nous déchiffrions un air. *J. J. Rousseau.*

Déchirer. N'est-ce pas l'ambition qui tantôt nous aigrit des dé-
pits les plus amers, tantôt nous envenime des plus mortelles inimitiés, tantôt nous enflamme des plus violentes
colères, tantôt nous accable des plus profondes tris-
tesses, tantôt nous dessèche des mélancolies les plus
noires, tantôt nous dévore des plus cruelles jalousies,
qui fait souffrir à une âme comme une espèce d'enfer,
et qui la déchire par mille bourreaux intérieurs et do-
mestiques ? *Bourdaloue.*

Déchiré. Entraîné par César et retenu par Rome ;
D'horreur et de pitié mes esprits déchirés
Ont souhaité la mort que vous lui préparez. *Voltaire.*
(*Brutus aux conspirateurs.*)

——— La reine Brunehault, livrée à Clotaire II, fut immolée à l'ambition de ce prince ; sa mémoire fut déchirée ; et sa vertu, tant louée par le pape Saint-Grégoire,
a peine encore à se défendre. *Bossuet.*

——— L'église tombe entre les mains de Julien l'Apostat,
qui met tout en œuvre pour détruire le christianisme,
et n'en trouve point de meilleur moyen que de fomenter les factions dont il était déchiré. *Bossuet.*

——— De quels remords je fus à l'instant déchiré ! *J.-J. Rousseau.*

Déchoir. Considérez la clémence et la sévérité de Dieu ; sa sévérité envers ceux qui sont déchus de la grâce, et sa
clémence envers vous, si toutefois vous demeurez
fermes en l'état où sa bonté vous a mis. *Bossuet.*

Déclin. L'histoire n'illustre un peuple que quand il est sur
son déclin. *J. J. Rousseau.*

Décliner. Le souverain être se réservait les vérités de la nature,

comme le plus sûr moyen de rappeler l'homme à lui,
lorsque sa foi declinant dans la suite des siècles, serait
devenue chancelante. *Bossuet.*

Son cœur ne cessa de saigner en dedans tout le reste de
sa vie, et sa santé ne fit plus que décliner. *J. J. Rousseau.* *Décliner.*

> J'ai vu mes tristes journées
> Décliner vers leur penchant. *J.-B. Rousseau.*

L'inversion suppose décomposition simultanée de
l'âme et une multitude d'expressions. *Diderot.* *Décomposition.*

Rien ne déconcerta mes secrètes mesures. *Colardeau.* *Déconcerter.*

Le zèle du bien public devient tous les jours comme la
décoration et l'apologie de ce vice (la jalousie). *Massillon.* *Décoration.*

Les apparitions de l'imagination, ses brillantes dé-
corations et ses éclipses sont également indépendantes
de nous. *Rivarol.*

> ...De son arc il (le chasseur) bande les ressorts : *Découdre.*
> Le sanglier, rappelant les restes de sa vie,
> Vient à lui, le décout, meurt vengé sur son corps. *La Fontaine.*

Une éloquence fleurie et pourtant d'un goût simple,
découlait naturellement de ses lèvres. *Châteaubriand.* *Découler.*

Il existait une défense formelle de transporter hors
du royaume aucune de ses denrées ; la culture était dé-
couragée par cette aveugle prohibition. *Raynal.* *Découragé.*

On eut une langue pauvre et décousue où tout fut
arbitraire. *Rivarol.* *Décousu.*

Amener la raison dans les choses désagréables, ce
n'est que la rendre ennuyeuse et la décréditer de bonne
heure dans un esprit qui n'est pas encore en état de
l'entendre. *J. J. Rousseau.* *Décréditer.*

Entre les marais infects qui occupent les lieux bas et
les forêts décrépites qui couvrent les terres élevées, *Décrépit.*

s'étendent des espèces de landes, des savanes, qui n'ont rien de commun avec nos prairies. *Buffon.*

Décrépitude. Voyez ces plages désertes, ces tristes contrées où l'homme n'a jamais résidé, couvertes ou plutôt hérissées de bois épais et noirs; dans toutes les parties élevées, des arbres sans écorce et sans cîme, courbés, rompus et tombant de vétusté. La nature qui, partout ailleurs, brille par la jeunesse, paraît ici dans la décrépitude; la terre, surchargée par le poids, surmontée par les débris de ses productions, n'offre, au lieu d'une verdure florissante, qu'un espace encombré, traversé de vieux arbres chargés de plantes parasites. *Buffon.*

Décri. Dans le décri général où l'ambassadeur s'était mis, ses mauvais offices pouvaient me nuire, sans que les bons pussent me servir. *J. J. Rousseau.*

Dédale.
Le dédale des cœurs en ses détours n'enserre
Rien qui ne soit d'abord éclairé par les dieux. *La Fontaine.*

——
Le malheur de ta fille, au tombeau descendue
  Par un commun trépas,
Est-ce quelque dédale où ta raison perdue
  Ne se retrouve pas ? *Malherbe.*

——
Ruysh, de l'anatomie empruntant le secours,
Interrogeait la mort pour conserver nos jours.
La mort obéissant sous cette main savante,
Dévoilait à ses yeux la nature vivante;
Ces muscles, cet amas d'innombrables vaisseaux,
Du dédale des nerfs les mobiles faisceaux,
Organes où circule une invisible flamme,
Rapides messagers des volontés de l'âme. *Thomas.*

——
  Dans ces dédales de verdure
Je plonge un long regard de plaisir enivré. *Lebrun.*

Défigurer. Que de contes ont orné et défiguré toutes les histoires ! *Voltaire.*

——
Il avait vu la sublime et primitive idée de la Divinité défigurée par les fantasques imaginations des hommes.
     J. J. Rousseau.

Je suis bien loin de prétendre à la place que vous *Défigurer.*
voulez bien me donner auprès de lui (Virgile). C'est
bien assez d'avoir défiguré sa poésie dans mes faibles
traductions , sans gâter encore les honneurs que vous
lui rendez. *Delille.*

Quoique notre âme soit défigurée, quoique cette *Défiguré.*
image de Dieu soit comme effacée par le péché, si nous
en cherchons bien tous les anciens traits , nous recon-
naîtrons , nonobstant sa corruption , qu'elle ressemble
encore à Dieu , et que c'est pour Dieu qu'elle est faite.
Bossuet.

Au moment même que défilait sous mes yeux l'armée *Défiler.*
française, je lisais les grands capitaines de Brantôme.
J.-J. Rousseau

Elle sent chaque jour *Déloger.*
Déloger quelques ris, quelques jeux , puis l'amour.
La Fontaine.

Tous pensaient que Damon était-là pour défrayer la *Défrayer.*
compagnie de bons mots. *Molière.*

Nous avons toujours la petite personne ; c'est un *Défricher.*
esprit vif et tout battant neuf, que nous prenons plaisir
d'éclairer ; elle est dans une parfaite ignorance : nous
nous faisons un jeu de la défricher généralement sur
tout. *Mme. de Sévigné.*

Quand le gouvernement se déformait, quand on *Déformer.*
abandonnait aux proconsuls une autorité qui devait les
affranchir du joug des lois, quel Romain a prédit que la
république serait vaincue par ses propres armes? *Mably.*

Il restait une copie d'*Adélaïde* entre les mains des *Défunt.*
acteurs de Paris, ils ont ressuscité cette défunte tragédie. *Voltaire.*

L'éloquence d'Euripide , qui quelquefois dégénère *Dégénérer.*

en une vaine abondance de paroles, ne l'a pas rendu
moins célèbre parmi les orateurs en général, et parmi
ceux du barreau en particulier; il opère la persuasion
par la chaleur de ses sentimens, et la conviction par
l'adresse avec laquelle il amène les réponses et les ré-
pliques. *Barthélemy.*

Dégorger.   ....   Mon démon de musique
M'agite, me saisit... je tiens du chromatique ;
Les cheveux à la tête en dresseront d'horreur...
Ne troublez pas le Dieu qui me met en fureur ;
Je sens qu'en tons heureux ma verve se dégorge. *Regnard.*

J'évite d'apprivoiser un suisse ou de fléchir un commis, d'être repoussé à une porte par la foule inombrable
de cliens ou de courtisans dont la maison d'un ministre
se dégorge plusieurs fois le jour. *Labruyère.*

Dégourdir.   Toutes les fois qu'Emile aura soif, je veux qu'on lui
donne à boire : je veux qu'on lui donne de l'eau pure
et sans aucune préparation, pas même de la faire dégourdir. *J.-J. Rousseau.*

Dégoutter.   L'on voit des gens enivrés, ensorcelés de la faveur :
pressez-les, tordez-les, ils dégouttent l'orgueil, l'arrogance, la présomption. *La Bruyère.*

Dégrader.   Qu'est-ce qui rend notre noblesse si fière dans les combats et si hardie dans les entreprises ? C'est l'opinion
reçue dès l'enfance et établie par le sentiment unanime
de la nation, qu'un gentilhomme sans cœur se dégrade lui-même et n'est plus digne de voir le jour.
Bossuet.

Le cours incertain du fleuve dégradait leurs rives de
toutes parts. *J.-J. Rousseau.*

Dégraissé.   Je suis entièrement à vous, et le bon abbé aussi, qui compte et calcule depuis le matin jusqu'au soir sans rien amasser , tant cette province a été dégraissée.

Mme. de Sévigné.

... Les procriptions et les guerres civiles   *Degré.*
Sont les degrés sanglans dont Auguste a fait choix
Pour monter sur le trône. *Corneille.*

Ainsi que la vertu le crime a ses degrés. *Racine.*   ——

Du dernier degré de la honte elle a su remonter au   ——
premier degré de l'honneur. *J.-J. Rousseau.*

Souvent avec prudence un affront enduré   ——
Aux honneurs les plus hauts a servi de degré. *Racine.*

Le ciel dont contre toi le courroux se déguise ,   *Déguiser.*
Nous ôte exprès le fruit d'une belle entreprise. *Th. Corneille.*

Dans le discours il ne faut point détourner l'esprit   *Délasser.*
d'une chose à une autre , si ce n'est pour le délasser.

Pascal.

Je voudrais qu'on eût soin de faire causer les jeunes   *Délier.*
filles , qu'on les agaçât pour les exercer à causer aisément, pour les rendre vives à la riposte , pour leur
délier l'esprit et la langue. *J.-J. Rousseau.*

Plus l'esprit est délié; plus la nuance qui le décide est   *Délié.*
fine. *Rivarol.*

Quel abus de quitter le vrai nom de ses pères   *Démangeai-*
Pour en vouloir prendre un bâti sur des chimères !   *son-*
De la plupart des gens c'est la démangeaison. *Molière.*

La volonté ne fait jamais la moindre démarche que   *Démarche.*
vers cet objet (le bonheur). *Pascal.*

Toujours enveloppée sous de fausses apparences, la   *Démasquer.*
sagesse humaine doit toujours craindre qu'un coup
d'œil plus heureux ne la perce enfin et ne la démasque.

Massillon.

Démêler.   ... C'est mal démêler le cœur d'avec le front,
Que prendre pour sincère un changement si prompt.

Corneille.

Démembré.   Tantôt l'on voit les anciennes monarchies étouffer au berceau les républiques naissantes , et tantôt un peuple informe et sauvage engloutir dans ses irruptions une foule d'états brisés et démembrés. *Raynal.*

Démentir.   .... Vivre sous ta puissance,
C'eût été démentir mon nom et ma naissance,
Et ne point écouter le sang de mes parens,
Qui ne crie en mon cœur que le sang des tyrans. *Corneille.*

————   Elevé dans le sein d'une chaste héroïne,
Je n'ai point de son sang démenti l'origine.

   (*Hyppolite à Théséc.*)   *Racine.*

Démonté.   Poussez Mélanthe , vous lui ferez dire en plein jour qu'il est nuit ; car il n'y a plus ni jour ni nuit pour une tête démontée par son caprice. *Fénélon.*

Démordre.   Je suis attaché fortement
A ne démordre point de mon habillement. *Molière.*

Dénaturer.   Les préjugés absurdes ont dénaturé partout la raison humaine , et étouffé jusqu'à cet instinct qui révolte tous les animaux contre l'oppression et la tyrannie. *Raynal.*

Dénicher.   Allons, point de bruit, je vous prie ,
Dénichons de céans et sans cérémonie. *Molière.*

Dénouer.   Qu'Octavie à vos yeux ne fasse point d'ombrage,
Rome, aussi-bien que moi, vous donne son suffrage,
Répudie Octavie et me fait dénouer
Un hymen que le ciel ne veut point avouer.

   (*Néron à Junie.*)   *Racine.*

Denrée.   Le plaisir n'est pas la monnaie, mais la denrée pour laquelle on donne tant de monnaie qu'on veut.

Anonyme.

————   ...... C'est chère denrée
Qu'un protecteur. *La Fontaine.*

D'un certain magister le rat tenait ces choses   *Dent.*
    Et les disait à travers champs,
N'étant pas de ces rats qui, les livres rongeans,
    Se sont faits savans jusqu'aux dents. *Le même.*

    Plutôt que d'emporter de moi
    Seulement le quart d'une obole,
    Tu te romprais toutes les dents ;
    Je ne crains que celles du temps.
    (*La lime au serpent.*)   *Le même.*

Il vit surtout avec indignation ces gazettes de la mé-   *Dénué.*
disance, ces archives du mauvais goût, que l'envie,
la bassesse et la faim ont dictées, ces lâches satires où
l'on ménage le vautour et où l'on déchire la colombe,
ces romans dénués d'imagination. *Voltaire.*

Il suffit souvent d'être soupçonné comme un ennemi   *Dépense.*
pour le devenir tout à fait ; la dépense en est toute faite,
on n'a plus rien à ménager. *Mme. de Sévigné.*

Ici (à Saint-Denis) j'entends crier les murs, le sanctuaire,   *Dépeuplé.*
Les caveaux dépeuplés, la prophétique chaire
D'où Bossuet, prenant l'essor vers l'Eternel,
Elevait avec lui la terre jusqu'au ciel. *Treneuil.*

La morne décence des uns et le propos léger des   *Déplacé.*
autres me semblent également déplacés. *J.-J. Rousseau.*

Nous conviendrons des endroits où il faudra rire tout   *Déployé.*
à fait et à gorge déployée. *Montesquiou.*

Descartes parcourt le dépôt de sa mémoire et juge   *Dépôt.*
tout ce qui y est rassemblé. *Thomas.*

Je sais que vous avez peu de fortune et que vous ne   *Déranger.*
faites que la déranger ici. *J.-J. Rousseau.*

Les hommes sont sujets aux accidens, mais cette
vérité n'est pas capable de déranger le bonheur d'un
philosophe. *Fontenelle.*

Le déréglement des mœurs et de l'imagination ne *Déréglement* donne point atteinte à la franchise, à la bonté naturelle des Français. *Duclos.*

Dériver. Les bienséances, les modes, les usages qui dérivent du luxe et du bon air, renferment le cours de la vie dans la plus maussade uniformité. *J.-J. Rousseau.*

Dérober. Au milieu de la vie frivole qu'elles mènent, les Parisiennes savent dérober des momens à leurs plaisirs, pour les donner à leur bon naturel. *J.-J. Rousseau.*

Dérouler.
Il (le temps) déroulait encore aux yeux de la déesse (l'histoire)
Le long cercle des ans mesurés par ses pas ;
Les races qu'il fit naître et rendit au trépas
En sortent à sa voix ; chaque peuple respire ,
Les tombeaux sont déserts , la mort n'a plus d'empire.
Thomas.

—— De longues voies romaines se déroulent à travers les forêts des Druides. *Châteaubriand.*

—— La prose française se développe en marchant, et se déroule avec grâce et noblesse. *Rivarol.*

Déroute. Je réponds d'une bravoure d'approbation qui mettra en déroute tous les jugemens ennemis ; c'est bien la moindre chose que nous devions faire, que d'épauler de nos louanges le vengeur de nos intérêts.
Molière.

—— Le vers est en déroute et le poète à sec. *Boileau.*

Dérouter. Dans la musique il faut quelquefois dérouter l'oreille pour surprendre et contenter l'imagination.
Diderot.

Désarmer.
Amour qui m'as fait naître apaise mes alarmes,
N'es-tu pas souverain des dieux ?
Viens sécher mes larmes,
Enchaîne et désarmes (1)
La terre et les cieux. *Voltaire.*

—— Le repentir tout seul peut-il désarmer la colère du

---

(1) Voltaire a fait dans ce vers une faute grossière contre la grammaire française : il faut écrire *désarme.*

ciel, tandis qu'il laisse encore après lui tant de troubles et de malheur ? *Massillon.*

L'estime et le respect sont de justes tributs	*Désarmer.*
Qu'aux plus fiers ennemis arrachent les vertus ;	
Et c'est ce que vient rendre à la haute vaillance,	
Dont je ne fais ici que trop d'expérience,	
L'ardeur de voir de près un si fameux héros,	
Sans lui voir à la main pique ni javelots,	
Et le front désarmé de ce regard terrible	
Qui, dans nos escadrons, guide un bras invincible.	
(*Pompée à Sertorius.*) Corneille.	

Rarement l'amitié désarme sa colère. *Racine.*

Est-ce un arrêt éternel que la vertu jamais ne puisse désarmer la haine ? *Thomas.*

Croirai-je que vos yeux à la fin désarmés   *Désarmé.*
Veulent ?..... *Racine.*

Périsse le barbare   *Désaltérer.*
Qui de son or jaloux ferme la source avare
Pour y désaltérer ses regards clandestins! *Lebrun.*

J'ai quitté mon royaume, dit Jésus-Christ, et je   *Descendre.* suis descendu de ma gloire pour sauver mes sujets. *Massillon.*

L'homme voyageur et dépouillé va se perdre et s'é-   *Désert.* teindre dans les déserts et les misères de la décrépitude.
      Rivarol.

Une coquette maligne et railleuse désoriente encore   *Désorienter.* plus les hommes que le silence et le mépris.
      J. J. Rousseau

Vous faites la sournoise ; mais je vous connais il y   *Dessalé.* a long-temps, et vous êtes une dessalée. *Molière.*

Heureux l'esprit que la philosophie ne peut dessé-   *Dessécher.* cher, et que les charmes des belles-lettres ne peuvent amollir ! *Voltaire.*

L'athéisme, doctrine funeste et destructive, dessèche

l'âme et l'endurcit, tarit une des sources de la sensibilité, et brise le plus grand appui de la morale; arrache au malheur sa consolation, à la vertu son immortalité, glace le cœur du juste en lui ôtant un témoin et un ami, et ne rend justice qu'au méchant qu'elle anéantit. *La Harpe.*

Desserrer.   Il est, en vérité, fort plaisant ce couplet : je le chanterai sur ma lyre, si je puis desserrer mon gosier, qui n'est pas présentement en état de chanter.

Mme de Sévigné.

Dessiner.   La lune nous prêtait ses flambeaux ; elle paraissait sans voiles au milieu des astres, comme une reine au milieu de sa cour; sa vive clarté faisait pâlir la flamme qui brille au sommet du Vésuve, et peignant d'azur la fumée rougie du volcan, elle dessinait un arc-en-ciel dans la nuit. *Chateaubriand.*

Détailler.   En vous détaillant sa conduite, elle vous fera mieux entendre ses vues. *J.-J. Rousseau.*

Détendre.   Mon esprit aussitôt commence à se détendre. *Boileau.*

Détériorer.   Il n'est jamais permis de détériorer une âme humaine pour le service des autres. *J.-J. Rousseau.*

Déterrer.   De qui voulez-vous là que la cour s'embarrasse ?
Elle aurait fort à faire, et ses soins seraient grands
d'avoir à déterrer le mérite des gens. *Molière.*

————   Ce monsieur déterra ma demeure et vint m'y voir.

J.-J. Rousseau.

Détour.   ...Je le vois, son cœur est sans détours,
La nature naïve anime ses discours. *Voltaire.*

————   .... Votre âme prévenue
Répand sur mes discours le venin qui la tue ,
Toujours dans mes raisons cherche quelques détours. *Racine.*

————   On était frappé de la dextérité avec laquelle il pressait ses adversaires (Périclès) et se dérobait à leurs poursuites. Il la devait au philosophe Zénon, d'Elée, qui l'avait conduit plus d'une fois dans les détours d'une dialectique captieuse, pour lui en découvrir les issues secrètes. *Barthélemy.*

Il est vrai que j'ai été trois jours avec M. de Châte ; *Détrempe.* il me paraissait fort honnête homme, je lui trouvais une ressemblance en détrempe qui ne le brouillait pas avec moi. *Mme de Sévigné.*

La pensée la plus ingénieuse se détrempe dans la *Détremper.* prose italienne. *Rivarol.*

Ne prétends plus, Fréron, par tes puissans efforts,   *Détrôner.*
Détrôner le faux goût qui règne sur nos bords. *Gilbert.*

La perte des amis est la seule réelle ;   *Dette.*
Leur mémoire est pour nous une dette éternelle.
         Desmahis.

Bois que j'aime ! adieu, je succombe ;   *Deuil.*
Votre deuil me prédit mon sort,
Et dans chaque feuille qui tombe
Je vois un présage de mort. *Millevoye.*

Tous les siècles en deuil, l'un à l'autre semblables,
Courent sans s'arrêter, foulent de toutes parts
Les trônes, les autels, les empires épars ;
Et sans cesse frappés de plaintes importunes,
Passent en me contant mes longues infortunes.
         De Fontanes.

L'inflexible nécessité qui la devance (la fortune) *Devancer.* sème les événemens devant elle, et sollicite sans relâche son infatigable vicissitude. *Rivarol.*

L'imagination survit à la mémoire et au jugement, *Devancier.* dont elle fut la devancière. *Rivarol.*

Je suis douze heures de suite dans un carrosse si *Dévider.*

bien placé, si bien exposé ; j'en emploie quelques-unes à
manger, à boire, lire, et encore plus à rêver, à penser
à vous ; je suis assurée, ma chère enfant, que vous
êtes assurée que ce n'est point une flatterie, c'est une
vérité ; je vous parcours, je vous dévide, je vous re-
dévide. *Mme. de Sévigné.*

Dévoiler.   La parole du Dieu fort et terrible dévoile soudain
aux légions des anges, aux chœurs des vierges, des
saints, des rois, des martyrs, le secret de la sagesse.

Chateaubriand.

Dévoilé.   ... A vos regards mon âme et dévoilée ;
Lisez-y les horreurs dont elle est accablée. *Voltaire.*

————   Répandez le secret qui vous est dévoilé. *Crébillon.*

Dévorer.   ... De ses vœux hardis l'orgueilleuse espérance
Dévorait en secret dans le fond de son cœur
De ce grand nom de roi le dangereux honneur. *Voltaire.*

————   Quiconque ne sait pas dévorer un affront,
Ni de fausses couleurs se déguiser le front,
Loin de l'aspect des rois qu'il s'écarte, qu'il fuie. *Racine.*

————   ... Le cruel, bien loin d'appuyer sa grandeur,
La dévora bientôt dans le fond de son cœur. *Crébillon.*

————   Le temps dévore le passé et le présent, et dévorera
l'avenir. *Voltaire.*

————   Sur son char tout sanglant
La victoire immortelle
Tirait son glaive étincelant
Contre tout un peuple infidèle,
Et la nuit éternelle
Va dévorer leur chef interdit et tremblant. *Voltaire.*

————   L'homme brille un moment, et la tombe dévore
Les titres fastueux dont il fut décoré. *Gilbert.*

————   Vos oisifs courtisans que les chagrins dévorent,
S'efforcent d'obscurcir les astres qu'ils adorent. *Voltaire.*

Dévoreur.   Pour Pauline, cette dévoreuse de livres, j'aime mieux qu'elle en avale de mauvais, que si elle n'aimait point à lire; les romans, les comédies, les Voiture, les Sarrasin, tout cela est bientôt épuisé. A-t-elle tâté du Lucien ? est elle à portée des *Petites Lettres* ? ensuite il faut l'histoire. *Mme de Sévigné.*

Tout ce qui s'élève de soi-même et ne vient pas en vertu des promesses faites à l'église dès l'origine du monde, vous doit faire horreur ; employez toutes vos forces à rappeler dans cette unité tout ce qui en est dévoyé. *Bossuet.* — *Dévoyer.*

Cet astre, roi du jour, au brûlant diadème, — *Diadème.*
Lance d'aveugles feux et s'ignore lui-même,
Esclave étincelant, sur le trône des airs. *Lebrun.*

Ma tête, montée au ton d'un instrument étranger, était hors de son diapason. *J. J. Rousseau.* — *Diapason.*

Le Génevois ne lit que les bons livrès; il les lit, il les digère. *J.-J. Rousseau.* — *Digérer.*

Des hommes curieux ne purent se contenter de cette sagesse sobre et tempérée que l'apôtre avait tant recommandée aux chrétiens; ils entraient trop avant dans les mystères qu'ils prétendaient mesurer à nos faibles conceptions : nouveaux philosophes, qui mêlaient les raisonnemens humains avec la foi, et entreprenaient de diminuer les difficultés du christianisme, ne pouvant digérer toute la folie que le monde trouvait dans l'évangile. *Bossuet.*

J'ai été forcé de lui citer un mot de votre illustre ami, qu'elle a bien de la peine à digérer. *J.-J. Rousseau.*

Ces coups de bâton me reviennent au cœur, je ne les saurais digérer. *Molière.*

On ne donnera à notre agriculture toute l'activité — *Dignité.*

dont elle est capable, qu'en lui rendant sa dignité naturelle. *Bernardin de Saint-Pierre.*

Dîner. Lire en mangeant est le supplément de la société qui me manque ; je dévore alternativement une page et un morceau : c'est comme si mon livre dînait avec moi.

J.-J. Rousseau.

Disette. Saounderson, avec tout l'esprit qu'il avait, ne s'entendait qu'à moitié ; j'ai remarqué que la disette de mots produisait aussi le même effet sur les étrangers, à qui la langue n'est pas encore familière. *Diderot.*

Disgracié. Votre visage est bien venu partout, et il n'a garde d'être de ces visages disgraciés, qui ne sont jamais bien reçus des regards souverains. *Molière.*

—— Quelque part et quelque lieu qu'on ait pénétré depuis la perfection de l'art de la navigation, l'homme a trouvé partout des hommes ; les terres les plus disgraciées, les îles les plus isolées, les plus éloignées des continens, se sont presque toutes trouvées peuplées. *Buffon.*

Disparaître. Ces temps heureux ne sont plus, ils ont disparu pour jamais. *J.-J. Rousseau.*

Dissection. Il y a un véritable malheur attaché à la dissection de l'esprit humain. *Rivarol.*

Disséquer. Si l'homme n'avait jamais écrit, il n'aurait jamais disséqué la parole. *Rivarol.* (*De la Nature du langage en général.*)

—— Que le prisme, disposant pour nous de l'arc-en-ciel, dissèque les rayons du soleil, ou que le télescope l'atteigne dans la profondeur de ses espaces, ce père du jour aura-t-il rien perdu de sa pompe et de sa puissance ?

Rivarol.

Le charme est dissipé,
Je déchire un bandeau de mes larmes trempé ;
Je revois la lumière. *Voltaire*

Il est bien difficile que la dissolution d'un ménage n'entraîne un peu de confusion dans la maison.
J.-J. Rousseau.

Laissez-moi répandre parmi nos adorateurs et chez les chrétiens eux-mêmes, ces principes qui dissolvent les liens de la société et minent les fondemens des empires (*Discours de la fausse sagesse*). *Chateaubriand.*

Il distilla sa rage en ces tristes adieux. *Boileau.*

Ils sont réservés à la vengeance, qui distille sur eux goutte à goutte et qui ne tarira jamais. *Fénélon.*

Les circonstances à quoy les menteurs veulent asservir leur foy et leur conscience estant sujettes à plusieurs changements, il faut que leur parole se diversifie quant et quant, d'où ils advient que de même chose, ils disent tantost gris, tantost jaune. *Montaigne.*

O Destin ! le maître des dieux
Est l'esclave de ta puissance ;
Eh bien ! sois obéi, mais que ce jour commence
Le divorce éternel de la terre et des cieux :
Némésis, sors des sombres lieux ? *Voltaire.*

Le philosophe et l'orateur entretenaient autrefois un heureux commerce, une parfaite intelligence entre l'art de bien penser et celui de bien parler, et l'on n'avait pas encore imaginé cette distinction injurieuse aux orateurs, ce funeste divorce de l'esprit et de la raison, des expressions et des sentimens de l'orateur et du philosophe. *D'Aguesseau.*

Pourquoi prononcer entre le goût et la science, entre le jugement et l'imagination, un divorce que ne connaît pas la nature ? *Rivarol.*

Divorce. Je ne retrouve point le plaisir qui m'a fui:
Un divorce éternel me sépare de lui. *Colardeau.*

———— Ménagez ma sensibilité ; et puisque je vous aime, aimez-moi un peu avec tous mes défauts; mon sauvage, ma retraite, mon divorce avec le monde, que tout cela ne vous rebute point. *Mme. de Sévigné.*

———— .... La ville calmée,
Qu'un trouble assez léger avait trop alarmée,
N'a plus à redouter le divorce intestin
Du soldat insolent et du peuple mutin. *Corneille.*

Doigt. Le sang glacé s'arrête, et la faible prunelle,
Sous les doigts du trépas se fermant sans retour,
Il meurt. *Castel.*

Domaine. A peine l'homme eût-il simplifié par son industrie les moyens de se procurer la subsistance, qu'il employa le temps qu'il venait de gagner à étendre les bornes de ses facultés et le domaine de ses jouissances. De là naquirent tous les besoins factices. *Raynal.*

———— Si je vois César assis dans le sénat ou à la tête de son armée, je suis dans le domaine de l'imagination.

Rivarol.

———— L'homme de lettres parcourt le domaine de la littérature étrangère dont il remporte des dépouilles honorables au trésor de la littérature nationale. *La Harpe.*

Dompter. Les Chinois ont repoussé, contenu, maîtrisé l'Océan, comme les Égyptiens domptèrent le Nil. *Raynal.*

———— .... En vain j'ai résisté ;
La nature est trop forte, et mon cœur s'est dompté. *Corneille.*

———— Est-il bien vrai, malheureux que vous êtes,
Qu'enfin, domptant vos fougues indiscrètes,
Dans votre cœur en effet combattu,
Tant d'infortune ait produit la vertu ? *Voltaire.*

———— Cerbère gronde en vain, la fière Tysiphone
Le replonge en son antre et dompte ses abois. *Lebrun.*

Cymodocée ne put goûter les dons du sommeil. *Don.*
Chateaubriand.

D'un rouge obscur son œil s'est coloré (l'œil du coq) ;   *Dorer.*
  Son bec sanglant proclame la victoire ;
  Je vois s'enfler son plumage doré ,
  Et chaque plume a tressailli de gloire. *Campenon.*

Le soleil n'a doré de ses premiers rayons,
Ni les brouillards errans , ni le faîte des monts. *Gilbert.*

    Une nouvelle aurore
    Semble sortir des eaux,
    Et l'Olympe se dore
    De ses feux les plus beaux. *J.-B. Rousseau.*

Le seigneur Jupiter sait dorer la pillule. *Molière.*

Le second deuil (de la lionne) fut tel, que l'écho de ces bois   *Dormir.*
  N'en dormit de plus de six mois. *La Fontaine.*

...Tout dort, et l'armée, et les vents , et Neptune. *Racine.*

A cet air si naïf, croirait-on qu'elle y touche ?
Mais c'est une eau qui dort dont il faut se garder. *Regnard.*

Le feu qui semble éteint souvent dort sous la cendre ;
Qui l'ose réveiller peut s'en laisser surprendre,
Et je mériterais qu'il me pût consumer,
Si je lui fournissais de quoi se rallumer. *Corneille.*

E.

... Que Christ soit notre pain céleste,   *Eau.*
Que l'eau d'une foi vive abreuve notre cœur. *Racine.*

Dans un temps où les lois du mécanisme étaient si   *Ebaucher.*
peu connues , où les observations astronomiques
étaient si imparfaites, il est beau d'avoir même ébauché
l'univers. *Thomas.*

Les dépenses ne sont jamais les mêmes, ou la fortune   *Ebouler.*
se fait , ou elle s'éboule. *Raynal.*

L'imagination ébranlée avecque violence lance des   *Ebranlé.*
traits qui peuvent offenser l'objet étranger. *Montaigne.*

Ebullition. Je suis pour le bon sens, et ne saurais souffrir les ébullitions du cerveau de nos marquis. *Molière.*

Ecaillé. De grands corps énormes qui paraissent avoir des ailes blanches, qui volent sur la mer, qui vomissent du feu de toutes parts, viennent jeter sur le rivage des gens inconnus tout écaillés de fer, disposant comme ils veulent de monstres qui courent sous eux, et tenant en leurs mains des foudres dont ils terrassent tout ce qui leur résiste. *Fontenelle.*

Ecarquiller.
M'as-tu de tes gros yeux assez considéré ?
Comme il les écarquille et paraît effaré !
Si des regards on pouvait mordre,
Il m'aurait déjà déchiré. *Molière.*

Ecart. Adorons les secrets de la Providence, mais défions-nous des écarts de l'imagination, que Mallebranche appelait la folle du logis. *Voltaire.*

——— Il n'y avait pas jusqu'à ce nom d'Elysée qui ne rectifiât en moi les écarts de l'imagination. *J.-J. Rousseau.*

———
Père de la nature, Etre puissant et bon,
Protège cet empire où l'humaine raison,
Après de longs écarts, enfin sous ton auspice,
De la société rebâtit l'édifice.
Avec la douce paix fais-y, du haut des cieux,
Descendre des vertus le groupe radieux. *Castel.*

Echafaudage. On ne prêche point contre l'ennui, la tristesse, les scrupules, la mélancolie, le chagrin, et tant d'autres maladies qui affectent l'âme. D'ailleurs, que de circonstances changent pour chaque auditeur la nature de la peine qu'il éprouve, et rendent inutile pour lui tout l'échafaudage d'un beau discours!
Bernardin de Saint-Pierre.

Echantillon. Je voulus lui donner un échantillon de mon talent.
J.-J. Rousseau.

Il pleut, le soleil luit, et l'écharpe d'Iris   *Echarpe.*
   rend ceux qui sortent avertis
Qu'en ces mois le manteau leur est fort nécessaire.
La Fontaine.

    ..... Raton   *Echauder.*
   N'était pas content, ce dit-on ;
Aussi ne le sont pas la plupart de ces princes
Qui.....,.
   Vont s'échauder en des provinces
   Pour le profit de quelque roi. *Le même.*

Qu'une haute sagesse vous fasse regarder comme   *Echec.*
l'ornement et le prodige de votre siècle ; si cette gloire
n'est qu'au-dehors, si la religion, qui seule élève le cœur,
n'en est pas la base, le premier échec de l'adversité
renversera tout cet édifice de philosophie et de fausse
sagesse. *Massillon.*

   Royaumes étoilés, célestes colonies,   *Echelle.*
   Peut-être enfermez-vous ces esprits, ces génies,
   Qui par tous les degrés de l'échelle du ciel,
   Montaient, suivant Platon, jusqu'au trône éternel.
De Fontanes.

Avant d'observer, il faut se faire des règles pour les
observations ; il faut se faire une échelle pour y rap-
porter les mesures qu'on prend. *J.-J. Rousseau.*

Un vieux et riche bourgeois cloué par la goutte dans   *Echelon.*
son fauteuil, n'a plus, dit-il, d'autre ambition que de
mourir en paix ; mais il se voit revivre éternellement
dans sa postérité : il s'applaudit en secret de la voir
monter, à l'aide de son argent, par tous les échelons
des dignités et de l'honneur.
Bernardin de Saint-Pierre.

   Ces comètes échevelées,   *Echevelé.*
   Qui fendent l'air d'un vol brûlant,
   Egarent leurs sphères ailées
   Aux yeux d'un vulgaire tremblant. *Lebrun.*

Echo.   La vénération se transmet d'âge en âge, et les siècles qui se succèdent en sont les éternels échos. *Raynal.*

Échouer.   Une borne posée dans la largeur de la carrière, ne laisse pour le passage des chars qu'un défilé assez étroit où l'habileté des guides vient très-souvent échouer.

Barthélemy.

———   C'est de tout temps qu'on a vu la réputation la plus brillante échouer contre les mœurs du héros. *Massillon.*

Échoué.   .... Ma vengeance, échouée,
Par le sort ennemi se voit désavouée. *Crébillon.*

Éclair.   .....Sans frissonner, quel cœur audacieux
Soutiendrait les éclairs qui partaient de vos yeux?
Ainsi du Dieu vivant la colère étincelle. *Racine.*

———   Quand je ferais briller sous ces vastes lambris
L'éclair des diamans et le feu des rubis,
....
J'en peindrais la richesse, et non pas les beautés. *Colardeau.*

———   L'époque brillante du règne de Charlemagne ne fut qu'un éclair. *Raynal.*

Éclaircir.   Eclaircissez ce front où la tristesse est peinte. *Racine.*

Éclairer.   Ce que la gloire éclaire
N'est pas long-temps caché. *J.-B. Rousseau.*

Éclat.   Bien que sa vertu jetât un fort grand éclat au-dehors, c'était tout autre chose au-dedans. *Boileau.*

———   Le rossignol anime de son divin ramage l'asile obscur qu'il s'est choisi, et il efface, par l'éclat de son chant, celui de tous les plumages. *Bernardin de Saint-Pierre.*

———   Que la foudre en éclats ne tombe que sur moi. *Voltaire.*

Éclipser.   Je marquai, dans un seul trait, ce que je pensais des différens ministères, et de celui qui commençait à les éclipser. *J.-J. Rousseau.*

———   Quelques heures agréables s'éclipsent et ne sont plus.

Le même.

La diversité d'état et de fortune s'éclipse et se con- *Eclipser.*
fond dans le ménage. *J.-J. Rousseau.*

> Je redisais à l'Aurore :   *Eclore.*
> Le jour que tu fais éclore
> Est le dernier de mes jours. *J.-B. Rousseau.*

On fit venir un interprète des missions étrangères qui *Ecorcher.*
écorchait le chinois. *Voltaire.*

Qu'on se figure un pays sans verdure et sans eau, *Ecorché.*
une terre morte et pour ainsi dire écorchée par les
vents, laquelle ne présente que des ossemens, des cailloux jonchés, des rochers debout ou renversés. (Des-
cription de l'Arabie-Pétrée.) *Buffon.*

Qui est-ce qui, ayant un peu de goût pour l'histoire *Ecorner.*
naturelle, peut se résoudre à passer un terrain sans
l'examiner, un rocher sans l'écorner. *J.-J. Rousseau.*

> ...Taisez-vous, vous ; parlez à votre écot :   *Ecot.*
> Je vous défends tout net d'oser dire un seul mot. *Molière.*

Les générations des hommes s'écoulent comme les *Ecouler.*
ondes d'un fleuve rapide. *Fénélon.*

> Toutes vos richesses   ———
> S'écoulent de vos mains. *J.-B. Rousseau.*

On conçoit que le temps, chargé d'évènemens et privé *Ecraser.*
du secours des nombres, ait écrasé l'esprit des peuples
naissans. *Rivarol.*

Ma honte n'est-elle pas écrite sur tous les objets ? *Ecrire.*
         J.-J. Rousseau.

> Son flanc était ouvert ; et pour mieux m'émouvoir,   ———
> Son sang sur la poussière écrivait mon devoir. *Corneille.*

Je ne crois point la vertu le partage du peuple ; mais *Ecrouler.*
je la crois répartie dans toutes les conditions, rare
chez les petits, chez les médiocres et chez les grands,
et si nécessaire au maintien de tous les ordres de la so-

ciété, que si elle y était entièrement détruite, la patrie s'écroulerait. *Bernardin de Saint-Pierre.*

Écrouler. L'empire romain s'écroula de tous côtés ; et les plus belles provinces devinrent la proie des nations qu'il n'avait jamais cessé d'avilir ou d'opprimer. *Raynal.*

Écueil. Un souvenir, un lieu, une parole, une pensée un peu trop arrêtée, vos lettres surtout, les miennes même en les écrivant, quelqu'un qui me parle de vous, voilà des écueils à ma constance, et ces écueils se rencontrent souvent. *Mme. de Sévigné.*

Édifice. Les animaux n'ont pu inventer la parole et bâtir l'édifice de la pensée. *Rivarol.*

——— Un homme injuste, un imposteur, un parjure peut bien tromper une fois, et réaliser par hasard une partie de ses espérances ; mais bientôt il se démasque, et ne tarde pas à voir l'édifice de sa fortune se dissoudre et s'écrouler. (*Traduit de Démosthène.*)

——— Il faut que du sein du chaos sorte l'admirable édifice de nos lois. *Gilbert.*

——— Qu'y avait-il de si curieux dans ce monde, qu'une fontaine de héron ? Ce principe fut le fondement sur lequel nous bâtîmes l'édifice de notre fortune.
J.-J. Rousseau.

Effaré. N'étiez-vous pas trop heureux de venir nous offrir votre air effaré pour nous faire rire ? *J.-J. Rousseau.*

Effaroucher. Encor qu'à mon devoir je courre sans terreur,
Mon cœur s'en effarouche, et j'en frémis d'horreur. *Corneille.*

Effarouché. Ne voilà-t-il pas encore votre imagination effarouchée ?

Effervescence. Un raisonnement froid et fort ne fait point d'effervescence ; mais quand il prend, il pénètre.
J.-J. Rousseau.

L'imagination, rapide messagère,
Effleure les objets dans sa course légère,
Et bientôt, rassemblant tous ces tableaux divers,
Dans les plis du cerveau reproduit l'univers. *Chenedollé.*

Effleurer.

Si quelquefois une image du bonheur effleura mes désirs, ce bonheur n'était plus celui qui m'était propre.
J.-J. Rousseau.

——

Telle question qui ne pourrait pas même effleurer l'attention d'un autre, va tourmenter Emile pendant plus de six mois. *J.-J. Rousseau.*

——

Sa longue figure effilée, son visage de pomme cuite, son air mou, sa démarche nonchalante, excitaient les enfans à se moquer de lui. *J.-J. Rousseau.*

Effilé.

Mon front, au Caucase pareil,
Non content d'arrêter les rayons du soleil,
Brave l'effort de la tempête. *La Fontaine.*

Effort.

Il vient d'avoir l'audace
De me fermer la porte au nez,
Et de joindre encor la menace
A mille propos effrénés. *Molière.*

Effréné.

Né dans les huttes des Daces, ce gardien de troupeaux a nourri dès sa jeunesse, sous la ceinture du chevrier, une ambition effrénée. *Chateaubriand.*

——

Je l'ai vu de sa bouche impure
Vomir l'infâme arrêt d'un divorce effronté. *Lebrun.*

Effronté.

On voit toute la bonté de son cœur dans l'effusion de son repentir. *J.-J. Rousseau.*

Effusion.

Où laissé-je égarer mes vœux et mon esprit? *Racine.*

Egarer.

Les mystères les plus augustes et les plus terribles de la religion, égayés par tous les attraits d'une harmonie recherchée, deviennent pour eux (les impies) comme des réjouissances profanes qui les amusent. *Massillon.*

Egayé.

Egout. Après avoir fait remonter Emile aux sources de la pure littérature, je lui en montre aussi les égouts dans les réservoirs des modernes compilateurs.

J.-J. Rousseau.

Elancer. On dirait que Platon a le langage des cieux; son style ne s'élance point, ne s'arrête point; ses idées s'enchaînent aux idées : les mots qui composent les phrases, les phrases qui composent le discours, tout s'attire et se déploie ensemble. *Thomas.*

Elargir. Elargissez Dieu : voyez-le partout où il est.

Diderot.

Email. Sur l'émail de ces prés, au bord de ces fontaines,
Il foulait à ses pieds les passions humaines. *Voltaire.*

——— Ici l'émail des fleurs, l'or des épis flottans,
L'émeraude des prés et l'argent des fontaines
Prodiguent mes dons éclatans. *Lebrun.*
(*Discours de la Nature*).

Emanation. La raison est une émanation de la Divinité; la loi suprême n'est que l'accord de la nature et de la raison.

Raynal.

Emanciper. Vous vous émancipez trop, et vous prenez de certaines libertés qui vous joueront un mauvais tour, je vous en avertis. *Molière.*

Embarquer. Irai-je embarquer l'esprit d'un enfant dans une obscure métaphysique dont les hommes ont tant de peine à se tirer? *J.-J. Rousseau.*

——— Je me trouve dans un engagement qui m'embarrasse; je suis embarquée dans la vie sans mon consentement : il faut que j'en sorte, cela m'assomme; et comment en sortirai-je? par où? par quelle porte? *Mad. de Sévigné.*

——— Ne vous embarquez nullement
Dans des faveurs congratulantes;
C'est un mauvais embarquement. *Molière.*

L'homme embarque avec lui des orages brûlans. *Lebrun.* — Embarquer.

Ce zèle si délicat pour la réputation des morts s'em- — Embraser.
braserait bien pour défendre celle des vivans.

Montesquieu.

..........Son intérêt me presse — Embrasser.
D'embrasser un conseil qui bannit la princesse. *Corneille.*

Au lieu d'un bien effectif et solide, les philosophes ———
n'ont embrassé que l'image creuse d'une vertu fantastique. *Pascal.*

Nous nous embrassions par nos noms. *Montaigne.* ———

L'esprit est le dieu des instans ; ———
Le génie est le dieu des âges,
Lui seul embrasse tous les temps. *Lebrun.*

Un silence inquiet embrasse l'horizon. *Gilbert.* ———

L'homme s'embrouille souvent à force de raisonner; *Embrouiller.*
mais l'idolâtrie était venue par l'extrémité opposée ; c'é-
tait en éteignant tout raisonnement, et en laissant dominer les sens qui voulaient tout revêtir des qualités
dont ils sont touchés. *Bossuet.*

......On connaît, à leur style, *Emeraude.*
Dans les peintres des champs, les amans de la ville :
Voyez-les prodiguer, toujours riches de mots,
L'émeraude des prés et le cristal des flots. *Delille.*

En imitant vos goûts, le luxe les émousse. *Lebrun.*
Emousser.

Je jugeai de mon inaction par la mollesse de mes *Emoussé.*
pensées ; mes sensations émoussées arrondissaient tous
les objets et ne me présentaient que des images faibles
et mal terminées. *Buffon.*

Elle ne leur marque pas l'affabilité de son caractère *Emmiellé.*
par des paroles emmiellées et sans effet.

J.-J. Rousseau.

Quoi! pour une innocente, un esprit si présent! *Empaumer.*
Elle a feint d'être telle à mes yeux, la traîtresse,

Ou le diable à son âme a soufflé cette adresse...
Je vois qu'il a, le traître, empaumé son esprit. *Molière.*

Empiéter. Les décemvirs rédigèrent les lois des Douze Tables qui sont le fondement du droit romain. Le peuple, ravi de l'équité avec laquelle ils les composèrent, leur laissa empiéter le pouvoir suprême, dont ils usèrent tyranniquement. *Bossuet.*

———— Les métiers pénibles sont propres aux hommes seuls ; les femmes n'y prétendent point : comment n'ont-ils pas de honte d'empiéter sur ceux qu'elles font ?

J.-J. Rousseau.

Empire. L'empire tout-puissant de l'évidence sur l'esprit humain est dans la bouche de Démosthène. *Maury.*

———— Il (Arion) chante, et du liquide empire
Un dauphin vole à son secours. *Lebrun.*

———— Je sais que de mes vœux on lui promit l'empire ;
Je sais que pour régner elle (Hélène) vint dans l'Épire. *Racine.*

———— Les idées morales adoucissent seules l'empire de la force. *Thomas.*

———— Ce fut dans le premier âge de l'éloquence que la Grèce vit cent fois le plus grand de ses orateurs jeter les fondemens de l'empire de la parole sur la connaissance de l'homme et les principes de la morale.

D'Aguesseau.

Emplir. L'horreur et la vengeance empliront tous les cœurs. *Voltaire.*

Empoisonné. Je ne vois plus les hommes ; je n'entends plus leurs discours empoisonnés. *Fénélon.*

Emportement Toute la gloire humaine ne saurait jamais effacer l'opprobre que laisse le désordre des mœurs et l'emportement des passions. *Massillon.*

Empourprés. Combien de fois je me suis plu à voir les mélilots

dorés, les trèfles empourprés et les vertes graminées
former des ondulations semblables à des flots, et présenter à mes yeux une mer agitée de fleurs et de verdure. *Bernardin de Saint-Pierre.*

La Divinité n'est-elle pas aussi clairement empreinte *Empreint.*
dans l'œil d'un ciron, que la faculté de penser dans les
ouvrages du grand Newton ? *Diderot.*

L'histoire des siècles reculés offrait à l'imagination *Empreinte.*
vive d'Eschyle des succès et des revers éclatans, des
trônes ensanglantés, des passions impétueuses et dévorantes, des vertus sublimes, des crimes et des vengeances, partout l'empreinte de la grandeur, et souvent celle de la férocité ! *Barthélemy.*

Les deux cornes du fleuve (Achéiloüs) expriment ses deux bras : *Emprisonner*
Celle qu'arrache Alcide en ces fameux combats,
Riche des dons de Flore et des fruits de Pomone,
De l'homme, heureux vainqueur des eaux qu'il emprisonne,
Marque la récompense. *Delille.*

Printemps chéri, doux matin de l'année, *Emprisonné.*
Console-nous de l'ennui des hivers ;
Reviens enfin, et Flore emprisonnée,
Va de nouveau s'élever dans les airs. *Parny.*

Votre esprit n'emprunte jamais les agrémens des traits *Emprunter.*
de la médisance. *Voltaire.*

Vous ne me parlez plus de ces belles contrées *Encens.*
Où d'un peuple poli les femmes adorées
Reçoivent cet encens que l'on doit à vos yeux. *Voltaire.*

Son humeur satirique est sans cesse nourrie ————
Par le coupable encens de votre flatterie. *Molière.*

A-t-on peur que l'homme ne soit pas assez petit, *Encenser.*
assez misérable, assez faible, si l'on ne veut encore
encenser la faiblesse sous la fausse image de la vertu ?
J.-J. Rousseau.

Le flatteur est un esprit adroit, insinuant, qui étu- ————

tlie vos penchans pour les suivre, vos liaisons pour les cultiver, vos défauts même pour les encenser.

Laffitedu.

Enchaînement. Le long enchaînement des causes particulières qui font et défont les empires dépend des ordres secrets de la Providence. *Bossuet.*

Enchaîner.
Maudit soit le premier dont la verve insensée
Dans les bornes d'un vers renferma sa pensée ;
Et donnant à ses mots une étroite prison,
Voulut, avec la rime, enchaîner la raison *Boileau.*

Enchanté. L'air raisonne, enchanté de leurs hymnes divins. *Gilbert.*

Enchâsser. Tite-Live enchâsse si bien ses phrases, que, l'esprit sans cesse occupé à les déboîter les unes dans les autres, et à les restituer dans un ordre didactique et lumineux, se lasse de ce petit travail, comme le bras le plus fort, d'un poids léger qu'il faut toujours porter.

Diderot.

Enchère. Homme de lettres, si tu t'occupes de fortune, tu te mets toi-même à l'enchère : crains de calculer bientôt le prix d'une bassesse et le salaire d'un mensonge.

Thomas.

Enchevêtrer. Je m'enchevêtrai tellement dans ma réponse, et ma tête se brouilla si bien, que je restai court, et me fis moquer de moi. *J.-J. Rousseau.*

Encroûter. J'ai l'appréhension naturellement dure et l'encrouste et espessis tous les jours par discours. *Montaigne.*

Endormir (s') Le remords s'endort durant un temps prospère, et s'aigrit dans l'adversité. *J.-J. Rousseau.*

Endormir. Jamais un doux concert n'endormit ma paresse.

Luce de Lancival.

—— Notre bonne destinée a aveuglé les plus clairvoyans

de tous les hommes, rassuré les plus timides, endormi les plus soupçonneux, confondu les plus subtils.

Saint-Réal.

On se fit un art d'endormir le prince dans le sein des voluptés, d'amuser son avarice par des présens, de flatter sa vanité par des ambassades éclatantes. *Raynal.* — *Endormir*

Il faut agir de force, avec de tels esprits, — *Endurcir.*
\.... Et qui les flatte endurcit leurs mépris. *Corneille.*

Avec quelle grandeur et quelle autorité —
Sa voix vient d'endurcir ma sensibilité! *Voltaire.*

On peut donner une nouvelle énergie à une expres-sion ordinaire et faible. *Voltaire.* — *Energie.*

Il veille sur la discipline qui, dans la paix, tend tou-jours à s'énerver. *Thomas.* — *Enerver.*

Hommes du monde, vous polissez l'esprit, mais vous énervez le génie : qu'a-t-il besoin de vos vains orne-mens ? sa grandeur fait sa beauté. *Thomas.* —

Je vois avec regret la France désolée; — *Enervé.*
A nos dissensions la patrie immolée ;
Sur nos communs débris l'Anglais trop élevé,
Menaçant cet Etat par nous-même énervé. *Voltaire.*

L'esprit du genre humain a son enfance. *Thomas.* — *Enfance.*

Sans les passions, les beaux-arts retournent en en-fance, et la vertu devient minutieuse. *Diderot.* —

L'ennui, le sombre ennui; triste enfant du dégoût, — *Enfant.*
Dans ces lieux enchantés se traîne et corrompt tout. *Colardeau.*

...Que mes vers, enfans d'une noble candeur, —
Eclairent les Français sur leur fausse grandeur. *Gilbert.*

Les chênes, ces vieux enfans de la terre, viennent — tomber sur les bords du fleuve Galète. *Fénélon.*

Les chrétiens, enfans des prières, viennent partout —

comme leurs mères, à la suite de l'injure, pour réparer le mal qu'elle a fait. *Chateaubriand.*

Enfant.　Sachez que nos destins sont enfans de nous-mêmes. *Lebrun.*

——　On entendait gronder ces bombes effroyables,
Des troubles de la Flandre enfans abominables *Voltaire.*

——　Sortez de mon esprit, ressentimens jaloux,
Noirs enfans du dépit, ennemis de ma gloire,
Tristes ressentimens, je ne veux plus vous croire. *Corneille.*

——　Peut-être le génie, enfant de l'imagination qui crée, appartient-il aux pays chauds, féconds en productions, en spectacles, en événemens merveilleux qui excitent l'enthousiasme. *Raynal.*

——　Du bout de l'horizon accourt avec furie
Le plus terrible des enfans
Que le Nord eût portés jusques-là dans ses flancs. *La Fontaine.*

Enfantement　Le ciel et la terre s'uniront pour produire, par un commun enfantement, celui qui sera tout ensemble céleste et terrestre. *Bossuet.*

Enfanter.　Bienheureux Scudéri, dont la fertile plume
Peut tous les mois, sans peine, enfanter un volume ! *Boileau.*

——　La patrie était, disaient les Egyptiens, le séjour des Dieux : elle était la mère des hommes et des animaux que la terre d'Egypte, arrosée du Nil, avait enfantés pendant que le reste de la nature était stérile. *Bossuet.*

——　Que vois-je durant ce temps ? La monarchie ébranlée jusqu'aux fondemens, la guerre civile, la guerre étrangère, le feu au-dedans et au-dehors... Etait-ce là de ces tempêtes par où le ciel a besoin de se déclarer quelquefois ? et le calme profond de nos jours devait-il être précédé par de tels orages ? Ou bien était-ce comme un travail de la France prête à enfanter le règne miraculeux de Louis ? *Bossuet.*

Hâtons-nous de purifier notre cœur, afin de voir Dieu. Là est le terme du voyage : là se finissent les gémissemens ; là s'achève le travail de la foi, quand elle va enfanter la vue. *Bossuet.*

La médecine, et tous les arts dont l'objet est de nous conserver, sont-ils aussi avancés, aussi connus que les arts destructeurs enfantés par la guerre ? *Buffon.* — *Enfanté.*

... L'enfer véritable est au fond de mon cœur ; *Enfer.*
Lui-même est un enfer creusé par ma fureur,
Gouffre plus effrayant, plus dévorant abîme
Que l'autre épouvantable où m'a plongé le crime. *Delille.*
    (*Discours de Satan*).

L'histoire des Juifs enferme dans sa durée celle de *Enfermer.*
toutes nos histoires. *Pascal.*

Je voudrais, rejetant le poids de mes chagrins,
Dans la nuit de la mort enfermer mes pensées. *Colardeau.*

J'enfilai avec tant de précipitation des rues que je ne *Enfiler.*
connaissais point, que cherchant la rue de Tournon
où je loge, je me trouvai au Marais. *J.-J. Rousseau.*

Il paraîtrait plus pardonnable à ceux qui naissent, *Enflure.*
pour ainsi dire, dans la boue, de s'enfler, de se hausser,
et de tâcher de se mettre, par l'enflure secrète de l'orgueil, de niveau avec ceux au-dessous desquels ils se
trouvent si fort par la naissance. *Massillon.*

Les contemporains de Cicéron ont été jusqu'à l'accuser d'enflure et de pompe asiatique, de profusion et
de répétitions superflues, de froideur et de railleries ;
et dans la composition, de faiblesse et de diffusion ;
enfin, d'une mollesse de style peu digne d'un homme.
    (*Traduit de Quintilien*).

Psyché s'enfonça si avant dans ses rêveries, qu'elle *Enfoncer.*
en oublia ses ennuis passés. *La Fontaine.*

Enfoncer. Après Jésus-Christ, ils (les Juifs) n'ont fait que s'enfoncer de plus en plus dans l'ignorance et dans la misère, d'où la seule extrémité de leurs maux et la honte d'avoir été si souvent en proie à l'erreur, les fera sortir.

Bossuet.

Engloutir. Nous sommes venus à ce grand empire qui a englouti tous les empires de l'univers, d'où sont sortis les plus grands royaumes du monde que nous habitons, dont nous respectons encore les lois (*l'empire romain*).

Bossuet.

Engraisser. Va de tes revenus engraisser la justice. *Boileau.*

Engraissé. .... Ce fat engraissé
De tout le lot de son frère insensé,
Devenu riche, et voulant l'être encore,
Rompt aujourd'hui cet hymen qui l'honore. *Voltaire.*

Engendrer. La faiblesse et la domination réunies n'engendrent que folie et misère. *J.-J. Rousseau.*

Engoué. Me voilà tout-à-coup engoué de M. Bacle, mais engoué au point de ne le pouvoir quitter.

J.-J. Rousseau.

Engourdi. Son esprit, engourdi dans une longue inaction, s'absorbera dans la matière. *J.-J. Rousseau.*

————— .....Depuis ton départ, la nature engourdie
Expire loin du dieu qui lui donnait la vie. *Colardeau.*

Enigme. A Lyon, *Sauveur* entendant la fameuse horloge qui fait tant d'autres choses que de sonner l'heure, devina tout l'intérieur et toute l'énigme de la machine.

Fontenelle.

Enivrement. ...Tout se croit libre ; alors tout est en proie
Au fol enivrement d'une indiscrète joie. *Voltaire.*

Enivrer. Dans mes continuelles extases, je m'enivrais à torrens des plus délicieux sentimens. *J. J. Rousseau.*

Je devins vertueux, ou du moins enivré de la vertu.　*Enivré.*

J.-J. Rousseau.

...Le vers sur le vers n'osa plus enjamber. *Boileau.*　*Enjamber.*

Tous les vices de notre âge corrompaient notre in-　*Enlaidir.*
nocence et enlaidissaient nos jeux. *J.-J. Rousseau.*

> La vertu du vieux Caton,　　　　　*Enluminé.*
> Chez les Romains tant prônée,
> Etait souvent, nous dit-on,
> De Falerne enluminée. *J.-B. Rousseau.*

Ma raison s'ennoblit, et mes sens m'avilissent. *Thomas.*　*Ennoblir.*

Les exemples de dissolution dans les grands, en au-　——
torisant le vice, en ennoblissent la honte et l'ignominie, et lui ôtent ce qu'il a de méprisable aux yeux
du public. *Massillon.*

Pour peu que je veuille donner carrière à mon sen-　——
timent, il n'y a point de paysage que je n'en ennoblisse.

Bernardin de Saint-Pierre.

> Les rochers s'enorgueillissent,　　　*Enorgueillir.*
> Changés en palais fastueux. *Gilbert.*

> La maladie et l'excès du malheur,　　*Enraciné.*
> Dans son printemps avait séché la fleur ;
> Et dans son sang, la fièvre enracinée,
> Précipitait sa dernière journée. *Voltaire.*

Voilà plus de mauvaises plaisanteries que tu ne m'as　*Enrayer.*
tenu de mauvais propos : il est temps d'enrayer.

J.-J. Rousseau.

Quoiqu'une heureuse naissance ait apporté les plus　*Enrichir.*
grands dons à notre prince, il ne cessait de l'enrichir
par ses réflexions. *Bossuet.*

La vie des héros a enrichi l'histoire. *La Bruyère.*　——

Je vous réitère le conseil que je vous ai souvent　——

donné , dit Socrate à ses amis, celui de vous enrichir de vertus. *Barthélemy.*

Enrichir. Oh ! si l'esprit divin , l'esprit de force et de vérité , avait enrichi mon discours de ses images vives et natu‑relles qui représentent la vertu et qui la persuadent tout ensemble , de combien de nobles idées remplirais-je vos esprits, et quelle impression ferait sur vos cœurs le récit de tant d'actions édifiantes et glorieuses !

Fléchier. (*Oraison funèbre de Turenne*).

J'ai cherché , dès ton enfance , à t'enrichir de vertus et de tous les dons des muses. *Chateaubriand.*

Enrouillé. On se fait à la cour une manière d'esprit qui , sans comparaison , juge plus finement des choses que tout le savoir enrouillé des pédans. *Molière.*

Ensanglan‑ter. Jephté ensanglante sa victoire par un sacrifice qui ne peut être excusé que par un ordre secret de Dieu, sur lequel il ne lui a pas plu de nous faire rien connaître.

Bossuet.

Ensevelir. Les secrets de ton cœur sont ensevelis dans l'ombre du mystère. *J.-J. Rousseau.*

Enseveli. .....De mille pensers mon esprit agité
Paraît enseveli dans la stupidité. *Corneille.*

Entacher. L'orgueil et la vanité entâchent le vrai mérite.

Rivarol.

Entamer. Avant de prendre les armes nous devons envoyer des ambassadeurs et entamer des négociations.

Barthélemy.

Entasser. Les figures, même les mieux choisies, ne doivent pas être entassées; il faut savoir surtout ce qui convient au lieu , au temps, aux personnes ; car le plus souvent ces figures son destinées à amuser l'imagination.

(*Traduit de Quintilien*).

Aux yeux de la jalousie la naissance la plus illustre *Enter.* est un grand nom sur lequel on est enté , et qu'on ne tient pas de ses ancêtres. *Massillon.*

Le peuple juif est chassé sans espérance de la terre de ses pères. Le Messie devient l'attente des nations , et il règne sur un nouveau peuple. Mais pour garder la succession et la continuité , il fallait qu'un nouveau peuple fût enté sur le premier , et l'olivier sauvage sur l'olivier franc , afin de participer à la bonne sève.

Bossuet.

Que le monde voit peu de ces veuves qui , vraiment *Enterrer.* veuves et désolées, s'ensevelissent elle-mêmes dans le tombeau de leurs époux , y enterrent tout amour humain avec ces cendres chéries et délaissées sur la terre, mettent leur espérance en Dieu. *Bossuet.*

Faut-il , monsieur, qu'un homme comme vous, un *Enterré.* homme si savant , veuille se déguiser aux yeux de tout le monde, et tenir enterrés les beaux talens qu'il a?

Molière.

Les métaphores basses et gigantesques se cachèrent *Entortiller.* sous un style entortillé. *Rivarol.*

Des tourbillons épais d'une noire fumée ou d'une *Entrailles.* flamme lugubre ; des nuages massifs de cendres et de pierres ; des torrens bouillonnans de lave en fusion , roulant au loin leurs flots brûlans et destructeurs, manifestent au-dehors le mouvement convulsif des entrailles de la terre. *Buffon.*

Le volcan vomit en bouillonnant ses entrailles fumantes. *Delille.* (*Avulsa que viscera montis eructans*), rejetant ses entrailles par une évacuation fréquente.

Entrave. J'avais mis une entrave à mon cœur.

J.-J. Rousseau.

Entrecastrer Les défauts d'un sexe et les excès de l'autre se compensent mutuellement. Ils sont faits pour s'entrecastrer les uns dans les autres, comme les pièces d'une charpente dont les parties saillantes et rentrantes forment un vaisseau propre à voguer sur la mer orageuse de la vie , et à se raffermir par les coups même de la tempête.

Bernardin de St.-Pierre.

Entrecoupé. Les corps animés ne vivent et ne pensent que par une suite d'impulsions répétées et des mouvemens entrecoupés. *Rivarol.*

—— C'est dans la zone , où le mouvement de rotation est le plus rapide, que l'on trouve les plus hautes montagnes, les mers les plus entrecoupées , semées d'un nombre infini d'îles. *Buffon.*

Entrelacer. Là bondit d'Albion la cavale superbe ;
Tandis que ses enfans, qui folâtrent sur l'herbe,
Se cherchant , se fuyant, se défiant entre eux ,
De leur course rivale entrelacent les jeux. *Delille.*

Entrer. Les montagnes entrèrent dans la balance, les globes connurent l'équilibre , la poussière , les nombres ; et l'océan , sondé et dessiné, ne fut plus un abîme sans fond et sans rivages. *Rivarol.*

—— La mer entre à flots précipités dans le vaisseau.

Thomas.

Enveloppe. Fidèle à conserver les réalités qui lui sont confiées , elle (la Fable) couvre de son enveloppe séduisante les leçons de l'histoire et les vérités de la philosophie.

Bailly.

Envelopper. Dans votre tyrannie envelopper ma gloire ! *Th. Corneille.*

Une grâce perfide
Envenime ses yeux. *Lebrun.*

Envenimer.

Heureuse en mes malheurs, si ce triste hymenée
Pour le bonheur de Rome à César m'eût donnée,
Et si j'eusse avec moi porté dans ta maison
D'un astre envenimé l'invincible poison. *Corneille.*
   (*Cornélie à César.*)

Envenimé.

Le sauvage ne fait pas un mouvement, un pas, sans en avoir envisagé la suite. J.-J. *Rousseau.*

Envisager.

J'envisageais dans cette démarche la fin de tous mes malheurs. *Le même.*

Il fut le confident de toutes mes pensées ;
Avec quelle innocence et quels épanchemens
Nos cœurs se sont appris leurs premiers sentimens ! *Voltaire.*

Epanche-ment.

Il (le ciel) a sur votre face épanché des beautés
Dont les yeux sont surpris et les cœurs transportés. *Molière.*

Epancher.

Le sommeil sur ses yeux commence à s'épancher. *Boileau.*

..... Dans l'ombrage ensevelie,
Que Philomèle épand d'harmonieux soupirs ! *Lebrun.*

Epandre

Daigne du juste ciel la bonté souveraine,
Ne lancer que sur moi les foudres mérités,
Et n'épandre sur vous que des prospérités. *Corneille.*

Son jeune cœur s'épanouissait. J.-J. *Rousseau.*

Epanouir.

Le cœur de ce chrétien des anciens jours s'épanouissait en parlant de son épouse. *Chateaubriand.*

On voit dans tous les yeux étinceler la joie,
Le rire épanoui librement se déploie. *Colardeau.*

Epanoui.

L'épanouissement de l'extrême joie, qui d'un mouvement uniforme semble étendre et vivifier tout notre être, se conçoit, s'imagine aisément.

Epanouisse-ment.

J.-J. *Rousseau.*

Un air léger, dont je sentis la fraîcheur, m'apporta des parfums qui me causèrent un épanouissement intime, et me donnèrent un sentiment d'amour pour moi-même. *Buffon.*

Éparpiller. Depuis le départ de notre bon ami, tout le monde s'éparpille. *J.-J. Rousseau.*

Épars. L'homme surpasse les animaux, non-seulement en réunissant en lui seul l'intelligence qui est éparse chez eux tous, mais en remontant jusqu'à la source de toutes les convenances, qui est la divinité même.

Bernardin de St.-Pierre.

—— Je cherche partout Elisa, je rencontre, je saisis quelques-uns de ses traits, quelques-uns de ses agrémens épars parmi les femmes les plus intéressantes.

Raynal.

—— Dans un espace de douze ans vous avez épuisé tous les sentimens qui peuvent être épars dans une longue vie. *J.-J. Rousseau.*

Épaule. Il (Pompée) croit que ce climat, en dépit de la guerre,
Ayant sauvé le ciel, sauvera bien la terre,
Et dans son désespoir, à la fin se mêlant,
Pourra prêter l'épaule au monde chancelant.

Corneille.

Épée. Il faut ôter l'air et le ton de la compagnie le plutôt que l'on peut, et faire entrer les gens dans nos plaisirs et dans nos fantaisies, sans cela il faut mourir, et c'est mourir d'une vilaine épée. Mme *de Sévigné.*

Épidémie. Aussitôt que l'épidémie des croisades eût entraîné les Français loin de leurs frontières ; aussitôt que des ennemis étrangers se portèrent en force sur la France, il fallut des fonds réguliers et considérables. *Raynal.*

Épine. Le diadême qui orne le front auguste des rois n'est souvent armé que de pointes et d'épines qui le déchirent.

Massillon.

Les entreprises les plus épineuses sont les plus di- *Épineux.*
gnes de lui. *Gilbert.*

... Bientôt vous verrez mille auteurs pointilleux, *Éplucher.*
Pièce à pièce épluchant vos soins et vos paroles,
Interdire chez vous l'entrée aux hyperboles. *Boileau.*

Plus d'un éplucheur intraitable *Éplucheur.*
M'a vétillé, ma critiqué. *Voltaire.*

Sotte condition que celle d'un esclave ; mon maître *Épouser.*
me fait épouser son inquiétude. *Molière.*

La multitude avait des protecteurs dont elle épousait ——————
les passions. *Barthélemy.*

On ne montera point au rang dont je dévale, ——————
Qu'en épousant ma haine au lieu de ma rivale. *Corneille.*

Quelques vengeurs, pourtant, armés d'un noble zèle, ——————
Ont de ces morts fameux épousé la querelle. *Gilbert.*

Je deviens parricide, assassin, sacrilège: ——————
Pour qui ? pour une ingrate dont j'épouse la rage. *Racine.*

La croix est la vraie épreuve de la foi, le vrai fonde- *Épurement.*
ment de l'espérance, le parfait épurement de la charité,
en un mot, le chemin du ciel. *Bossuet.*

Ce cœur n'a plus les taches criminelles *Épurer.*
Dont il couvrait ses clartés naturelles ;
Mon feu pour vous, ce feu saint et sacré,
Y reste seul, il a tout épuré. *Voltaire.*

Eux-même épureront, par leur long artifice, ——————
Ton honneur qu'ils pensent ternir. *Gilbert.*

Chaque siècle, chaque époque donne son équation, *Équation.*
et l'on ne peut les résoudre toutes sans découvrir la
vérité qui y était comme enveloppée. *Raynal.*

C'est sur les mers qu'il faut établir l'équilibre du *Équilibre.*
pouvoir. *Thomas.*

L'équilibre de la naissance entre les sexes est rétabli ——————
par l'équilibre de la mort. *Bernardin de St.-Pierre.*

Équilibre.   De la droite raison je sens mieux l'équilibre. *Boileau.*

———— Espérons que l'équilibre, quoiqu'imparfait, qui se trouve entre les puissances des peuples civilisés, se maintiendra et pourra même devenir plus stable.

Buffon.

Equipage.   De tout l'équipage céleste dont cette petite terre se faisait accompagner et environner, il ne lui est demeuré que la lune qui tourne encore autour d'elle.

Fontenelle.

Eriger.   J'approchai par degré de l'oreille des rois,
Et bientôt en oracle on érigea ma voix ;
J'étudiai leur cœur, je flattai leurs caprices,
Je leur semai de fleurs le bord des précipices. *Racine.*

Errant.   Ma douce inquiétude avait un objet qui la rendait errante et fixait mon imagination. *J.-J. Rousseau.*

Erreur.   Le sommeil à mes yeux refusant ses douceurs,
N'a point sur mon esprit répandu ses erreurs. *Voltaire.*

Escorte.   Bientôt l'ambition et toute son escorte,
Dans le sein du repos, vient le prendre à main-forte. *Boileau.*

Escorté.   ... Sophocle est conduit devant les magistrats ;
Calme parmi les flots d'un nombreux auditoire,
Il s'avance escorté de soixante ans de gloire. *Millevoye.*

Esquisse.   Mes hypothèses (sur la nature), fussent-elles contestées, et mon tableau ne fût-il qu'une esquisse très-imparfaite de celui de la nature, je suis convaincu que tous ceux qui, de bonne foi, voudront examiner cette entreprise et la comparer avec le modèle (la nature), trouveront assez de ressemblance pour pouvoir au moins satisfaire leurs yeux et fixer leurs idées sur les plus grands objets de la philosophie naturelle. *Buffon.*

———— Il est des hommes qui aiment mieux se rabaisser avec la nature entière, en attribuant son origine au hasard ou à une aveugle nécessité, que se résoudre à consi-

dérer les facultés spirituelles dont ils jouissent, comme
une faible esquisse de la souveraine intelligence,
Necker.

Les choses que nous voyons auraient un assez triste *Esquisse.*
aspect, si nous n'apercevions en elles que leur figure
et leur mouvement. Dans l'état actuel de nos percep-
tions, nous jouissons d'une suite de spectacles propres
à nous plaire. Le ciel et la terre se revêtent pour nous
d'une gloire imaginaire, toute la création s'embellit.
Quelle sombre esquise de la nature s'offrirait à nous, si
les couleurs venaient à disparaître, si les ombres et la
lumière n'étaient plus pour nous. (*Traduit d'Adisson*).

Fuis, noir essaim des maux que déchaîna Pandore. *Lebrun.*   *Essaim.*

Ciel ! quel nombreux essaim d'esclaves à genoux
Est aux pieds de ce roi qui les fait trembler tous? *Voltaire.*

J'enrage de voir de ces gens qui se traduisent en ri- *Estropier.*
dicules malgré leur qualité, qui prennent par où ils
peuvent les termes de l'art qu'ils attrapent, et ne manquent jamais de les estropier et de les mettre hors de
place. *Molière.*

Un tissu d'énigmes serait pour certains esprits vifs *Estropié.*
et décisifs une lecture divertissante, et c'est une perte
pour eux que ce style estropié qui les enlève soit rare,
et que peu d'écrivains s'en accommodent. *Labruyère.*

...La voix du public n'est pas toujours leur voix (la voix des *Étage.*
   dieux);
Ils descendent bien moins dans de si bas étages
Que dans l'âme des rois, leurs vivantes images,
De qui l'indépendance et sainte autorité
Est un rayon secret de leur divinité. *Corneille.*

La richesse et le crédit s'étayent mutuellement; l'un *Étayer.*
se soutient toujours mal sans l'autre. *J.-J. Rousseau.*

Le maréchal de Luxembourg eut la douleur de voir *Éteindre.*

s'éteindre peu-à-peu sous ses yeux ce dernier enfant de la plus grande espérance. *Le même.*

Éteindre.   Sully, ministre économe, éclairé, vertueux, appliqué, courageux, éteignit pour sept millions de rentes.
Raynal.

Éteint.   Je badine avec lui sur notre démêlé poétique, aussitôt éteint qu'allumé. *Boileau.*

Étendard.   Vous pouvez, sans beaucoup de peine, disposer selon l'ordre des temps les grands événemens de l'histoire ancienne, et les ranger chacun sous son étendard.
Bossuet.

Étêter.   Notre saule commun, lorsqu'il n'est pas étêté, laisse pendre aussi l'extrémité de ses branches, et prend alors un caractère mélancolique. *Bernardin de St.-Pierre.*

Étoffe.   Nous avons un livre nouveau de Nicole, c'est de la même étoffe que Pascal et que l'*Education des Princes*; mais cette étoffe est merveilleuse, on ne s'en ennuie point. *Mme. de Sévigné.*

——   M. d'Aubonne se chargea de m'examiner, de voir à quoi j'étais propre, et s'il me trouvait de l'étoffe, de chercher à me placer. *J.J. Rousseau.*

Étonner.
Le vaste écho de ces rivages
S'étonne, en ses grottes sauvages,
D'entendre des sons inouis. *Lebrun.*

Étonné.
Les fleuves étonnés remontent vers leur source.
J.-B. Rousseau.

Étrangler.   On a révoqué tous les édits qui nous étranglaient dans notre province. *Mme de Sévigné.*

Étranglé.
Pourquoi ces yeux de gens qu'on exorcise,
Et ces sanglots coup sur coup redoublés,
Pressant les mots au passage étranglés ?

Étroit.   Celui qui prend quelqu'intérêt au genre humain,

celui qui ne porte pas au-dedans de lui-même l'âme étroite d'un moine, pour qui l'enceinte de sa prison claustrale est tout, et le reste de l'univers n'est rien, peut-il concevoir quelque chose de plus absurde et de plus cruel que cette infâme jalousie des grandes puissances, que cet horrible abus de leurs forces, pour empêcher les états faibles d'améliorer leur condition ?

Raynal.

Event.

.... Rien n'est plus ordinaire (que l'esprit),
C'est un titre bannal ; on ne peut faire un pas
Qu'on ne voie accorder ce nom imaginaire
A tout venant, à gens qui ne sont bien souvent
Que des cervaux brûlés, des têtes à l'évent.

Lachaussée.

Eventer.

Ne voudriez-vous point
De vos jeunes magots m'inspirer les manières,
M'obliger à porter de ces petits chapeaux
Qui laissent éventer leurs débiles cerveaux ? *Molière.*

Veuillez être discret,
Et n'allez pas, de grâce, éventer mon secret. *Le même.*

J'étais si mal-adroit dans le choix de mes cachettes, qu'elle les éventait toujours. *J.-J. Rousseau.*

Excursion.

Il faut se hâter de soumettre les excursions de l'esprit aux rapports des sens. *Rivarol.*

Exhaler.

N'attends pas que j'éclate ici en reproches et en injures ; non, non, je n'ai point un courroux à s'exhaler en paroles vaines, et toute sa chaleur se réserve pour la vengeance. *Molière.*

Exil.

Nous sommes tous pressés par les mêmes décrets ;
Nos noms sont agités dans une urne fatale,
Il faudra tôt ou tard passer l'onde infernale
Qui, dans un lieu d'exil, nous conduit pour jamais.

Daru.

Exiler.

Partagez donc ce trône, et sûr de mon bonheur,
Je verrai les soupçons exiler de mon cœur. *Voltaire.*

Expirer. Une épaisse forêt, non loin de ce bocage ,
Fait expirer le jour sous son antique ombrage. *Colardeau.*

——— Puisse expirer l'astre brillant du jour
Avant que ma tendresse expire ! *J.-B. Rousseau.*

——— Suis-je en état d'entendre ces propos,
Ces complimens protocole des sots ,
Où l'on se gêne , où le bon sens expire
Dans le travail de parler sans rien dire ? *Voltaire.*

——— Je sentis le reproche expirer dans ma bouche. *Racine.*

Extinction. Quel a été et quel est chez toutes les nations, l'effet du despotisme civil ? la bassesse et l'extinction de toute vertu. *Raynal.*

Extravagant Je voulus savoir le fond de cette extravagante scène.
J.-J. Rousseau.

Extravaguer. La nature soutient la raison impuissante et l'empêche d'extravaguer. *Pascal.*

Extrémité. L'homme touche aux extrémités de la création.
Thomas.

<h1 style="text-align:center">F.</h1>

Fabricateur. Hardis fabricateurs de mensonges utiles ,
Eussent-ils (les poètes anciens) su trouver des auditeurs faciles,
Sans la secrète voix, plus forte que la leur ,
Cette voix qui nous crie au fond de notre cœur
Qu'un juge nous attend,? *L. Racine.*

Fabriquer. Je le soupçonne d'avoir quelquefois fabriqué des passages pour se tirer d'une objection qui l'incommodait. *J.-J. Rousseau.*

Fabriqué. Dans tous ces beaux discours
Fabriqués durant le cours

De sa fortune maudite,
Vous reconnaissez toujours
L'esclave d'Epaphrodite. (Epictète.)
J.-B. Rousseau.

Le cœur ni l'esprit des paysans ne sont point façonnés *Façonner.*
par l'art. *Le même.*

> Par un arrêt en vaudevilles *Fade.*
> On bannira les faux plaisans,
> Les cagots fades et rampans,
> Les complimenteurs imbécilles,
> Et le peuple des froids savans. *Gresset.*

Un caractère bien fade est celui de n'en avoir aucun. ———
Labruyère.

> ... Naturellement femme qui sait se taire *Fagotté.*
> A sur moi tel pouvoir et tel droit de me plaire,
> Qu'eût-elle en vrai magot tout le corps fagotté,
> Je lui voudrais donner le prix de la beauté. *Corneille.*

Autour de tous ces rois voltigeaient les soupçons, *Faim.*
les vaines alarmes, la faim insatiable des richesses, la
fausse gloire. *Fénélon.*

Du cerveau partent des faisceaux de nerfs qui s'épa- *Faisceau.*
nouissent et se développent aux extrémités, et vont former l'organe du sentiment. *Thomas.*

Il avait le goût qu'il fallait pour former le mien, et *Farcir.*
mettre quelque chose dans le fatras dont je m'étais
farci la tête. *J.-J. Rousseau.*

> La rage alors se trouve à son faîte montée. *La Fontaine.* *Faîte.*

Avec quelle couleur peindre un héros qu'on vient de ———
voir jeune encore, et à peine échappé au danger qui
menaçait sa vie, se frayer tout-à-coup un chemin des
bords de l'Achéron au faîte de la gloire ? *Crébillon.*

Dieu vient réveiller les méchans dans leurs palais de *Fantôme.*

cèdre et d'aloès, et confondre le fantôme de leur rapide félicité. *Chateaubriand.*

Farder.

Je répondrai, madame, avec la vérité
D'un soldat qui sait mal farder la vérité. *Racine.*

Souvent dans l'art d'aimer Melpomène avilie
Farda les nobles traits du pinceau de Thalie. *Voltaire.*

——— Je continuai de trouver leurs chants délicieux, et leurs voix fardaient si bien leurs visages que, tant qu'elles chantaient, je m'obstinais, en dépit de leurs yeux, à les trouver belles. *J.-J. Rousseau.*

Fardé.

C'est dans la chaumière du pauvre qu'on voit sensiblement les obscures manœuvres du vice, qu'il couvre de paroles fardées au milieu d'un cercle.

J.-J. Rousseau.

——— Ce n'est rien de voir la forme apparente d'un gouvernement fardée par l'appareil de l'administration et par le jargon des administrateurs. *Le même.*

Bientôt le prisme et le compas en main,
Pour résultat de son triste examen,
Il (le critique) ne voit plus, dans l'œuvre qu'il censure,
Qu'un rien pompeux, fardé d'enluminure. *Colardeau.*

Farouche.

... Tu connais ce malheureux Brutus,
Dont Caton cultiva les farouches vertus. *Voltaire.*

Faste.

Notre goût dédaignait tous ces sujets frivoles
Que l'art surcharge en vain du faste des paroles. *Colardeau.*

——— Toujours un peu de faste entre parmi les pleurs.

La Fontaine.

Faufilé.

Je cessai de voir les académiciens et autres gens de lettres avec lesquels j'étais déjà faufilé. *J.-J. Rousseau.*

——— D'Alembert, déjà faufilé chez madame de Luxembourg, avait pu trouver les moyens de fureter mes papiers. *Le même.*

Ce n'est point en faussant une auguste promesse *Fausser.*
Qu'il faut contre le ciel vous exercer sans cesse. *Crébillon.*

Les passions ne cherchent qu'à fausser la conscience. ——
Rivarol.

L'esprit qui apprécie mal les rapports est un esprit *Faux.*
faux. *J.-J. Rousseau.*

Tout périt sous la faux de la mort et du temps. *Gilbert.* *Faux (la).*

Il y a des erreurs de grands hommes qui deviennent *Fécond.*
fecondes en vérités. *Thomas.*

Le signe a fécondé l'idée. *Rivarol.* *Féconder.*

... Parmi les cris et les chants d'alégresse *Fendre.*
Du peuple qui l'entoure, Antoine fend la presse. *Voltaire.*

    Plus fort que le fils d'Alcmène, *Fer.*
    Il (l'hiver) met les fleuves aux fers ;
    Le seul vent de son haleine
    Fait trembler tout l'univers. *J.-B. Rousseau.*

Quoi ! votre âme à l'amour en esclave asservie , ——
Se repose sur lui du soin de votre vie !
Par quel charme oubliant tant de tourmens soufferts ,
Pouvez-vous consentir à rentrer dans ses fers ? *Racine.*

Déjà le ciel tendu et fermé de toutes parts , n'offrait *Fermé.*
à nos yeux qu'une voûte ténébreuse que la flamme pénétrait et qui s'appesantissait sur la terre. *Barthélemy.*

Alors commencèrent à germer avec mes malheurs *Ferment.*
les vertus dont la semence était au fond de mon âme,
que l'étude avait cultivées , et qui n'attendaient pour
éclore que le ferment de l'adversité.
J.-J. Rousseau.

Ce M. de Nevers, si difficile à ferrer, ce M. de *Ferrer.*
Nevers, si extraordinaire , qui glisse des mains alors
qu'on y pense le moins, il épouse enfin, devinez qui ?
Mme. de Sévigné.

Fertiliser. L'humanité, comme une eau pure et salutaire, va fertiliser les lieux bas; elle cherche toujours le niveau.

J.-J. Rousseau.

Ferveur. Je trouvai ce jeune homme dans la ferveur des hautes sciences; rien n'était au-dessus de sa portée; il dévorait et digérait tout avec une prodigieuse rapidité.

Le même.

Feu. Que le feu impur de la volupté ne profane jamais un sanctuaire que vous vous êtes réservé. *Massillon.*

Fier.
Dieu fit choix de Cyrus avant qu'il vit le jour,
L'appela par son nom, le promit à la terre,
Le fit naître soudain, l'arma de son tonnerre,
Brisa les fiers remparts et les portes d'airain. *Racine.*

Fièvre. Les fièvres de l'âme sont semblables à celles du corps; pour les guérir, il faut surtout changer de lieux.

Chateaubriand.

Figue.
Plusieurs se sont trouvés, qui d'écharpes changeant,
Aux dangers, ainsi qu'elle (la chauve-souris), ont souvent
fait la figue. *La Fontaine.*

Figure. Je soutiens qu'il n'y a qu'un géomètre et un sot qui puissent parler sans figure. *Rivarol.*

———

Le lecteur ne sait plus admirer dans Voiture,
De son froid jeu de mot l'insipide figure. *Boileau.*

Figurer. Pendant quinze ou vingt mille ans la surface de notre globe n'était qu'une masse universelle, il a fallu cette longue succession de siècles pour le refroidissement de la terre et pour la retraite des eaux, et ce n'est qu'à la fin de cette période que la surface de notre continent a été figurée. *Buffon.*

Figuré Pour peu qu'on ait de chaleur dans l'esprit, on a besoin de métaphores et d'expressions figurées pour se faire entendre. *J.-J. Rousseau.*

Dieu a voulu que cette file d'idées vous ait passé par la tête pour vous donner apparemment quelque instruction dont vous ferez votre profit. *Voltaire.* *File.*

Mon Dieu, que vous dites bien sur la mort de M. de La Roche Foucauld et de tous les autres! on serre les files, il n'y paraît plus. *Mme. de Sévigné.* *File.*

Les vertus devraient être sœurs
Ainsi que les vices sont frères ;
Dès que l'un de ceux-ci s'empare de nos cœurs,
Tous viennent à la file, il ne s'en manque guères.
La Fontaine.

Ton ami priait les destinées
De filer en or pur tes nombreuses années. *Colardeau.* *Filer.*

Daigne le ciel, toujours pur et tranquille,
Verser sur tous les jours que votre main nous file,
Un regard amoureux. *J.-B. Rousseau.*

La main des Parques
Va nous filer ce siècle heureux,
Qui du plus sage des monarques
Doit couronner les justes vœux. *Le même.*

Nous continuâmes notre voyage aussi alégrement que nous l'avions commencé, mais filant un peu plus droit vers le terme où notre bourse tarissante nous faisait une nécessité d'arriver. J.-J. *Rousseau.*

L'armée française filait en Piémont pour entrer dans le Milanais. *Le même.*

O bon Emile ! je n'abrégerai point pour toi l'heureux temps de ta vie ; j'en filerai pour toi l'enchantement.
Le même.

Jours devenus momens, momens filés de soie. *Le même.* *Filé.*

La Parque à filets d'or n'ourdira point ma vie. *La Fontaine.* *Filet.*

Elle savait une quantité prodigieuse d'airs et de

chansons qu'elle chantait avec un filet de voix fort douce. *J.-J. Rousseau.*

Filet. Quelques ruisseaux filtraient à travers les rochers et roulaient sur la verdure en filets de cristal.

——
> Toujours à vos élus l'envieuse malice (les élus de Dieu)
> Tendra ses filets captieux. *J.-B. Rousseau.*

——
Soyez mes astres, filles du ciel et de la terre, divines harmonies; tour-à-tour vous étendez sur la terre et vous retirez à vous les filets de la vie; non pour le plaisir d'abattre ce que vous avez élevé, mais pour conserver l'équilibre de la nature, d'après des plans inconnus aux mortels. *Bernardin de Saint-Pierre.*

Fille.
> Ces bouches de la mort, filles épouvantables,
> Et cet airain tonnant que Bellonne a creusé,
> Ne lançaient point encor de leurs flancs redoutables
> Un trépas embrasé. *Lebrun.*

——
L'astronomie est fille de l'oisiveté, la géométrie est fille de l'intérêt, et s'il était question de la poésie, nous trouverions apparemment qu'elle est fille de l'amour. *Fontenelle.*

——
> Prés, bocages, forêts, vallons, rochers sauvages,
> Fontaines et ruisseaux, sur leurs moites rivages,
> Tous les lieux visités des zéphirs inconstans,
> Nourrissent aujourd'hui les filles du printemps. *Roucher.*

——
> ...L'honneur des prés, les fleurs, présent de Flore,
> Filles du blond soleil et des pleurs de l'Aurore,
> Si la faux les atteint, perdent en un moment
> De leur vives couleurs le plus rare ornement. *La Fontaine.*

——
Les gênes, les rigueurs étouffent l'industrie, fille de la nécessité, mais compagne de la liberté.
Raynal.

Filtrer.
> Par les feux du Cancer Syène poursuivie,
> Dans les sables brûlans sentait filtrer la vie. *Esménard.*

Ceux qui ont des organes grossiers cherchent des plaisirs où l'âme n'entre pour rien ; ceux qui ont un sentiment plus délicat veulent des plaisirs plus fins ; il faut que tout le monde vive. *Voltaire.* *Fin.*

Je sens un froid mortel courir dans mes veines, les jambes me flageolent, et prêt à me trouver mal, je m'assaye et je pleure comme un enfant. *Flageoler.*
J.-J. *Rousseau.*

Rome veut éviter une guerre douteuse ; *Flambeau.*
Conserver l'Arménie, ou par des soins jaloux
En faire un vrai flambeau de discorde entre nous.
Crébillon.

Il faut que sur le trône un roi soit élevé, ———
Qui se souvienne un jour qu'au rang de ses ancêtres
Dieu l'a fait remonter par la main de ses prêtres,
L'a tiré par leurs mains de l'oubli du tombeau,
Et de David éteint rallumé le flambeau. *Racine.*

Qu'est ceci, mes enfans, écoutez-vous vos flammes ? *Flamme.*
Corneille.

Ma flamme par Hector jadis fut allumée. *Racine.* ———

Du palais des frimas présentez-nous l'image, *Flèche.*
Ces prismes colorés, ce luxe des hivers,
Qui se jouant aux yeux en cent reflets divers,
Brise des traits du jour les flèches transparentes. *Delille.*

Le beau Magniola, noble roi des forêts, ———
Lève son front paré de roses virginales,
Balance mollement aux brises matinales,
Le palmiste élançant sa flèche dans les airs,
Seul partage avec lui l'empire des déserts. *St.-Victor.*

Tu sais lancer au loin, du sein brûlant d'un verre, ———
Ces flèches de lumière
Que de son carquois d'or verse le Dieu du jour.
(*Ode à Buffon.*) *Lebrun.*

Je cultivais l'espérance et je la vois flétrir tous les jours. J.-J. *Rousseau.* *Flétrir.*

Flétrissure. Galérius semble porter sur son front la marque, ou plutôt la flétrissure de ses vices. *Châteaubriand.*

Fleur. La jeunesse est la fleur de toute la nature. *Fénélon.*

———— La jeunesse en sa fleur brille sur son visage. *Boileau.*

Fleuri. La jeunesse fleurie s'était renouvelée sur son visage.
Fénélon.

———— Ce garçon si frais , si fleuri et d'une si belle santé , est seigneur d'une abbaye. *Labruyère.*

Fleuve. Sur le fleuve du temps ? quoi! c'est là que je cours !
L'éternité pour l'homme ! *Colardeau.*

Flot. Ne craignez ni les cris , ni la foule impuissante
D'un peuple qui se presse autour de cette tente.
Paraissez , et bientôt , sans attendre mes coups ,
Ces flots tumultueux s'ouvriront devant vous. *Racine.*
(*Achille à Iphigénie*).

———— ... Déjà mon vers coule à flots précipités.

Flotte. Fier de sa noblesse , jaloux de sa beauté, le cygne semble faire parade de tous ses avantages ; il a l'air de chercher à recueillir des suffrages , à captiver les regards, et il les captive en effet, soit que, voguant en troupe, on voie de loin au milieu des grandes eaux cingler la flotte ailée , soit que s'en détachant et s'approchant du rivage aux signaux qui l'appellent , il vienne se faire admirer de plus près en étalant ses beautés et développant ses grâces par mille mouvemens doux , ondulans et suaves. *Buffon.*

Flotter. Une robe azurée
Sur sa taille élégante, avec grâce serrée,
Flotte au gré du zéphir sous ses plis enfermé. *Gilbert.*

Flûté. J'ai répondu sans jamais m'effrayer....
L'un vous traînait sa voix de pédagogue,
L'astre brillant d'un ton cas , d'un air rogue ,

> Tandis qu'un autre, avec son ton flûté,
> Disait : mon fils, sachons là vérité ,
> Moi, toujours ferme et toujours laconique ,
> Je rembarrais la troupe scholastique. *Voltaire.*

Flûté.

Le rossignol efface tous les autres oiseaux par ses sons moëlleux et fluttés, et par la durée non interrompue des on ramage, qu'il soutient quelquefois pendant ving secondes. *Guéneau de Montbelliard.*

Fomenter.

Le prince d'Orange , esprit juste, ferme, profond, doué de toutes les vertus que n'entend pas l'ambition, devint le centre de tous les ressentimens qu'il formentait depuis long-temps par ses négociations et ses émissaires. *Raynal.*

Fondement.

Dieu veut-il faire des législateurs? il leur envoie son esprit de sagesse et de prévoyance ; il fait prévenir les maux qui menacent les Etats et poser les fondemens de la tranquillité publique. *Bossuet.*

Fonder.

Chez nos nations toutes les lois sont fondées sur le tien et le mien. *Voltaire.*

Fondre.

Le coloris des joues est trop près des yeux et ne se fond pas délicieusement en couleur de rose vers le bas du visage , comme sur le modèle.
(*Sur le portrait de Julie*).   J.-J. *Rousseau.*

Un lit mollet , où l'on s'ensevelit dans la plume ou dans l'édredon, fond et dissout le corps. *Le même.*

Il n'y a point d'ouvrage si accompli qui ne fondît au milieu de la critique, si son auteur voulait en croire tous les censeurs. *Labruyère.*

> Pressé de toutes parts des colères célestes,
> Il (Pompée) en vient dessus vous faire fondre les restes.
>   *Corneille.*

Non-seulement la nature a réuni sur le plumage du paon toutes les couleurs du ciel et de la terre , pour en faire le chef-d'œuvre de sa magnificence, elle les a encore mêlées, assorties, nuancées, fondues de son inimitable pinceau, et en a fait un tableau unique, où elles tirent de leur mélange avec des couleurs plus sombres et de leurs oppositions entre elles, un nouveau lustre et des effets de lumière si sublimes, que notre art ne peut ni les imiter ni les décrire. *Buffon.*

Force.   Les idées ne viennent point ou elles viennent en foule; elles m'accablent de leur nombre et de leur force.

J.-J. Rousseau.

Forcé.   La retraite forcée de ce grand homme (Sully), après la fin tragique du meilleur des rois, fut une calamité qu'il faut déplorer encore. *Raynal.*

Forger.   Un Dieu, sans doute, un Dieu me forgea ces malheurs.

Gilbert.

———   Le loup déjà se forge une félicité
      Qui le fait pleurer de tendresse. *La Fontaine.*

———   Vous n'avez pas attendu jusqu'à présent à vous forger une image de votre époux; je vous prie de me dire quelle elle est. *La Fontaine.*

———   Ce Jérémie, qu'Esdras venait de forger avec tous les autres prophètes, comment a-t-il tout d'un coup trouvé créance? *Bossuet.*

Forligner.   Je l'étranglerais de mes propres mains, s'il fallait qu'elle forlignât de l'honnêteté de sa mère. *Molière.*

Forme.   Si mes sentimens n'ont pas changé d'espèce, ils ont au moins changé de forme. *J.-J. Rousseau.*

———   Racine a étudié tous les effets de l'harmonie, toutes les formes du vers, toutes les manières de le varier.

La Harpe.

Les discours des hommes et des femmes ne doivent *Forme.*
avoir de formes communes que celles de la vérité.

Je sais bien ce que j'ajouterai encore pour fortifier *Fortifier.*
mon raisonnement. *Fontenelle.*

Vous avez reçu de la nature ces inclinations fortu- *Fortuné.*
nées qui se communiquent avec le sang, des passions
plus douces, des mœurs plus cultivées, des bienséances
plus voisines de la vertu. *Massillon.* (Sur les vices et
les vertus des grands).

Connaissez-vous un homme plus fort, plus élevé, *Foudroyant.*
plus grand, plus foudroyant dans la dispute que mylord
Edouard ? *J.-J. Rousseau.*

    .....   Madame, obéissez,   *Foudroyer.*
Mahomet vous protège, et son juste courroux,
Prêt à tout foudroyer, peut s'arrêter par vous. *Voltaire.*

Peut-être un successeur des Boileaux, des Molières,   *Fouetter.*
Autour du buis tournant fait siffler ses lanières,
Dont la muse eût un jour, de son terrible vers,
Châtié la sottise et fouetté nos travers. *Delille.*

Ce qui distingue surtout Homère, c'est de tout su- *Fougue.*
bordonner à la passion principale, de la suivre dans
ses fougues, dans ses écarts, dans ses inconséquences,
de la porter jusqu'aux nues et de la faire tomber, quand
il le faut, par la force du sentiment et de la vertu,
comme la flamme de l'Etna que le vent repousse au
fond de l'abîme. *Barthélemy.*

Accostez-vous de fidèles critiques,   *Fouiller.*
Fouillez, puisez dans les sources antiques,
Lisez les Grecs, savourez les Latins. *J.-B. Rousseau.*

Remettez pour le mieux ces deux vers à la fonte. *La Fontaine.*   *Fonte.*

Dans tous les temps, dans tous les pays et dans tous *Fourmiller.*
les genres, le mauvais fourmille et le bon est rare.
                    Voltaire.

Fourmiller.   Il est vrai que le Nord fourmille d'illuminés.
Rivarol.

——   Quantité d'écrivains ont fourmillé dans la langue française. *Rivarol.*

——   On peut dire aux Chinois , aux Japonais , aux Anglais , votre gouvernement fourmille d'abus que vous ne corrigez point. *Voltaire.*

——   Les plus grands écrivans d'Athènes et de Rome sentaient que l'inversion était l'unique source des difficultés dont leurs langues fourmillent. *Rivarol.*

——   Le grec et le latin fourmillent de termes qui équivalent à un long discours, qui sont employés et compris sur-le-champ. *Diderot.*

Fournir.   Commençons par me faire un magasin d'idées vraies ou fausses, mais nettes , en attendant que ma tête en soit assez fournie pour pouvoir les comparer et choisir.
J.-J. Rousseau.

Foyer.   Le cœur est le foyer de la vie interne. *Thomas.*

——   On vit plus d'un sophiste, imprudent novateur,
Vouloir, pour dégrader et l'homme et son auteur,
Dans ses brûlans foyers éteindre l'âme humaine. *Colardeau.*

——   Chacune des plantes est le foyer de la vie des animaux dont les espèces viennent y aboutir, comme les rayons d'un cercle à leur centre. *Bern. de S.-Pierre.*

Frais.   Nous allons régaler , mon père, votre abord ,
D'un incident tout frais qui vous surprendra fort. *Molière.*

Franc.   Un air plus libre et des grâces plus franches ont succédé à ces manières contraintes , mêlées de tendresse et de honte. *J.-J. Rousseau.*

Frapper.   Maintenant, dit Pénélope, mon fils, l'idole de mon cœur, n'est pas ravi par les tempêtes, il a disparu avant d'être connu de la renommée, sans que la nouvelle de sa perte ait frappé mon oreille. *Bitaubé.*

Je sais combien, crédule en sa dévotion,
Le peuple suit le frein de la religion. *Racine.* — *Frein.*

La raison est le frein de la force. *J.-J. Rousseau.*

Celui qui met un frein à la fureur des flots,
Sait aussi des méchans arrêter les complots. *Racine.*

Tes pensées sont vagabondes, toutes sont frêtées pour les pays lointains et vont à travers les sables, les rochers, les tempêtes à la recherche du plaisir, du plaisir qui est trop chèrement acheté si on le trouve, et dont la découverte même est un malheur. Les sens et l'imagination reviennent d'un rivage infecté avec ta cargaison et la peste pour tout butin, mais la la soif, l'insatiable soif s'est accrue par le soin même qu'on a pris de la satisfaire. L'imagination continue sa croisière, lors même que les sens sont hors d'état de la suivre. (*Traduit d'Young*). — *Fréter.*

La mélancolie est friande. *Montaigne.* — *Friand.*

Vous pensiez bien trouver quelque jeune coquette,
Friande de l'intrigue. *Molière.*

Avec son air fripon montrez-nous la belette,
A la mine allongée, à la taille fluette. *Delille.* — *Fripon.*

Deux blanches tourterelles, émues par les sons de la lyre enchanteresse, se prodiguent des baisers; leurs ailes à demi-déployées s'agitent voluptueusement ; chaque plume semble frissonner de plaisir. *G.* — *Frissonner.*

Comme elles sont consolantes et pures, les pensées du matin! comme elles égaient le rêve mélancolique de la vie! en s'abandonnant à leurs douces erreurs, — *Froid.*

combien aisément on oublie et les tristes projets de la grandeur, et les vaines jouissances de la gloire, et le mépris du monde et sa froide injustice! *Bergasse.*

Froid.

Ah ! qu'il eût mieux valu, plus sage et plus heureux,
Ne pas laisser remplir d'ardeurs empoisonnées
Un cœur déjà glacé par le froid des années! *Racine.*
(*Mithridate à Monime*).

———

Que n'ai-je, comme vous, ce tranquille courage,
Si froid dans les dangers, si calme dans l'orage! *Voltaire.*

———

La raillerie froide des mauvais plaisans est un mal inévitable. *La Bruyère.*

———

Veut-on voir combien une pensée fausse est froide et puérile? *Boileau.*

———

Le divin Molière,
A peine obtint le froid bonheur
De dormir dans un cimetière! *Voltaire.*

Fronder.

La cour a quelques ridicules, j'en conviens, et je suis le premier à les fronder. *Molière.*

Front.

Aurait-il (Dieu) imprimé sur le front des étoiles
Ce que la nuit des temps enferme dans ses voiles? *L. Racine.*

———

Combien l'œil fatigué des pompes du soleil,
Aime à voir de la nuit la modeste courrière,
Revêtir mollement de sa pâle lumière,
Et le sein des vallons et le front des côteaux,
Se glisser dans les bois et trembler dans les eaux! *Delille.*

———

Un pays (l'Indostan) partagé en une infinité de petits états populaires ou asservis, ne pouvait pas opposer un front bien redoutable au héros de la Macédoine.

Raynal.

Frontière.

C'est dans la mémoire que, réunis aux époques, les événemens paraissent au loin comme des phares placés sur les frontières de l'oubli. *Rivarol.*

Les tombeaux sont des monumens placés sur les *Frontière.*
frontières des deux mondes. *Bernardin de Saint-Pierre.*

Jéhova fait un signe, et les temps rassurés prennent leur cours, et les frontières du chaos se retirent, et les astres poursuivent leurs chemins harmonieux.
Chateaubriand.

Saint Paul disait aux Colossiens que l'évangile était *Fructifier.*
oui de toute créature qui était sous le ciel; qu'il était prêché, qu'il fructifiait, qu'il croissait par tout l'univers. *Bossuet.*

Les années se multiplient, la jeunesse commence à *Fuir.*
fuir. *J.-J. Rousseau.*

Des cabanes voisines je vois sortir des torrens de *Fuite.*
fumée qui annoncent la fuite du repos et le règne du travail. *Bernis.*

O liberté de Rome ! ô mânes de mon père ! *Fumant.*
. . . .
Si l'effet a manqué, ma gloire n'est pas moindre;
N'ayant pu vous venger, je vous irai rejoindre :
Mais si fumant encor d'un généreux courroux,
Par un trépas si noble et si digne de vous,
Qu'il vous sera sur l'heure aisément reconnaître
Le sang des grands héros dont vous m'avez fait naître!
  (*Discours d'Emilie.*)   *Corneille.*

Peu même des grands cœurs tireraient vanité *Fumée.*
D'aller par ce chemin à l'immortalité ;
A quelque prix qu'on mette une telle fumée,
L'obscurité vaut mieux que tant de renommée.
  (*Curiace à Horace.*) *Corneille.*

Voilà de quoi bannir les terreurs funèbres qui t'alar- *Funèbre.*
maient. *J.-J. Rousseau.*

Me sentant affaiblir, je devins plus tranquille ; et *Fureur.*
perdis la fureur de voyager. *J.-J. Rousseau.*

Fuseau. Lui–même (l'homme) de ses jours croit tourner le fuseau ;
Il en étend le fil, il en grossit la trame. *Colardeau.*

Fusée. Le rossignol s'anime par degrés, il s'échauffe, et
bientôt il déploie dans leur plénitude toutes les ressources de son incomparable organe : coup de gosier
éclatant, batteries vives et légères ; fusées de chant où
la netteté est égale à la volubilité ; murmure intérieur et
sourd qui n'est point appréciable à l'oreille, mais très-
propre à augmenter l'éclat des temps appréciables ; rou-
lades précipitées, brillantes et rapides, articulées avec
force et même avec une dureté de bon goût, accens
plaintifs cadencés avec mollesse, sons filés sans art, mais
enflés avec art, sons enchanteurs et pénétrans ; vrais
soupirs d'amour et de volupté qui semblent sortir du
cœur et font palpiter tous les cœurs, qui causent à tout
ce qui est sensible une émotion si douce, une langueur si touchante ! *Guéneau de Mont-Belliard.*

G.

Gagner. Les lumières sur le commerce et sur l'administration, la saine philosophie qui gagnaient insensiblement
d'un bout de l'Europe à l'autre, avaient trouvé des barrières insurmontables dans quelques monarchies.

Raynal.

Gaillardise. C'est la gaillardise de l'imagination qui élève et enfle
les paroles. *Montaigne.*

Galop. Il dit fort poliment ce dont on n'a que faire,
Et court le grand galop quand il est à son fait. *Racine.*

Galopper. Le chagrin monte en croupe et galope avec lui. *Boileau.*

Gangrené. Dites, dites plutôt, âme farouche et dure,
Je suis un imposteur tout gangrené d'orgueil. *J.-B. Rousseau.*

La nature toute seule a environné l'âme des grands d'une garde d'honneur et de gloire. *Massillon.*

Garde.

Quand la volonté des enfans n'est point gâtée par notre faute, il ne veulent rien inutilement.
J.-J. *Rousseau.*

Gâté.

Accusera-t-on les femmes de Paris d'avoir l'air gauche et embarrassé? *J.-J. Rousseau.*

Gauche.

Son air est de franche coquette, sa taille est assez gauche, sa beauté très-médiocre, et son esprit des plus communs. *Molière.*

Ecartons, ont-ils dit, ce censeur intraitable,
Que des plus beaux dehors l'attrait inévitable
Ne fit jamais gauchir contre la vérité. *J.-B. Rousseau.*

Gauchir.

Ce bruissement des prairies, ces gazouillemens des bois ont des charmes que je préfère aux plus brillans concerts. Mon âme s'y abandonne, elle se berce avec les feuillages oudoyans des arbres. *Bernardin de S. Pierre.*

Gazouille-ment.

... Dans un désert le brûlant voyageur,
Au seul gazouillement d'une onde desirée,
Retrouve la moitié de sa force égarée. *Gilbert.*

Là croît l'œillet si fier de ses mille couleurs;
Là naissent au hasard le muguet, la jonquille,
Et des roses de mai la brillante famille,
Le riche bouton d'or et l'odorant jasmin,
Le lis tout éclatant des feux purs du matin,
Le tournesol, géant de l'empire de Flore,
Et le tendre souci qu'un or pâle colore,
Souci simple et modeste *Michaud.*

Géant.

Les vents agitent l'air d'heureux frémissemens,
Et la mer leur répond par ses gémissemens:
La rive au loin gémit blanchissante d'écume. *Racine.*

Gémir.

Semblable à un rocher où toutes les vagues vont se briser en gémissant, il demeurait immobile. *Fénélon.*

Gendarmer.   ... Il est véritable aussi que votre e prit
Se gendarme toujours contre tout ce qu'on dit. *Molière.*

———   Faut-il que notre honneur se gendarme si fort? *Le même.*

Généalogie.   Je suis bien aise d'avoir appris la généalogie des sciences. *Fontenelle.*

Génération.   De grands chênes croissaient dans ce lieu, sur une autre génération de chênes tombés à leurs pieds.
Chateaubriand.

Génie.   Durant la captivité, et ensuite par le commerce qu'il fallut avoir avec des Chaldéens, les Juifs apprirent la langue chaldaïque, fort approchante de la leur, et qui avait presque le même génie. *Bossuet.*

Gentillesse.   Je parle de cette gentillesse de style qui, n'étant point naturelle, ne vient d'elle-même à personne, et marque la prétention de celui qui s'en sert.
J.-J. Rousseau.

Gerbe.   Chaque mouvement de l'oiseau (le paon) produit des milliers de nuances nouvelles, des gerbes de reflets ondoyans et fugitifs et sans cesse remplacés par d'autres reflets et d'autres nuances toujours diverses et toujours admirables. *Buffon.*

———   Il y a des insectes qui n'ont besoin d'aucun phare qui les guide dans leurs courses nocturnes ; ils portent avec eux leurs lanternes : telles sont les mouches lumineuses : quelquefois il s'en détache des essaims tout brillans de lumière, qui s'élèvent en l'air comme les gerbes d'un feu d'artifice.
Bernardin de Saint-Pierre.

Germer.   Dieu de bonté, l'homme est de votre choix ; vous avez éclairé son âme d'un rayon de votre lumière immortelle ; comblez vos bienfaits en pénétrant son cœur

d'un trait de votre amour ; ce sentiment divin se répandant partout, réunira les nations ennemies ; le feu dévorant de la guerre ne fera plus tarir la source des générations : l'espèce humaine, maintenant affaiblie, mu-
tilée, moissonnée dans sa fleur, germera de nouveau
et se multipliera sans nombre. *Buffon.*

Sophocle reprochait trois défauts à Eschyle : la hau- *Gigantesque*
teur excessive des idées, l'appareil gigantesque des expressions, la pénible disposition des plans. *Barthélemy.*

Vous ne me dites rien. Quel accueil ! quelle glace ! *Racine.* *Glace.*

Je ne sais quel malheur aujourd'hui me menace,
Et coule dans ma joie une secrète glace. *Corneille.*

Sa fureur échauffait les glaces de son âge. *Voltaire.*

Nulle paix pour l'impie, il la cherche, elle fuit, *Glacer.*
Et le calme en son cœur ne trouve point de place ;
    Le glaive au-dehors le poursuit,
    Le remords au-dedans le glace. *Le même.*

Les deux rivages étaient des précipices affreux qui
éblouissaient la vue et glaçaient le courage. *Voltaire.*

... De l'humanité, ce qui survit en moi
Fait rougir la nature et la glace d'effroi. *Colardeau.*

Quel est ce sombre accueil et ce discours glacé *Glacé.*
Qui semble révoquer tout ce qui s'est passé ? *Racine.*

Le sénat m'a parlé ; mais mon âme accablée
Ecoutait sans entendre, et ne leur a laissé,
Pour prix de leurs transports, qu'un silence glacé. *Le même.*
    (*Titus à Bérénice.*)

Faible immortel (l'homme) blessé du glaive de la mort, *Glaive.*
Enfant de la poussière, héritier de la gloire,
Un ver !... un Dieu !... chez lui tout est contradictoire.
                      Colardeau.

L'église n'opposa jamais aux persécutions que la patience et la fermeté ; la foi fut le seul glaive avec lequel
elle vainquit les tyrans. *Massillon.*

Glaner. · Il n'y a pas de quoi glaner après ma fille, elle a en
vérité tout dit, et mieux que je n'eusse pù faire.

Mad. de Sévigné.

Glissant. Défiez-vous des rois,
Leur faveur est glissante. *La Fontaine.*

Glisser. La persuation se glissait dans mon cœur. *Colardeau.*

———— Accablé de l'horreur qui dans mon cœur se glisse,
Je voudrais n'aimer plus pour en fuir le supplice.

Th. Corneille.

Glissé. ... L'espoir malgré moi s'est glissé dans mon cœur. *Racine.*

Gonflé. Divisés pour le bien, réunis pour le mal, gonflés de
vanité, se croyant des génies sublimes, au-dessus des
doctrines vulgaires, il n'y a point d'insignes folies, d'i-
dées bizarres, de systèmes monstrueux que ces sophistes (Porphyre, Libanius, Maxime) n'enfantent
chaque jour. *Chateaubriand.*

Gothique. Malgré les maximes gothiques, l'alliance d'un honnête homme n'en déshonorera jamais un autre.

J.-J. Rousseau.

Gouffre. Une fatale révolution, une rapidité que rien n'arrête,
entraîne tout dans les abîmes de l'éternité ; les siècles,
les générations, les empires, tout va se perdre dans ce
gouffre. *Massillon.*

Gourmand. Faire à l'herbe gourmande une implacable guerre. *Gilbert.*

Gourmander La vertu qui n'admet que de sages plaisirs,
Semble d'un ton trop dur gourmander nos désirs ;
Mais, quoique pour la suivre, il coûte quelques larmes,
Tout austère qu'elle est, nous admirons ses charmes.

L. Racine.

Qu'il est beau, après les combats et le tumulte des *Goûter.*
armes, de savoir encore goûter ces vertus paisibles et
cette gloire tranquille qu'on n'a point à partager avec
le soldat, non plus qu'avec la fortune ! *Bossuet.*

> ... Vous devez cette âme inaltérable et pure
>   Au feu sacré du ciel ;
>   C'est pour les dieux que vous venez de naître :
>   Commencez à jouir de la divinité ;
>   Goûtez auprès de votre maître
>   L'heureuse immortalité. *Voltaire.*

Ce n'est pas aux grands à abandonner le gouvernail *Gouvernail.*
pour vaquer à des fonctions obscures qui n'intéres-
sent pas la sûreté publique ; leurs mains sont premièrement destinées à manier ces ressorts principaux des
Etats qui font mouvoir toute la machine ; et tout doit
être grand dans la piété des grands. *Massillon.*

Les fils de Coré gouvernent les harpes, les lyres et *Gouverner.*
les psaltérions qui frémissent sous la main des anges.
                              Chateaubriand.

Rien d'absolu pour l'homme ; nos idées sont gra- *Gradué.*
duées sur notre échelle, et nous l'appliquons à tout.
                              Rivarol.

>   Qui n'a dans la tête
>   Un petit grain d'ambition ? *La Fontaine.*   *Grain.*

> Nous ne nous prisons pas, tout petits que nous sommes,
>   D'un grain moins que les éléphans. *Le même.*

C'est une chose admirable que tous les grands
hommes ont toujours du caprice, quelque petit grain
de folie mêlé à leur science. *Molière.*

Francueil et madame Dupin ne se souciaient de me *Greffer.*
laisser acquérir une certaine réputation dans le monde,

de peur, peut-être, qu'on ne supposât, en voyant leurs
livres, qu'ils avaient greffé mes talens sur les leurs.

J.-J. Rousseau.

Greffer. — Il y avait parmi les Romains des moyens très-puis-
sans de rapprocher les patriciens et les plébéïens; que
de grands hommes se formèrent dans le peuple pour
mériter ces sortes de récompenses ! C'est ainsi que s'é-
levèrent les Catons et les Scipions pour être greffés
dans des familles patriciennes. *Bernardin de S.-Pierre.*

Grêle. — On entendait de toutes parts les grêles hennisse-
mens des coursiers, le cliquetis des chaînes, les sourds
roulemens des balistes et des catapultes.

Chateaubriand.

Griller. — La femme du pondeur s'en retourne chez elle ;
L'autre grille déjà de conter la nouvelle. *La Fontaine.*

Grimaçant. — Décrirai-je ses bas en cent endrois percés,
Ses souliers grimaçans, vingt fois rapetassés ? *Boileau.*

Grimper. — Les violettes et beaucoup d'autres fleurs inconnues
à l'Egypte, bordaient les lisières verdoyantes des forêts.
Quelques-unes, comme les chèvre-feuilles, grimpaient
sur les troncs des chênes, et suspendaient à leurs rameaux leurs guirlandes parfumées.

Bernardin de Saint-Pierre.

Gronder. — On sait que ce pied-plat, digne qu'on le confonde,
Par de sales emplois s'est poussé dans le monde;
Et que par eux son sort de splendeur revêtu,
Fait gronder le mérite et rougir la vertu. *Molière.*

Gros. — Nous sommes polis pour le moins autant que le poli
Lavardin : on l'adore ici; c'est un gros mérite qui ressemble au vin de Grave. *Mad. de Sévigné.*

Le temps présent est gros de l'avenir. (*Pensée de* **Gros.**
Leibnitz.)

Le langage des poëtes latins est tout plein et gros ——
d'une vigueur naturelle et constante ; ils sont tout épigramme ; non la queüe seulement, mais la teste, l'es-
tomach et les pieds. *Montaigne.*

Le temps qui t'a sauvé d'un vainqueur irrité , **Grossir.**
A grossi tes forfaits par leur impunité. *Crébillon.*

On nous mange, on nous gruge , **Gruger.**
On nous mine par des longueurs. *La Fontaine.*

Si Chimène a jamais Rodrigue pour mari , **Guérir.**
Mon espérance est morte et mon esprit guéri. *Corneille.*
(*Paroles de l'Infante*).

Le sage guérit de l'ambition par l'ambition même. ——
La Bruyère.

Boisson digne des dieux, jus brillant et vermeil, **Guerre.**
Doux extrait de la sève et des feux du soleil,
Source de nos plaisirs , délices de la terre ,
Viens dissiper l'ennui qui me livre la guerre. *St.-Lambert.*

Que fait l'oiseau guerrier et vorace après s'être em- **Guerrier.**
paré de sa proie ? *Raynal.*

La fortune quelquefois guette à point nommé le der- **Guetter.**
nier jour de notre vie , pour montrer sa puissance de
renverser en un moment ce qu'elle avait basti en
longues années. *Montaigne.*

Il est bien plus aisé de se guinder sur de grands sen- **Guinder.**
timens, de braver en vers la fortune, accuser le destin, et dire des injures aux dieux, que d'entrer, comme
il faut, dans le ridicule des hommes, et de rendre
agréablement sur le théâtre les défauts de tout le monde.
Molière.

Qu'elle est aigre, Erminie, et qu'elle est tracassière , **Guindé.**
Pour son petit amant, mon cher ami Valère !

Tu le connais un peu ? parle : as-tu jamais vu
Un esprit plus guindé, plus gauche, plus tortu ? *Voltaire.*

Guindé.   Le meilleur goût tient à la vertu même ; il disparaît avec elle, et fait place à un goût factice et guindé qui n'est plus que l'ouvrage de la mode. *J.-J. Rousseau.*

Habiller.   Le verger est maintenant frais, vert, habillé, paré, fleuri. *J.-J. Rousseau.*

————   Le ciel s'est habillé ce soir en scaramouche, et je ne vois pas une étoile qui montre le bout de son nez.

Molière.

————   L'un en style pompeux habillant une églogue,
De ses rares vertus te fait un long prologue ;
L'autre en vain se lassant à polir une rime,
Et reprenant vingt fois le rabot et la lime,
Dans la fin d'un sonnet te compare au soleil. *Boileau.*
(*à Louis XIV.*)

Habit.   ... Qui mentirait
Comme Esope et comme Homère,
Un vrai menteur ne serait :
Le doux charme de maint songe
Par leur bel art inventé,
Sous les habits du mensonge
Nous offre la vérité. *La Fontaine.*

————   ...D'or et d'argent, de perles, de rubis,
De la simple nature ils (les rimeurs sans goût) chargent ses habits (de la nature),
Et croyant l'embellir, leur main la défigure. *Delille.*

————   Je ne prends point pour vertu
Les noirs accès de tristesse
D'un loup-garou revêtu
Des habits de la sagesse. *J.-B. Rousseau.*

Habiter.   Il faut qu'un homme en voie disséquer un autre

pour acquérir quelque faible notion du palais mysté-
rieux que le sentiment habite. *Rivarol.*

Elevez maintenant, ô Seigneur, et mes pensées et   *Habiter.*
ma voix ; que je puisse représenter l'incomparable beauté
d'une âme que vous avez toujours habitée. *Bossuet.*

La perte des sciences, cette première plaie faite à   *Hache.*
l'humanité par la hache de la barbarie, fut sans doute
l'effet d'une malheureuse révolution qui aura peut-être
en peu d'années détruit l'ouvrage et les travaux de plusieurs siècles. *Buffon.*

  J'ai dix langues, Cliton, à mon commandement (*le Menteur.*)   *Hacher.*
  Vous auriez bien besoin de dix des mieux nourries (*Cliton*),
  Pour fournir tour-à-tour à tant de menteries :
  Vous les hachez menu comme chair à pâtés ;
  Vous avez tout le corps bien plein de vérités,
  Il n'en sort jamais une. *Corneille.*

Dans un de ces momens d'épuisement où la nature   *Haleine.*
reprend haleine pour souffrir, je vins tout à coup à
penser à ma jeunesse. *J.-J. Rousseau.*

C'est par les discours que l'esprit inspire, que l'atten-   ———
tion, tenue en haleine, soutient long-temps le même
intérêt sur le même sujet. *J.-J. Rousseau.*

  Des fleurs l'haleine parfumée,   ———
  Le doux bruit de l'onde animée,
  Tout rend ces bois délicieux. *Lebrun.*

Aimable Flore, le zéphyr amoureux vous suit, hale-   *Haleter.*
tant après vous, et vous poussant de son haleine chaude
et humide. *Bernardin de Saint-Pierre.*

Pourquoi me harceler par des prodiges, quand tu   *Harceler.*
n'as besoin pour me terrasser que d'un syllogisme ?
                        Diderot.

Hâter. Les nuages qu'il (le soleil) fait disparaître, l'azur des cieux qu'il colore, les monts sourcilleux dont il dore la cime, s'empressent d'annoncer son approche. Le ruisseau dont tu épures les eaux, hâte sa course à travers la prairie. (*Traduit de Thompson*).

Haut.
> Poussons à sa mémoire
> Des concerts si touchans,
> Que du haut de sa gloire
> Il écoute nos chants. *Molière.*
> (*Sur Louis XIV*).

Hauteur. J'ai peur que la hauteur philosophique ne dédaigne la simplicité du chrétien. *J. J. Rousseau.*

Hérisser. Il règne dans quelques-uns des ouvrages d'Eschyle une obscurité qui provient, non-seulement de son extrême précision et de la hardiesse de ses figures, mais encore des termes nouveaux dont il affecte d'enrichir ou de hérisser son style. *Barthélemy.*

Hérissé.
> Sept fois le sombre hiver, hérissé de glaçons,
> Vit la noire Atropos faire aux champs de Bellone
> D'effroyables moissons.

——————
> Un pédant enivré de sa vaine science,
> Tout hérissé de grec, tout bouffi d'arrogance,
> Croit qu'un livre fait tout. *Boileau.*

—————— La langue italienne n'est point hérissée de lettres qu'on est obligé de supprimer. *Voltaire.*

—————— L'océan était hérissé de glaces flottantes, qui apparaissaient à l'horizon comme des tours et comme des cités en ruines. *Bernardin de Saint-Pierre.*

Hérissonne. La madame Grognac a l'humeur hérissonne. *Regnard.*

Hériter. C'est en vain que la mémoire de l'homme eût hérité des événemens de la terre et du ciel, si les nombres n'avaient mis cet héritage en valeur. *Rivarol.*

Une foule de mots heureux, de sentimens profonds, *Heureux.*
revêtus d'images brillantes , lui échappent sans cesse.

Châteaubriand.

S'il avait le cœur aussi tendre que moi , il serait im- *Heurter.*
possible que tant de sensibilité de part et d'autre ne se
heurtât quelquefois. *J.-J. Rousseau.*

L'éloquence de Tacite est connue. En général , ce ——
n'est pas une éloquence de mots et d'harmonie , c'est
une éloquence d'idées qui se succèdent et se heurtent.

Thomas.

Cette grande roideur des vertus des vieux âges , ——
Heurte trop notre siècle et nos communs usages ;
Elle veut aux mortels trop de perfection :
Il faut fléchir au temps sans obstination. *Molière.*

Les intérêts des deux nations rivales se heuteront , et ——
de ce choc sortira la guerre. *Raynal.*

Pour exprimer le caractère malfaisant d'une plante *Heurté.*
venimeuse , elle (la nature) y rassemble des oppositions
heurtées de formes et de couleurs, qui sont des signes
de malfaisance. *Bernardin de Saint-Pierre.*

C'est à travers la hiérachie des styles que le bon goût *Hiérarchie.*
sait marcher. *Rivarol.* (*De l'universalité de la langue
française.*)

Je sais que vos appas, encor dans leur printemps, *Hiver.*
Pourraient s'effaroucher de l'hiver de mes ans. *Voltaire.*

Dans l'hiver de la vie il (l'homme) tente un faible effort. ——
Colardeau.

Horace nous décrit en vers délicieux *Hospice.*
Le pâle peuplier, le pin audacieux,
Ensemble mariant leurs rameaux frais et sombres ,
Et prêtant au buveur l'hospice de leurs ombres. *Delille.*

Houspiller.   Quelle folie de perdre tant d'argent à ce chien de brelan ! c'est un coupe-gorge qu'on a banni de ce pays-ci : vous jouez d'un malheur insurmontable, vous perdez toujours ; vous avez payé cinq ou six mille fr. pour vous ennuyer et pour être houspillée de la fortune.

Mme. de Sévigné.

Humain.   Il y a des dévots dont la dévotion est enjouée, leur sagesse est fort humaine. *Diderot.*

Humaniser.   Vous nous assommez avec vos grands mots : ne paraissez point si savant, de grâce ; humanisez vos discours, et parlez pour être entendu. *Molière.*

Hurlement.   Jérusalem pleura de se voir profanée :
Des enfans de Lévi la troupe consternée
En poussa vers le ciel des hurlemens affreux. *Racine.*

Hurler.   . . . Sur des tas poudreux de sacs et de pratique
Hurle tous les matins une sybille étique. *Boileau.*

———   Pauvre dieu du Permesse,
Tu m'as donné pour tout mérite
Le cruel et morne talent
De hurler dans la tragédie ! *Crébillon.*

———   Les esprits de ténèbres hurlent dans l'abîme.
Chateaubriand.

Hydre.   On voit renaître encor l'hydre des sots rimeurs. *Gilbert.*

———   C'est encor peu de vaincre, il faut savoir séduire,
Flatter l'hydre du peuple, au frein l'accoutumer,
Et pousser l'art enfin jusqu'à m'en faire aimer. *Voltaire.*

———   Le comte d'Arandas a commencé à couper les têtes de l'hydre de l'inquisition. *Voltaire.*

Hymenée.   Son éclat vacillant (l'éclat de la lumière) se prolonge, et ma vue
Suit des flots radieux l'incertaine étendue,
Jusqu'aux lieux où le bois, par d'obliques détours,

Ombrage, rembrunit, me dérobe leur cours,
Et forme à mes regards une scène champêtre,
Où, comme aux champs d'Eden, l'homme semble renaître,
Et seul sait contempler dans le recueillement
Ce passage si doux du calme au mouvement ;
Cette aimable union, ce céleste hymenée
De l'aurore du jour, du matin de l'année. *Boisjolin.*

I.

    Préférons un naufrage illustre   *Illustre.*
      Au calme honteux et sans lustre
      De tous les vulgaires nochers. *Lebrun.*

Des discours fortuits qui me tombent en fantaisie,   *Image.*
il ne m'en reste en mémoire qu'une vaine image.
                    Montaigne.

Plutarque est le *Montaigne* des Grecs ; mais il n'a *Imagination.*
point comme lui cette manière pittoresque et hardie de
peindre les idées, et cette imagination de style que peu
de poètes même ont eue comme Montaigne.
                    Thomas.

Ils louèrent l'artifice et les diverses imaginations de   ———
la nature, qui se joue dans les animaux comme elle
fait dans les fleurs. *La Fontaine.*

Lecteurs, souvenez-vous que celui qui vous parle *Imboire (s')*
n'est ni un savant, ni un philosophe, mais un homme
simple, ami de la vérité, sans parti, sans système ;
un solitaire qui, vivant peu avec les hommes, a moins
d'occasions de s'imboire de leurs préjugés.
        J.-J. Rousseau. (Emile, liv. XI.)

A quelqu'état que parvienne un homme imbu des   *Imbu.*
maximes basses, il est toujours honteux de s'allier à
lui. *Le même.*

Impétueux.

Je croyais que vos cœurs....
... Sauraient conserver un généreux courroux,
Et je le retenais avec ma douceur feinte ,
Afin que , grossissant sous un peu de contrainte ,
Ce torrent de colère et de ressentiment
Fût plus impétueux dans son débordement. *Corneille.*
(*Cléopâtre à ses fils.*)

Imposteur.

Ces festons, où nos noms enlacés l'un dans l'autre ,
A mes tristes regards viennent partout s'offrir ,
Sont autant d'imposteurs que je ne puis souffrir. *Racine.*
(*Bérénice à Titus.*)

———

Les visages souvent sont de doux imposteurs :
Que de défauts d'esprit se couvrent de leurs grâces ,
Et que de beaux semblans cachent des âmes basses !

Corneille.

Imposture.

La profession d'hypocrite est un art de qui l'imposture est toujours respectée , et quoiqu'on la découvre , on n'ose rien dire contre elle. *Molière.*

Imprimer.

Tant que la bonne foi règne sur la terre , la simple promesse suffit pour imprimer la confiance; le serment naquit de la perfidie. *Raynal.*

———

Cette terreur qu'il inspire (Richelieu) sans jamais la ressentir , l'énergie de son âme , qui résiste aux souffrances d'un corps usé par les maladies , cette ambition qui ne trouve aucune gloire , ni au-dessus ni au-dessous d'elle-même ; tout, dans Richelieu, imprime l'étonnement ou commande l'admiration. *De Fontanes.*

Incohérent.

L'*Alcoran* est un recueil de révélations ridicules et de prédications vagues et incohérentes. *Voltaire.*

Incorporer.

Comment pourrons-nous incorporer à l'église de Jésus-Christ tant de peuples nouvellement convertis, et porter avec confiance un si grand accroissement de notre fardeau ? *Bossuet.*

Inculquer.

Il faut bien s'inculquer cette vérité. *J. J. Rousseau.*

———

On inculque à un enfant une des plus importantes

vérités, d'une manière capable de la décrier un jour au tribunal de la raison. *Diderot.*

Il n'est point vrai que le penchant au mal soit in-domptable. *J.-J. Rousseau.* *Indomptable*

Les abus sont toujours plus inépuisables que les richesses. *Le même.* *Inépuisable.*

Il (un paysan qui avait donné à dîner à Rousseau) me fit entendre qu'il cachait son vin à cause des aides, qu'il cachait son pain à cause de la taille, et qu'il serait un homme perdu si l'on pouvait se douter qu'il ne mourût pas de faim. Ce fut là le germe de cette haine inextinguible qui se développa depuis dans mon cœur *contre les oppresseurs du peuple. J.-J. Rousseau.* *Inextinguible*

Il s'éleva dans l'Olympe un rire inextinguible.
(*Traduit d'Homère.*)

Lisez Cujas, chapitres cinq, six, sept :
Tout libertin de débauches infect,
Qui, renonçant à l'aile paternelle,
Fuit la maison, ou bien qui pille icelle,
Ipso facto, de tout dépossédé,
Comme un bâtard il est exhérédé. *Voltaire.* *Infect.*

Jusqu'à quand souffre-t-on que ce peuple (les Juifs) respire,
Et d'un culte profane infecte votre empire? *Racine.* *Infecter.*

Le démon de la propriété infecte tout ce qu'il touche.
J. J. *Rousseau.*

Un vil amour du gain infectant les esprits,
De mensonges grossiers infecta les écrits. *Boileau.*

Jacques Ier. était un prince faible, infecté de la fausse philosophie de son siècle, bel-esprit, subtil et *Infecté.*

pédant , plus fait pour être à la tête d'une université que d'un empire. *Raynal.*

Infecté.
Sur votre théâtre infecté
D'horreurs , de gibets , de carnages ,
Mettez donc plus de vérité
Avec de plus nobles images. *Voltaire.*
(*Aux Anglais.*)

Injure.
Il suffit à la mémoire d'un drapeau , d'un nom , d'une simple date , pour fixer à jamais l'idée d'une bataille et la maintenir contre les injures du temps. *Rivarol.*

Injurieux.
C'est le pouvoir de cet heureux génie
Qui soutient l'équité contre la tyrannie
D'un astre injurieux. *J.-B. Rousseau.*

Inondation.
Une autre Rome toute chrétienne sort des cendres de la première ; et c'est seulement après l'inondation des barbares que s'achève entièrement la victoire de Jésus-Christ sur les dieux romains qu'on voit non-seulement détruits , mais encore oubliés.

Inonder.
Du temple orné partout de festons magnifiques ,
Le peuple saint en foule inondait les portiques.
Racine.

———
Courons des laboureurs inonder le séjour. *Gilbert.*

———
Eschyle se plaît à peindre des âmes vigoureuses , franches , supérieures à la crainte , dévouées à la patrie, insatiables de gloire et de combats , plus grandes qu'elles ne sont aujourd'hui. *Barthélemy.*

Insécable.
Les élémens de la parole sont insécables. *Rivarol.*

Insipide.
Je ne vis plus devant moi que les tristes restes d'une vie insipide. *J.-J. Rousseau.*

Instinct.
La sécurité du bourgeois redouble par les dangers du guerrier , du marin et du courtisan. Ce genre de plaisir

naît du sentiment de notre misère, qui est un des
instincts de notre mélancolie.

Bernardin de Saint-Pierre.

O fleurs ! en tous les temps égayez ma retraite,   *Instinct.*
Et plus heureux que moi, puisse un autre poète
Peindre sous des crayons frais comme vos couleurs,
Vos traits , vos doux instincts, vos sexes et vos mœurs.

De Fontanes.

Je me disposai à partir pour les contrées armoricaines,   *Insulter.*
dont les rivages étaient souvent insultés par les flottes
des barbares du Nord. *Chateaubriand.*

Vos larmes dans mon cœur ont trop d'intelligence,   *Intelligence.*
Elles ont presque éteint cette ardeur de vengeance.

Corneille.

Quoique les sensations physiques nous attachent for-   *Intensité.*
tement à la patrie , il n'y a que les sentimens moraux
qui leur donnent une grande intensité.

Bernardin de St.-Pierre.

Votre petit laquais , madame , a du mépris pour ma   *Intérêt.*
personne ; c'est peut-être que je paie l'intérêt de ma
mauvaise mine. *Molière.*

Quelque fois l'esprit a le bonheur de remplir les in-   *Interrègne.*
terrègnes du génie , et de masquer les impuissances du
talent. *Rivarol.*

Personne n'a été si souvent que lui (Vauban) , ni   *Introducteur.*
avec tant de courage, l'introducteur de la vérité.

Fontenelle.

Je ne voyais pas que le mal s'invéterait par ma né-   *Invétérer.*
gligence. *J.-J. Rousseau.*

Sa mère la prit en particulier et mit en œuvre auprès   *Invincible.*

d'elle ce langage insinuant et ces caresses invincibles,
que la seule tendresse maternelle sait employer.

J.-J. Rousseau.

Irrité. Les échos des rochers répètent dans les airs les ru-
meurs confuses de la tempête, et les bruits rauques de
la mer irritée que l'on aperçoit de loin.

Bernardin de Saint-Pierre.

Issue. Le marquis de Bedmar portait d'ordinaire son jugement sur l'issue d'une entreprise aussitôt qu'il en savait
le plan et les fondemens. *St.-Réal.*

Ivoire.
A l'oreille du monstre il (Phlégon) s'attache en courroux,
Mais il sent aussitôt le redoutable ivoire ;
Ses flancs sont décousus, et pour comble de gloire,
Il combat en mourant. *La Fontaine.*

Ivre.
Déjà le jeune Sylvain,
Ivre d'amour et de vin,
Poursuit Doris dans la plaine. *J.-B. Rousseau.*

Ivresse.
...... Je vois avec douleur
De ses emportemens l'indiscrète chaleur ;
Je vois que de ses sens l'impétueuse ivresse
L'abandonne aux excès d'une ardente jeunesse ;
Et ce torrent fougueux que j'arrête avec soin,
Trop souvent me l'arrache et l'emporte trop loin. *Voltaire.*

J.

Jaillir. ... Des sources de l'or jaillissent tous les crimes. *Lebrun.*

Le soleil de son char lumineux
Faisait jaillir ses feux. *Gilbert.*

Du choc des sentimens et des opinions
La vérité jaillit et s'échappe en rayons. *Colardeau.*

Jet. On croirait que Fénélon a produit le *Télémaque* d'un
seul jet ; l'homme de lettre le plus exercé dans l'art

d'écrire ne pourrait distinguer les momens où Fénélon a quitté et repris la plume. *Maury.*

Le peintre vient chercher, sous des teintes sans nombre,
Les jets de la lumière et les masses de l'ombre. *Delille.* — **Jet.**

Les dons de Henri de Guise, quoique semés par une ambition savante, paraissaient toujours versés par une bonté facile ; son élocution avait de l'éclat et de la force ; la profondeur de ses passions, la vivacité de ses pensées lui faisaient rejeter, soit les ornemens pédantesques, soit les puérils jeux d'esprit qui corrompaient alors toute l'éloquence. *Charles Lacretelle.* — **Jeu.**

Les jeunes désirs, l'espoir enchanteur, les brillans projets remplissaient mon âme. *J.-J. Rousseau.* — **Jeune.**

Quelle douce aurore
Se lève sur nous !
Terre jeune encore
Embellissez-vous ? *Voltaire.*

L'humidité chaude et vivifiante qui abreuve les vastes et antiques forêts de l'Amérique méridionale, devient la source intarissable d'une verdure toujours nouvelle pour ces bois toujours touffus, image sans cesse renaissante d'une fécondité sans bornes, et où il semble que la nature, dans toute la vigueur de la jeunesse, se plaît à entasser les germes productifs. *Lacépède.* — **Jeunesse.**

Je tiens pour suspect tout observateur qui se pique d'esprit ; je crains toujours que sans y songer il ne sacrifie la vérité des choses à l'éclat des pensées, et ne fasse jouer la phrase aux dépens de la justice. — **Jouer.**

J.-J. Rousseau.

Que nous reste-t-il de ces grands noms qui ont joué autrefois des rôles si brillans dans l'univers ? *Massillon.*

Jouer. Avec quelle noble hardiesse s'élevant au-dessus des choses humaines, Fléchier s'adressait à Dieu, pour adorer dans la mort d'un grand homme et d'un grand capitaine, sa main toute-puissante, aussi formidable pour les grands que pour la plus vile multitude! Cependant l'orateur fait jouer l'antithèse dans un sujet aussi sérieux et aussi lugubre, et il a assez de loisir pour arranger ses mots avec élégance. *Crévier.*

Jour. Du jour de ma raison redoutant la lumière,
J'aimais à me rouler dans ma chaîne grossière. *Colardeau.*

L.

Labyrinthe. La langue française règle et conduit la pensée ; les autres se précipitent et s'égarent avec elle dans le labyrinthe des sensations, et suivent tous les caprices de l'harmonie. *Rivarol.*

Lambeau. Leibnitz porta dans la philosophie une grande hauteur d'intelligence ; mais il ne traita la science de la nature que par lambeaux. *Thomas.*

Lancer. Comme les rayons du soleil, échappés à travers les nuages, ses yeux ternis par la douleur lancent des feux plus piquans. J.-J. *Rousseau.*

——— Viens (*ô lyre*), de courroux étincelante,
Tonne sur des pervers, lance tes sons vengeurs. *Lebrun.*

——— Quand je viendrai, dans ma colère,
Lancer mes jugemens sur vous,
Vous m'alléguerez les victimes,
Que sur mes autels légitimes
Chaque jour vous sacrifiez. *J.-J. Rousseau.*

——— Fils des hommes, pourquoi
Faut-il qu'une haine farouche
Préside aux jugemens que vous lancez sur moi? *J.B. Rousseau*

Le langage des yeux se fait entendre, mieux qu'à toute autre, à celle à qui il s'adresse. *Molière.*

Langage.

Les harmonies du ciel ne peuvent être senties que par le cœur humain. Tous les peuples, frappés de leur langage ineffable, lèvent les yeux et les mains vers le ciel, dans les mouvemens involontaires de la joie et de la douleur. *Bernardin de St.-Pierre.*

Rois, chassez la calomnie....
Sa fureur, de sang avide,
Poursuit partout l'innocent ;
Rois, prenez soin de l'absent
Contre sa langue homicide. *Racine.*

Langue.

Ses grands yeux noirs languissaient en brillant doucement d'un feu tendre, ses joues étaient animées de la plus belle pourpre mêlée au blanc de lait le plus pur ; ses lèvres étaient comme deux bordures de corail renfermant les plus belles perles de l'Arabie. *Voltaire.*

Languir.

... Ce qu'ici vous perdez de momens
Sont autant de larcins à vos contentemens. *Corneille.*

Larcin.

Je voudrais bien bien savoir à quoi servent tous ces rubans dont vous voilà lardé, depuis les pieds jusqu'à la tête. *Molière.*

Lardé.

Le monde aujourd'hui n'est plein que de ces larrons de noblesse, que de ces imposteurs qui tirent avantage de leur obscurité, et s'habillent insolemment du premier nom illustre qu'ils s'avisent de prendre. *Molière.*

Larron.

Il m'a rendu l'honneur, il a lavé ma honte. *Corneille.*

Laver.

C'est ici la montagne où lavant nos forfaits,
Il (Dieu) voulut expirer sous les coups de l'impie. *Voltaire.*

Je crois quelque peine à se persuader que la nation

chinoise eût quelque chose des mœurs ombrageuses et délicates de notre Europe, où un mot injurieux se lave dans le sang, où la menace du geste se venge par la mort. *Raynal.*

Laver.

Pyrrhus rend à l'autel son infidèle vie....
... Il expire, et mes yeux irrités
Ont lavé dans son sang ses infidélités. *Racine.*
(*Oreste à Hermione.*)

Léguer.

L'abeille mourante abandonne les fleurs, vient expirer à l'entrée de sa ruche, et léguer son instinct social à sa chère république. *Bernardin de St.-Pierre.*

Lever.

Comment es-tu tombée du ciel, étoile de lumière qui te levais le matin ? (*Traduit d'Isaïe*).

Liaison.

Je ne goûtai pas la géométrie d'Euclide, qui cherche plutôt la chaîne des démonstrations que la liaison des idées. *J.-J. Rousseau.*

Le goût naturel pour la société, des liaisons de sang et d'amitié, l'habitude du climat et du langage, le genre de vie auquel on est accoutumé, tous ces liens attachent un être raisonnable à des contrées où il a reçu le jour et l'éducation. *Raynal.*

C'est sur le fil des idées, la conséquence qui règne entre les propositions et la liaison des raisonnemens, qu'il faut juger qu'un être pense. *Diderot.*

Lice.

Deux déesses suivaient ses traces (les traces d'Apollon),
L'une à l'œil fier, au front hautain;
L'autre avec un ris plein de grâces
S'avançait l'encens à la main :
C'est la Louange et la Critique,
Me dit Phébus ; choisis des deux
Qui, dans la lice poétique,
Guidera tes pas hasardeux. *Lamothe.*

Lie.

Lucilius n'épargnait ni petits ni grands; il descendait jusqu'à la lie du peuple. *Boileau.*

La ligne masculine de la Maison de Bourgogne s'étei- *Ligne.*
gnit. *Raynal.*

C'est ordinairement la peine que s'est donnée un *Limer.*
auteur à limer et à perfectionner ses écrits, qui fait que
le lecteur n'a point de peine en les lisant. *Boileau.*

O Dieu ! quelle est donc votre grandeur ? tout ce que *Limite.*
vous avez fait naître est renfermé dans les limites du
temps. *Chateaubriand.*

Pour ne pas abuser de sa puissance, il la limite de *Limiter.*
toutes parts. *Thomas.*

J'ai perdu ce magnanime époux, dit Pénélope! lion *Lion.*
dans les combats, distingué par ses vertus entre tous
les héros, ce magnanime époux n'est plus ! le bruit de
sa gloire retentit dans Argos et dans la Grèce entière.
Bitaubé.

Il (le sage) lit au front de ceux qu'un vain luxe environne, *Lire.*
  Que la fortune vend ce qu'on croit qu'elle donne.
La Fontaine.

Des lisières de violettes et de primevères parfument *Lisière.*
les haies, et le lilas couvre de ses grappes pourprées les
murs du château lointain. *Bernardin de St.-Pierre.*

La nuit *Lit.*
  N'a plus qu'à plier tous ses voiles,
  Et pour effacer les étoiles,
Le soleil de son lit peut maintenant sortir. *Molière.*

Malgré mon air gauche et mes lourdes phrases, je *Lourd.*
ne lui déplaisais pas. *J. J. Rousseau.*

A la première lueur de fortune ses maux furent ou- *Lueur.*
bliés. *Le même.*

On l'interroge (Sophocle) ; alors levant avec fierté *Luire.*
Un front où luit déjà son immortalité :

« Entre mes fils et moi que l'équité prononce !
« Sages Athéniens, écoutez ma réponse. »
Il dit. *Millevoye.*

Luire. La raison luit enfin, quoique tardive à naître. *Gilbert.*

Lumière. La lumière de la vérité m'était importune. *Fénélon.*

———— La comporaison, l'antithèse, et plusieurs autres figures de discours, Cicéron les appelle les lumières du style.

Lumineux. Je m'en tiens aux vérités lumineuses qui frappent mes yeux et convainquent ma raison. *J. J. Rousseau.*

Lustre.
Sa vertu dans le crime augmente aussi son lustre,
Et son dernier soupir est un soupir illustre,
Qui, de cette grande âme achevant les destins,
Etale tout Pompée aux yeux des assassins. *Corneille.*
    (*Mort de Pompée.*)

Lutiné.
J'endors par la douce habitude
D'une oisive et facile étude,
L'ennui dont je suis lutiné. *J.-B. Rousseau.*

Lutte. Bossuet, né pour les luttes d'esprit et les victoires de raisonnemens, garda même dans les écrits étrangers à ce genre cette tournure mâle et nerveuse, cette vigueur de raison, cette rapidité d'idées, ces figures hardies et pressantes qui sont les armes de la parole. *La Harpe.*

Lutter. La nuit approchait; la lumière des lampes luttait avec celle du crépuscule, répandue dans la nef et le sanctuaire. *Chateaubriand.*

————
... Vous seul, vous seul, après quarante années,
Pouvez encor lutter contre les destinées. *Racine.*
    (*Pharnace à Mithridate*).

———— Dans l'enfance, ou pour mieux dire dans le chaos du poëme dramatique parmi nous, Corneille, après avoir quelque temps cherché le bon chemin et lutté contre le mauvais goût de son siècle, enfin inspiré d'un génie extraordinaire et aidé de la lecture des anciens, fit voir sur la scène la raison, mais la raison accompagnée de toute la pompe, de tous les ornemens dont notre langue est capable. *Racine.*

Voyez cet arbre ; c'est au luxe de ses branches que vous devez la fraîcheur et l'étendue de ses ombres.
Diderot.

Fénélon ne se sert de la parole que pour exprimer ses idées, et n'étale jamais ce luxe d'esprit qui, dans les lettres comme dans les Etats, n'annonce que l'indigence. *Maury.*

M.

... Je voudrais bien que, pour vous montrer mieux,
Une charge à la cour vous pût frapper les yeux :
Pour peu que d'y songer vous nous fassiez les mines,
On peut, pour vous servir, remuer des machines. *Molière.*

O toi qui follement fais ton dieu du hasard !
Viens me développer ce nid qu'avec tant d'art,
Au même ordre, toujours architecte fidèle,
A l'aide de son bec, maçonne l'hirondelle !
Comment, pour élever ce hardi bâtiment,
A-t-elle, en le broyant, arrondi son ciment ? *L. Racine.*

Il y a des esprits inférieurs et subalternes qui ne semblent faits que pour être le recueil, le registre ou le magasin de toutes les productions des autre génies.
La Bruyère.

Le magazin de la mémoire est plus volontiers fourny de matière que n'est celui de l'invention. *Montaigne.*

Lui-même applaudissant à son maigre génie,
Se donne par ses mains l'encens qu'on lui dénie. *Boileau.*

Main. Les nations les plus célèbres ont secondé , par la fureur des conquêtes , les mains dévorantes du temps dans la dévastation du globe. *Raynal.*

————
La guerre va renaître , et ses mains meurtrières,
De cette faible paix vont briser les barrières. *Voltaire.*

————
C'est là (dans l'histoire) que les plus grands rois n'ont plus de rangs que par leurs vertus ; et que, dégradés à jamais par les mains de la mort, ils viennent subir sans suite et sans cour le jugement de tous les peuples et de tous les siècles. *Bossuet.*

————
Je ne crois point que la nature
Se soit lié les mains et nous les lie encor,
Jusqu'au point de marquer dans les cieux notre sort.
La Fontaine.

————
L'entière satisfaction et le dégoût se tiennent la main.
La Fontaine.

————
. . . . Ces séductions
Qui vont au fond des cœurs chercher nos passions,
L'espoir qu'on donne à peine, afin qu'on le saisisse ,
Ce poison préparé des mains de l'artifice,
Sont les armes d'un sexe aussi trompeur que vain,
Que l'œil de la raison regarde avec dédain. *Voltaire.*

Maîtresse. C'est à la vérité une violente et traistresse maistresse d'escole que la coustume. *Montaigne.*

Majesté. On trouvait dans les discours de Périclès une majesté imposante, sous laquelle les esprits restaient accablés.
Barthélemy.

Majestueux. D'un côté, des ondes majestueuses roulent avec bruit; de l'autre , des flots écumans se précipitent avec fracas des rochers élevés, et des tourbillons de vapeurs réflé- chissent au loin les rayons éblouissans du soleil.
Lacépède.

Il n'y a rien que de divin dans les maladies qui tra- *Maladie.*
vaillent les Etats. *Balzac.*

Ce penser mâle des âmes fortes , qui leur donne un *Mâle.*
idiôme si particulier , est une langue dont on n'a pas
la grammaire. *J. J. Rousseau.*

L'hymne de Sion retentit au loin dans les antres de
l'Arcadie, surpris de répéter , au lieu des sons efféminés
de la flûte de Pan , les mâles accords de la harpe de
David. *Chateaubriand.*

Le manége de la coquetterie exige un discernement *Manége.*
encore plus fin que celui de la politesse.
J. J. Rousseau.

Non , l'on n'a pas vu d'âme à manier si dure. *Molière.* *Manier.*

Attachez-vous à l'examen de ces vérités qui se laissent
approcher , qui se laissent en quelque sorte toucher et
manier , et qui répondent de toutes les autres.
Guénard.

Euripide, habile à manier toutes les affections de
l'âme , est admirable lorsqu'il peint les fureurs de
l'amour. *Barthélemy.*

Pour n'effaroucher point son humeur de tigresse ,
Il me faut manier la chose avec adresse. *Molière.*

A cette connaissance profonde de la nature des grandes affaires, étaient joints , dans le marquis de Bedmar,
des talens singuliers pour les manier. *St.-Réal.*

L'imposteur ! comme il sait de traîtresse manière *Manteau.*
Se faire un beau manteau de tout ce qu'on révère ! *Molière.*

..........La fortune sévère, *Marâtre.*
Inégale en ses dons, pour vous marâtre et mère,
De vos jours conservés voulut mêler le fil
De l'éclat le plus grand et du sort le plus vil. *Voltaire.*

Marâtre.   La nature marâtre, en ces affreux climats,
Ne produit, au lieu d'or, que du fer, des soldats. *Crébillon.*

Marchander.   J'eus le plaisir de voir que St-Preux savait payer de sa personne, et ne marchandait pas sa vie pour sauver celle de son ami. *J.-J. Rousseau.*

—— Je ne suis pas la seule à trouver que vous marchandez beaucoup pour me faire plaisir. *Mme. de Sévigné.*

—— Ce n'est que quand on marchande avec la conscience qu'on a recours aux subtilités du raisonnement.
J.-J. Rousseau.

Marche.   La marche didactique et réglée à laquelle notre langue est assujettie, la rend plus propre aux sciences.
Diderot.

—— ...Je veux que le style, en sa marche pressée,
Sans fatiguer l'oreille, y porte la pensée. *Daru.*

—— Le principal défaut de la tragédie de *Bérénice* est de n'avoir point une marche assez vive et assez tragique. (*Anonyme*).

—— Je voudrais qu'un homme qui connaîtrait bien la marche de l'esprit des enfans, voulût faire pour eux un catéchisme. *J.-J. Rousseau.*

Marcher.   Vous savez qu'elle (la justice) marche avec tant de lenteur,
Qu'assez souvent le crime échappe à sa longueur ;
Son cours lent et douteux fait trop verser de larmes.
Corneille.

—— Mon esprit veut marcher à son heure ; il ne peut se soumettre à celle d'autrui. *J.-J. Rousseau.*

—— Quel est ce glaive, enfin, qui marche devant eux ? *Racine.*

—— Le temps a pris un corps et marche sous mes yeux.
Rivarol.

Marier.   Il marie une farce avec un long sermon. *Gilbert.*

Elle avait l'esprit très-naturel et très-agréable; la gaîté, l'étourderie, la naïveté s'y mariaient très-heureusement. *J.-J. Rousseau.*

Marier.

Mille ruisseaux fuyant à travers la verdure,
Se croisaient, murmuraient, mariaient leur eau pure.
Gilbert.

Ici le frais muguet se marie aux pastours ;
Là du jasmin doré la précoce famille
Brille avec le rosier à travers la charmille. *Roucher.*

Le goût marie les vivacités de la conversation aux formes méthodiques et pures du style écrit. *Rivarol.*

L'épée du Gaulois ne le quitte jamais; mariée, pour ainsi dire, avec son maître, elle l'accompagne pendant sa vie, elle le suit sur le bûcher funèbre, et descend avec lui au tombeau. *Châteaubriand.*

Marié.

Je veux que l'on soit homme, et qu'en toute rencontre,
Le fond de notre cœur dans nos discours se montre ;
Que ce soit lui qui parle, et que nos sentimens
Ne se masquent jamais sous de vains complimens. *Molière.*

Masquer.

...Bien que d'un faux zèle ils masquent leur faiblesse,
Chacun voit qu'en effet la vérité les blesse. *Boileau.*

S'il manque à Fléchier de ces expressions originales et dont quelquefois une seule représente une masse d'idées, il a ce coloris toujours égal qui donne de la valeur aux petites choses et ne dépare point les grandes.
Thomas.

Masse.

Le commerce des Indes augmente évidemment la masse de nos jouissances. *Raynal.*

Il y eut toujours dans Rome une masse de lumières.
Rivarol.

Masse. Il y a eu des nations qui n'ont pas contribué d'une idée à la masse des idées générales. *Thomas.*

Massif.
Grands et petits, par un rire excessif,
Rendent hommage à son esprit massif :
Brocards sur lui (Midas) tombent..... *J.-B. Rousseau.*

Mat. Le voilà donc ce grand ministre (Louvois), cet homme si considérable, qui tenait une si grande place, dont le *moi* était si étendu, qui était le centre de tant de choses ; que d'assauts, que de desseins, que de projets, que de secrets, que d'intérêts à démêler, que de guerres commencées, que d'intrigues, que de beaux coups d'échec à faire et à conduire ! ah ! mon Dieu, je voudrais bien donner un échec au duc de Savoie, un mat au prince d'Orange ; non, non : vous n'aurez pas un seul moment. *Mme. de Sévigné.*

Mater.
J'aime le vrai, je me plais à l'entendre :
J'aime à le dire, à gourmander mon gendre,
A bien mater cette fatuité,
Et l'air pédant dont il est encroûté. *Voltaire.*

—— Il voulait me garder et me mater, en me tenant loin de mon pays et du sien, sans argent pour y retourner.
J.-J. Rousseau.

Matérialiser On voit des hommes se matérialiser de leur propre choix, plutôt que de s'élever par les lumières de leur génie, et de nous entraîner avec eux dans les routes du bonheur et de l'espérance. *Necker.*

Maturité. Combien de siècles faudra-t-il encore pour que cette grande entreprise vienne à sa maturité ? *Thomas.*

—— L'univers vous rend hommage dès à présent. La moisson est précoce ; mais la louange est en pleine maturité. *(Traduit d'une Épître d'Horace à Auguste).*

Il fallait la maturité de César pour se demêler de   *Maturité*
tant d'intrigues. *Voltaire.*

La philosophie est devenue bien mécanique.   *Mécanique.*
Fontenelle.

Fléchier possède bien plus l'art et le mécanisme de *Mécanisme.*
l'éloquence qu'il n'en a le génie. *Thomas.*

Il y a cent millions d'Indiens sur dix millions de *Mélanger.*
Tartares ; les peuples ne sont point mélangés. *Raynal.*

La guerre et la navigation ont mêlé les sociétés et les   *Mêler.*
peuplades. *Le même.*

Les Parques même , vêtues de blanc et assises sur   *Mélodie.*
l'essieu d'or du monde, écoutent la mélodie des Sphères.
Chateaubriand.

Les cultures et les arts , les bourgs épars dans la   *Membre.*
Haute-Asie, sont les restes encore vivans d'un empire
ou d'une société florissante , dont l'histoire même est
ensevelie avec ses cités dont on déterre à chaque pas
d'énormes débris ; ces peuplades sont les membres
d'une énorme nation , à laquelle il manque une tête.
Pallas.

En devenant chef de famille , vous allez devenir _____
membre de l'état. *J.-J. Rousseau.*

Il faut que le général de mer ménage la gloire et les *Ménager.*
forces de l'état. *Thomas.*

Vainement pour les dieux il (le temps) fuit d'un pied léger,
Mais vous autres, mortels , le devez ménager.
La Fontaine.

Le sage est menager du temps et des paroles.
La Fontaine.

10

Mendier. La vanité est ouvrière ; elle a un œil qui mendie les regards, et des mains qui appellent l'industrie.

Rivarol.

—————— ...J'ai vu leur honneur croître de la moitié,
Quand ils ont des deux camps refusé la pitié :
Si par quelque faiblesse ils l'avaient mendiée,
Si leur haute vertu ne l'eût répudiée,
Ma main bientôt sur eux m'eût vengé hautement
De l'affront que m'eût fait ce mol consentement. *Corneille.*
(*Discours du vieil Horace.*)

—————— J'ai mendié la mort chez des peuples cruels
Qui n'apaisaient leurs dieux que du sang des mortels. *Racine.*

—————— Moi, prodiguer aux grands de serviles hommages ;
Et dans mes humbles vers mendier leurs outrages ! *Gilbert.*

Mentir. Les passions de l'âme troublent les sens, et leur font des impressions fâcheuses ; ils mentent et se trompent à l'envi. *Pascal.*

Mer. Je méditais sur le triste sort des mortels flottant sur cette mer des opinions humaines. *J. J. Rousseau.*

—————— Perdu dans la mer immense de mes malheurs, je ne puis oublier les détails de mon premier naufrage.

Le même.

—————— Les monumens des Grecs et des Romains sont, comme les nôtres, des débris de leurs vaisseaux qui ont péri sur la vaste mer des siècles, sans pouvoir parvenir jusqu'à nous. *Bernardin de Saint-Pierre.*

Mercenaire. Les adulations ne survivent jamais à leurs héros, et les éloges mercenaires, loin d'immortaliser la gloire des princes, n'immortalisent que la bassesse, l'intérêt et la lâcheté de ceux qui ont été capables de les donner.

Massillon.

Que dirai-je des saintes prières des agonisans, où, dans les efforts que fait l'église, on entend ses vœux les plus empressés, et comme les derniers cris par où cette sainte mère achève de nous enfanter à la vie céleste ? *Bossuet.*

Mère.

Vénus, lorsque tu te montres à l'équateur, sur l'horizon de notre pôle, tu es la mère de toutes les aurores qui doivent y apparaître. Elles sortent de dessous ton manteau de pourpre, couvertes de perles orientales et vêtues de robes de mille couleurs.

Bernardin de Saint-Pierre.

Mère du bon esprit, compagne du repos,
O médiocrité ! reviens vîte..... *La Fontaine.*

La vie triste et mesquine des pères et mères est presque toujours la première source des désordres des enfans. *J.-J. Rousseau.*

Mesquin.

Dans l'air qui s'éclaircit, l'alouette légère,
De l'aurore, au printemps, active messagère,
Du milieu des sillons monte, chante, et sa voix
A donné le signal au peuple ailé des bois. *Bois-Jolin.*

Messagère.

.........Cette voix empressée,
Loin de moi, quand je veux, va porter ma pensée :
Messagère de l'âme, interprète du cœur,
De la société je lui dois la douceur. *L. Racine.*

L'espérance ne flatte qu'à proportion des degrés de probabilité. La probabilité est dans la mesure du plaisir que peut donner l'espérance; et comme ce qui n'est que probable n'est pas certain, il s'ensuit que le plaisir qui naît de l'espérance probable n'a qu'un fondement très-incertain. *Fontenelle.*

Mesure.

Mesurez vos raisonnemens à la capacité d'un pauvre d'esprit. *J.-J. Rousseau.*

Mesurer.

Mesurer.	Ny les hommes, ny leurs vies, ne se mesurent à l'aune. *Montaigne.*

Métaphoriq.	La langue des gestes est métaphorique. *Diderot.*

Meubler.	Une attention scrupuleuse, toujours utile lorsqu'on sait beaucoup, est souvent nuisible à ceux qui commencent à s'instruire. L'essentiel est de leur meubler la tête d'idées et de faits, de les empêcher, s'il est possible, d'en tirer trop tôt des raisonnemens et des rapports. *Buffon.*

Meublé.	L'académie se voyait réduite à refuser le docteur Zeb, le fléau des bavards, une tête si bien faite, si bien meublée ! *Blanchet.*

————	Une tête meublée de choses disparates est assez semblable à une bibliothèque de volumes dépareillés.

Meurtrier.	Je crains cette pusillanimité meurtrière qui, à force de délicatesse et de soins, affaiblit, effémine un enfant. *J.-J. Rousseau.*

Meurtri.	Quand la nature veut nous éloigner d'un lieu marécageux et mal-sain, elle y met des plantes vénéneuses, qui ont des couleurs meurtries et des odeurs rebutantes. *Bernardin de Saint-Pierre.*

Midi.	Au midi de mes années,
	Je touchais à mon couchant. *J.-B. Rousseau.*

Miellé.	Tyrcis eut beau prêcher, ses paroles miellées
	S'en étant au vent envolées,
	Il tendit un long rets..... *La Fontaine.*

Mince.	Je les trouvai échauffés sur la dispute la plus mince qui se puisse imaginer. *Montesquieu.*

————	Massillon savait que plus un orateur paraît occupé

d'enlever l'admiration, moins ceux qui l'écoutent sont disposés à l'accorder, et que cette ambition est l'écueil de tant de prédicateurs, qui, chargés des intérêts de Dieu même, veulent y mêler les intérêts si minces de leur vanité. *D'Alembert.*

Les premiers plaisirs qui nous ont trompés, sont entrés dans notre cœur avec une mine innocente, comme un ennemi qui se déguise, pour entrer dans une place qu'il veut révolter contre les puissances légitimes.

Bossuet.

Mine.

Plus on fouille dans l'antiquité, plus on voit combien les nations modernes ont puisé tour à tour dans ces mines aujourd'hui presque abandonnées. *Voltaire.*

Mine.

Pour parvenir à cet état où l'ambition se figure tant d'agrémens, il faut prendre mille mesures toutes également gênantes; il faut se miner de réflexions et d'étude, rouler pensées sur pensées, desseins sur desseins, compter toutes ses paroles, composer toutes ses démarches. *Bourdaloue.*

Miner.

Condillac a si fort borné le ministère de l'œil, qu'il paraît ne pas avoir entièrement soupçonné les étonnantes commissions que la nature a données à ce brillant organe. *Rivarol.*

Ministère.

L'âme tourne tous ses soins du côté du corps; le moindre rayon de beauté qu'elle y aperçoit suffit pour l'arrêter; elle se mire et se considère elle-même dans ce corps; elle croit voir, dans la douceur de ces regards et de ce visage, la douceur d'une humeur paisible; dans la délicatesse des traits, la délicatesse de l'esprit; dans ce port et cette mine relevée, la grandeur et la noblesse du courage. *Bossuet.*

Mirer.

Miroir. ...L'exemple souvent n'est qu'un miroir trompeur ;
Et l'ordre du destin qui gêne nos pensées,
N'est pas toujours écrit dans les choses passées :
Quelquefois l'un se brise où l'autre s'est sauvé. *Corneille.*

—— Le vray miroir de nos discours est le cours de nos vies. *Montaigne.*

—— Un songe, en notre esprit, passe pour ridicule :
Il ne nous laisse espoir, ni crainte, ni scrupule ;
Mais il passe dans Rome avec autorité,
Pour fidèle miroir de la fatalité. *Corneille.*

—— Sous le choc irritant des intérêts contraires,
On voit en traits hardis jaillir les caractères.
De leurs penchans secrets éloquens délateurs,
Les ris, d'un peuple doux malins réformateurs,
Poursuivent l'ennemi dénoncé sur la scène :
Le mépris vient sauver des tourmens de la haine ;
Le coupable rougit ; et ce brillant miroir (la comédie)
Présente l'homme à l'homme, étonné de s'y voir. *Thomas.*

Modeste. Toute métaphore doit être modeste, paraître introduite et non mise de force dans la place étrangère qu'elle occupe ; y être venue volontairement, et non par contrainte. (*Traduit de Cicéron*).

Moisson. Que de moissons de gloire en courant amassées ! *Boileau.*

—— Songez, seigneur, songez à ces moissons de gloire
Qu'à vos vaillantes mains présente la victoire. *Racine.*
(*Iphigénie à Achille.*)

—— Que deviendront ces biens où votre espoir se fonde,
Et dont vous étalez l'orgueilleuse moisson ? *J.-B. Rousseau.*

Moissonner. La cruelle guerre moissonne les bons et épargne les méchans. *Fénélon.*

—— ...Votre vie, ailleurs et longue et fortunée,
Devant Troie, en sa fleur, doit être moissonnée. *Racine.*
(*Iphigénie à Achille.*)

—— Le goût, qui choisit et moissonne dans les champs où le génie a semé, semble convenir à des peuples sobres, doux et modérés, qui vivent sous un ciel heureusement tempéré. *Raynal.*

Les compositions des Arabes sont d'une grâce, d'une mollesse, d'un raffinement, soit d'expression, soit de sentiment, dont n'approche aucun peuple ancien ou moderne. *Raynal.*

Les petites attentions sont une monnaie courante qu'on a toujours à la main. *Diderot.*

Il est difficile de rien obtenir de l'homme que par le plaisir, qui est la monnaie pour laquelle nous donnons tout ce qu'on veut. *Pascal.*

Vous prenez les armes pour savoir à qui d'entre vous restera le privilége exclusif de la tyrannie et le monopole du bonheur. *Raynal.*

Quels monstres d'opinions se faut-il mettre dans l'esprit, quand on veut secouer le joug de l'autorité divine, et ne régler ses sentimens, non plus que ses mœurs, que par sa raison égarée! *Bossuet.*

Les soucis rongeans, les embarras, la gêne y sont montés avec moi (dans les voitures). *J.-J. Rousseau.*

...Le jour est proche où le dieu des armées
Va de son bras puissant faire éclater l'appui ;
Et le cri de son peuple est monté jusqu'à lui. *Racine.*

Echo, voix errante,
Légère habitante
De ce beau séjour,
Echo, monument de l'amour,
Parle de ma faiblesse au héros qui m'enchante. *Voltaire.*

.........Je sais que la vengeance
Est un morceau de roi.......... *La Fontaine.*

Sera-t-il possible que M. de Grignan ne me donne jamais le plaisir de vous voir danser un moment? quoi ! je ne verrai jamais cette danse et cette grâce parfaite qui m'allait droit au cœur ? j'en vois ici des morceaux séparés , mais je voudrais bien revoir le tout ensemble.

Mme de Sévigné à sa fille.

Morceler. On peut réduire le temps à ne paraître que mouvement, il ne s'agit pour cela que de le morceler en petites fractions. *Rivarol.*

Morcelé. Les premiers rois de la troisième race ne pouvaient attendre aucuns secours d'une nation morcelée, qui ne s'assemblait plus. *Raynal.*

Mordant. Je m'attendais à lui trouver un entretien mordant et plein d'épigrammes. *J. J. Rousseau.*

Mordre,
Tantôt à votre sol l'onde livrant la guerre,
Mord en secret ses bords et dévore la terre ;
Tantôt par son penchant le courant entraîné,
Vous livre, en s'éloignant, son lit abandonné *Delille.*

——— Comme Pauline a la grossièreté de ne pouvoir mordre aux subtilités de la métaphysique , je l'en plains ; mais ne croyez pas que je l'en blâme , ni que je l'en méprise.

Mme de Sévigné.

——— L'ancre mord les glaçons, vieux enfans de l'hiver. *Esmenard.*

——— Rien ne passe pour bon que la médiocrité ; c'est la pluralité qui a établi cela et qui mord quiconque s'en échappe par quelque bout que ce soit. *Pascal.*

Mords.
L'homme en ses passions toujours errant sans guide,
A besoin qu'on lui mette et le mords et la bride. *Boileau.*

Mort. Puissances ennemies de la France, vous vivez, et l'esprit de la charité chrétienne m'interdit de faire aucuns souhait pour votre mort. *Fléchier.*

Mort. Toute la nature est morte à mes yeux, comme l'espérance au fond de mon cœur. *J. J. Rousseau.*

Je sentis mon ancien bonheur mort pour toujours. *Mort.*
Le même.

Les voluptés solitaires sont des voluptés mortes.
Le même.

Les sensations que l'aveugle-né aura prises par le *Moule.*
toucher , seront le moule de toutes ses idées ; et je ne
serais pas surpris qu'après une profonde méditation , il
eût les doigts aussi fatigués que nous avons la tête.
Diderot.

Il vaut toujours mieux trouver de soi-même les *Mouler.*
choses qu'on trouverait dans les livres ; c'est le vrai
secret de les bien mouler à sa tête. *J.-J. Rousseau.*

Les traits changent de forme dans la tête de l'historien ; ils se moulent sur ses intérêts , ils prennent la
teinte de ses préjugés. *Le même.*

Madame de Richelieu me parut abattue ; les fatigues *Moulin.*
de la cour ont rabattu son caquet ; son moulin me
parut en chômage. *Mme. de Sévigné.*

Les amours meurent par le dégoût, et le dégoût les *Mourir.*
enterre. *Labruyère.*

Ma haine va mourir, que j'ai crue immortelle ;
Elle est morte, et ce cœur devient sujet fidèle. *Corneille.*

Si les hommes apprennent à se modérer en voyant
mourir les rois, combien plus seront-ils frappés en
voyant mourir les royaumes mêmes ! *Bossuet.*

Mon imagination, qui s'anime en campagne , languit
et meurt dans la chambre. *J.-J. Rousseau.*

L'ordre des temps et leurs rapports roulent ensemble *Mouvement.*
dans le grand mouvement des siècles, où ils ont un

même cours ; mais il est besoin, pour les bien entendre, de les détacher quelquefois l'un de l'autre.

Bossuet.

Mouvement. — Où est la loi qui punit de mort la légèreté de la
langue et le mouvement de la pensée ? *Mézeray.*

—— Le mouvement de l'amour-propre nous est si naturel,
que le plus souvent nous ne le sentons pas, et que
nous croyons agir par d'autres principes. *Fontenelle.*

Muet.   ...César n'est qu'un homme, et je ne pense pas
Que le ciel à mon sort à ce point s'inquiette,
Qu'il anime pour moi la nature muette. *Voltaire.*
   (*Paroles de César.*)

—— Qu'il vienne donc, ce dieu, s'il a jamais été !
L'infortuné l'appelle, et n'est point écouté.
Il dort au fond du ciel, sur ses foudres muettes. *Gilbert.*

—— J'entendrai des regards que vous croirez muets. *Racine.*

—— L'arche sainte est muette, et ne rend plus d'oracles. *Racine.*

—— En voyant l'aveuglement et la misère de l'homme,
et ces contrariétés étonnantes qui se trouvent dans la
nature, et regardant tout l'univers muet, et l'homme
sans lumières abandonné à lui-même, et comme égaré
dans ce recoin de l'univers, sans savoir qui l'y a mis,
ce qu'il y est venu faire, ce qu'il deviendra en mourant,
j'entre en effroi comme un homme qu'on aurait emporté endormi dans une île effroyable, et qui s'éveille-
rait sans connaître où il est, et sans avoir aucun moyen
d'en sortir. *Pascal.*

—— Considérez ce temple orné de mes aïeux
Que Rome a cru devoir placer parmi vos dieux :
Le sang qu'ils prodiguaient pour cette auguste mère,
N'a laissé dans son sein qu'un fils qui la révère ;
Et tout muets qu'ils sont, ces marbres généreux
Ne m'en disent pas moins qu'il faut être comme eux.
(*Catilina à Probus, grand-prêtre.*)   *Crébillon.*

Cent tonnerres qui roulent et semblent rebondir sur *Mugissement*
une chaîne de montagnes, en se succédant l'un à l'autre, ne forment qu'un mugissement qui s'abaisse et qui se renfle comme celui des vagues. *Marmontel.*

La foudre souterraine s'annonce par des mugissemens et n'éclate que par l'affreux vomissement des matières qu'elle a frappées, brûlées et calcinées. *Buffon.*

César était trop vieux pour aller s'amuser à conquérir *Mûr.*
le monde. Cet amusement était bon à Alexandre : c'était un jeune homme qu'il était difficile d'arrêter ; mais César devait être plus mûr. *Pascal.*

Laissez mûrir l'enfance dans les enfans. *Mûrir.*
J. J. Rousseau.

Laissez entre mes mains mûrir vos destinées. *Corneille.*

Attendant que pour toi l'âge ait mûri ma muse,
Sur de moindres objets je l'exerce et l'amuse. *Boileau.*
(*A Louis XIV.*)

Prés fleuris, majestueuses et murmurantes forêts, *Murmurant.*
fontaines mousseuses, sauvages rochers fréquentés de la seule colombe, aimables solitudes qui nous ravissez par d'ineffables concerts ; heureux qui pourra lever le voile qui couvre vos charmes secrets !
Bernardin de Saint-Pierre.

A l'égard du style de Tacite, il est hardi, précipité, *Muscle.*
souvent brusque, toujours plein de vigueur, il peint d'un trait. La liaison est plus entre les idées qu'entre les mots ; les muscles et les nerfs y dominent plus que la grâce. C'est le Michel-Ange des écrivains. Il a sa profondeur, sa force, et peut-être un peu de sa rudesse.
Thomas.

Mutilé.
Les vers, par vous mutilés, travestis,
A leurs lecteurs n'offrent qu'un cliquetis
De mots sans ordre et de phrases usées,
Sous un vernis vainement déguisées. *Colardeau.*
(*Aux Critiques.*)

——— Ce n'est pas sur un recueil d'écrits mutilés que j'établirai ma croyance. *Diderot.*

N.

Nager.
Il y a cent ans qu'on ne parlait point de ces familles,
qu'elles n'étaient point ; le ciel tout d'un coup s'ouvre
en leur faveur : les biens , les dignités fondent sur elles
à plusieurs reprises, elles nagent dans la prospérité.
La Bruyère.

——— Dans les champs obscurcis l'air nage, humide encore. *Gilbert.*
Nager.
A travers les écueils notre vaisseau poussé,
Se brise et nage enfin sur les eaux dispersé. *Crébillon.*

——— La terre , toute massive qu'elle est, est aisément
portée au milieu de la matière céleste , qui est mille
fois plus fluide que l'eau , et qui remplit tout ce grand
espace où nagent les planètes. *Fontenelle.*

Naissance.
Qu'on l'adore ce Dieu, qu'on l'invoque à jamais !
Son empire a des temps précédé la naissance. *Racine.*

Naître.
...Toujours la fortune, à me nuire obstinée,
Tranche mon espérance aussitôt qu'elle est née. *Corneille.*

Nappe.
Oui, toujours je revois avec un plaisir pur,
Dans l'azur de ces lacs briller ce ciel d'azur ;
Ces fleuves s'épancher en nappes transparentes,
Ces gazons serpenter le long des eaux errantes. *Delille.*

——— Que de cascades bondissantes
Tombent en nappes blanchissantes,
Et s'engouffrent dans ces bassins ! *Lebrun.*

Navette.
Elle s'endettait (madame de Warens), elle payait ;
l'argent faisait la navette , et tout allait.
J.-J. Rousseau.

On doit ensevelir dans le même naufrage,
  Les vieillards, les enfans, et tout sexe et tout âge ;
  Et sans considérer le mérite ou le rang,
  En étouffer la race et l'éteindre en leur sang. *Durier.*

Naufrage.

Tant que les hommes disputeront sur l'esprit et la matière , sur l'âme et sur le corps, la métaphysique sera toujours nébuleuse. *Rivarol.*

Nébuleux.

La liberté du monde entier était perdue, si le peuple de la chrétienté, le plus superstitieux et peut-être le plus esclave, n'eût arrêté le progrès du fanatisme des musulmans, et brisé le cours impétueux de leurs conquêtes, en leur coupant le nerf des richesses. *Raynal.*

Nerf.

  J'aurais pour le succès assez bonne espérance ,
  Si de quelque argent frais nous avions le secours ;
  C'est le nerf de la guerre..... *Regnard.*

La diction de Tacite est forte comme son âme, singulièrement pittoresque sans jamais être trop figurée, précise sans être obscure, nerveuse sans être tendue.
La Harpe.

Nerveux.

Ce n'est pas une éloquence molle (celle des poètes latins); elle est nerveuse et solide, qui ne plaist pas tant comme elle remplit et ravit les plus forts esprits. Quand je vois ces braves formes de s'expliquer, si vives, si profondes, je ne dis pas que c'est bien dire , je dis que c'est bien penser. *Montaigne.*

La réflexion, jointe à l'usage, donnent des idées nettes. *J. J. Rousseau.*

Net.

  Echevins, prévôt des marchands ,
  Tout fait la main : le plus habile
Donne aux autres l'exemple ; et c'est un passe-temps,
De leur voir nettoyer un monceau de pistoles.
La Fontaine.

Nettoyer.

Neuf. Mon cœur neuf encore se livrait à tout avec un plaisir d'enfant, ou plutôt, j'ose le dire, avec une plaisir d'ange.
J.-J. Rousseau.

——— Ne courant jamais après les idées neuves, Emile ne saurait se piquer d'esprit. *Le même.*

Niveau. La politique moderne a avancé une très-grande erreur en disant que les richesses se mettent toujours de niveau dans un état. *Bernardin de St.-Pierre.*

——— Les Egyptiens connaissaient le mouvement du soleil plus de 3000 ans avant Jésus-Christ, et les Chaldéens plus de 2478 ans. Les Chinois avaient cultivé l'astronomie plus de 3000 ans avant Jésus-Christ. Il y a donc une espèce de niveau entre ces peuples : ils ne s'élèvent pas plus les uns que les autres dans l'antiquité.
Buffon.

Niveler.
...Apprenti philosophe,
Sur le papier nivelant chaque strophe,
J'aurais bien pu, du bonnet doctoral,
Embéguiner mon Apollon moral. *J-B. Rousseau.*

Noir. Je crois sentir que mon aversion pour le mensonge me vient en grande partie du regret d'en avoir pu faire un si noir. *J.-J. Rousseau.*

———
D'un mensonge si noir justement irrité,
Je devrais faire ici parler la vérité. *Racine.*

——— Il me reste à parler du plus noir des vices et de la plus effrayante des passions, de l'hypocrisie et du fanatisme. *Rivarol.*

Noircir. Une vapeur maligne trouble et noircit son imagination, comme l'encre de son écritoire barbouille ses doigts. *Fénélon.*

———
Si vous pouviez savoir avec quel déplaisir
Je vois qu'envers mon frère on cherche à me noircir! *Molière.*

(159)

Comme reine, à mon choix, je fais justice ou grâce ;
  Et je m'étonne fort d'où vous vient cette audace,
  D'où vient qu'un fils vers moi, noirci de trahison,
  Ose de mes faveurs me demander raison ? *Corneille.*
    (*Cléopâtre à Séleucus.*) — *Noirci.*

Cette prose a le nombre, la force, l'élégance, la facilité de celle de Voltaire. *Diderot.* — *Nombre.*

   Je nouais sous leurs yeux des intrigues obscures. *Colardeau.* — *Nouer.*

Chez les Sauvages, ce sont les vieilles femmes qui deviennent les nourrices de la superstition. *Raynal.* — *Nourrice.*

La vertu est la mère nourrice des plaisirs humains : en les rendant justes, elle les rend seurs et purs ; les modérant, elle les tient en haleine et en appétit.
        Montaigne.

Heureux si, averti par ces cheveux blancs du compte que je dois rendre de mon administration, je réserve au troupeau que je dois nourrir de la parole de vie, les restes d'une voix qui tombe, et d'une ardeur qui s'éteint. *Bossuet.* — *Nourrir.*

Les beaux-arts sont tous la nourriture et le plaisir de l'âme : y en a-t-il un dont on doive se priver ? *Voltaire.* — *Nourriture.*

La surface de la terre, avant l'arrivée des eaux, ne présentait que ces premières aspérités qui forment encore aujourd'hui les noyaux de nos plus hautes montagnes. *Buffon.* — *Noyau.*

   Je percerai ce cœur qui vous ose trahir :
    Heureux si par ma mort je puis vous satisfaire,
    Et noyer dans mon sang toute votre colère. *Corneille.* — *Noyer.*

   Parmi les déplaisirs où son âme se noie,
    Il s'élève en la mienne une secrète joie. *Racine.*

Il s'est noyé de dettes, pour porter sa maison à ce degré de beauté où elle vous ravit. *Labruyère.*

Noyer. Cette mer d'abondance où leur âme se noie,
Ne craint ni les écueils, ni les vents rigoureux.
Ils ne partagent point nos fléaux douloureux :
Ils (les impies) marchent sur les fleurs, ils nagent dans la joie ;
    Le sort n'ose changer pour eux. *J.-B. Rousseau.*

Nu. La terre était en vain de moissons revêtue :
Sans les tapis de fleurs, la terre eût été nue. *Lemière.*

——— Les premiers hommes n'ayant que les montagnes pour asiles contre les inondations, nus d'esprit et de corps, exposés aux injures de tous les élémens, victimes de la fureur des animaux féroces, tous également pénétrés du sentiment commun d'une terreur funeste, n'ont-ils pas cherché très-promptement à se réunir ? *Buffon.*

——— ....Ah ! regret qui me tue !
De n'avoir pas aimé la vertu toute nue. *Corneille.*

Nuage. L'empereur ayant eu besoin d'argent, il trouva en une heure, par le moyen des financiers, ce qu'il n'aurait pas eu en six mois par les voies ordinaires ; Babouc vit que ces gros nuages, enflés de la rosée de la terre, lui rendaient en pluie ce qu'ils en recevaient.

                     Voltaire.

——— J'ai voulu mal faire ; mais ma volonté n'a point passé les bornes d'une première pensée enveloppée dans les nuages de la colère et du dépit. *Mézeray.*

——— ....Quel horrible mystère
M'avait long-temps voilé l'amitié de mon père !
A la fin sans nuage il éclate à mes yeux,
Ce sacrilége vœu, ce mystère odieux. *Crébillon.*
(*Idamante à Polyclète.*)

Nuance. Les nombreuses nuances de haine et d'amour, de joie et de tristesse, de douleur et de plaisir, sont du département des traces. *Rivarol.*

——— Virgile est plein de ces nuances délicates de sentimens, qui disparaissent dans les traductions.
              Bernardin de Saint-Pierre.

Pour le petit nombre de ceux dont la tête est ferme, *Nuancer.* le goût délicat et le sens exquis, et qui comptent pour peu le ton, les gestes et le vain son des mots, il faut des choses, des pensées, des raisons ; il faut savoir les présenter, les nuancer, les ordonner. *Buffon.*

> Quel désordre incroyable   *Nue.*
> Grossit la nue effroyable
> Des ennemis rassurés ! *J.-B. Rousseau.*

Va, douce chimère d'une âme sensible, félicité si   *Nuit.* charmante et si désirée, va te perdre dans la nuit des songes. *J.-J. Rousseau.*

> ...Pouvez-vous, seigneur, souhaiter qu'une fille
> Qui vit, presque en naissant, éteindre sa famille
> Qui, dans l'obscurité nourrissant sa douleur,
> S'est fait une vertu conforme à son malheur,
> Passe subitement de cette nuit profonde,
> Dans un rang qui l'expose aux yeux de tout le monde,
> Dont je n'ai pu de loin soutenir la clarté,
> Et dont une autre enfin remplit la majesté ? *Racine.*
> (*Junie à Néron, qui lui proposait de l'épouser.*)

O.

L'un permet à son estomac de troubler son cerveau,   *Oblitérer.* l'autre, avec du tabac, met le siége devant son entendement et oblitère son odorat et sa mémoire. *Rivarol.* (*Récapitulation*).

Trop de longueur et trop de brièveté obscurcissent   *Obscurcir.* un discours. *Pascal.*

Il y a des exercices qui émoussent le sens du toucher   *Obtus.* et le rendent plus obtus. *J.-J. Rousseau.*

L'atmosphère, océan élastique, est sujet, comme   *Océan.* le nôtre, à des altérations et à des tempêtes.

                       Rivarol.

Odeur. Vous répandez la bonne odeur de Jésus-Christ partout où celle de votre rang et de vos titres est répandue.
(*Aux grands.*) *Massillon.*

——— Grands du monde, que de biens reviennent à l'Eglise de vos exemples ! vous donnez du crédit à la piété ; vous répandez dans tout un royaume une odeur de vie qui confond le vice et qui autorise la vertu.
Le même.

Œil. La nature semble ouvrir d'elle-même, à l'homme de génie, ses trésors cachés ; l'œil de l'imagination parcourt d'un regard le ciel et la terre et y découvre des formes et des ressemblances inaperçues, qui produisent des comparaisons neuves, expressives et pleines de feu.
Anonyme.

——— Gardez bien votre aimable esprit, il a les yeux plus grands que ceux de votre tête, qui sont pourtant fort jolis, pour ce qu'ils contiennent.
M$_m$^{e}. de Sévigné à sa fille.

———
La vérité terrible, avec des yeux vengeurs,
Vient sur l'aile du temps, et lit au fond des cœurs ;
Son flambeau redoutable éclaire enfin l'abîme
Où dans l'impunité s'était caché le crime. *Voltaire.*

Œuvre. Les connaissances, les faits et les découvertes s'enlèvent aisément, se transportent et gagnent à être mis en œuvre par des mains plus habiles. *Buffon.*

Offusquer. L'Angleterre n'ignore pas les vœux secrets qui se forment de toutes parts pour le renversement d'un édifice qui offusque tous les autres de son ombre.
Raynal.

Oiseux. Que m'importent toutes ces questions oiseuses sur la liberté ? *J.-J. Rousseau.*

Un visir aux sultans fait toujours quelque ombrage. *Racine.* — **Ombrage.**

Constance seul donnait à Dioclétien quelque ombrage à cause de ses vertus. *Chateaubriand.*

> Sur la terre on poursuit avec peine,
> Des plaisirs, l'ombre légère et vaine ;
> Elle échappe, et le dégoût la suit. *Voltaire.* — **Ombre.**

> Les ombres de santé cachent mille poisons ;
> Et la mort suit de près les fausses guérisons. *Corneille.*

Du moins le solitaire dans sa retraite, obligé de mortifier sa chair et de la soumettre à l'esprit, est soutenu par l'espoir d'une récompense assurée, et par l'onction secrète de la grâce qui adoucit le joug du seigneur. *Massillon.* — **Onction.**

> ...Le feu, dont la flamme en ondes se déploie,
> Fait de notre quartier une seconde Troie. *Boileau.* — **Onde.**

Les ondes et les murmures des herbes de vos prairies sont plus agréables que ceux des flots de la Méditerranée. *Bernardin de Saint-Pierre.*

Quand la force du vin commence à pénétrer, une pesanteur de membres s'ensuit tout après, l'âme est noyée, la langue aggravée, les yeux ondoyans. *Montaigne.* — **Ondoyant.**

Certes ! c'est un sujet merveilleusement vain, divers et ondoyant, que l'homme. *Le même.*

Les étoiles étaient toutes d'un or pur et éclatant, et qui était encore relevé par le fond bleu où elles sont attachées. *Fontenelle.* — **Or.**

> C'est l'or de tes cheveux qui doit parer ton visage,
> et non cette rose qui les cache et que ton teint flétrit.
> *(St.-Preux à Julie.)* J.-J. *Rousseau.*

> ....Leur richesse était pure ;
> C'était l'or des moissons et l'argent des ruisseaux. *Lebrun.*

Oracle. ...Il faut du temps interroger l'oracle ;
Et du monde changeant étaler le spectacle. *Chenedollé.*

Orage. Je fais sur toi pleuvoir un orage de coups.

Oreille. Les planchers sous lesquels je suis ont des yeux, les murs qui m'entourent ont des oreilles. *J.-J. Rousseau.*

Oreiller. L'ignorance et l'incuriosité sont deux oreillers fort doux. *Montaigne.*

Organe. Trompettes et tambours, organes des combats,
Eclatez, guidez mes pas. *Voltaire.*

Orgueil. La plupart des grands portent sur leur front l'orgueil de leur origine ; ils comptent les degrés de leur grandeur par des dignités qu'ils ne possèdent plus.

Massillon.

Orgueilleux. Flots orgueilleux de la Seine, soulevez-vous, si vous l'osez ; vous emporterez et nos ponts, et la statue de Henri, mais son nom restera. *Raynal.*

Ouvrier. C'est l'effet d'un art consommé de réduire en petit tout un grand ouvrage ; et la grâce, cette excellente ouvrière, se plaît quelquefois à renfermer en un jour la perfection d'une longue vie. *Bossuet.*

P.

Pâle, L'avarice, pâle, inquiète, n'a pas quitté ces rochers stériles où la nature avait enfoui sagement de perfides trésors.

———— La Mort, la pâle Mort, cette déesse altière,
Foule d'un pas égal le trône et la chaumière. *Daru.*

Pâlir. ....Le jour pâlit, la terre tremble :
Le monde est ébranlé ; l'Erèbe se rassemble. *Voltaire.*

———— Allez loin de ce traître attendre son supplice :
Les dieux que ce parjure a fait pâlir d'effroi,
Le rendront quelque jour plus malheureux que moi. *Crébillon.*
(*Thyeste maudissant Atrée.*)

..............La fleur pâlissante
Se courbe et se flétrit sur sa tige mourante. *Colardeau.*

Pâlissant.

Tâchons de rendre la vérité plus palpable ; ajoutons lumières sur lumières, en réunissant les faits, en accumulant les preuves. *Buffon.*

Palpable.

Pourquoi cent mille ans sont-ils plus difficiles à concevoir et à compter que cent mille livres de monnaie ? serait-ce parce que la somme du temps ne peut se palper ni se réaliser en espèces visibles ?

Le même.

Palper.

Isocrate était plus propre à la parade qu'aux débats, à flatter l'oreille de ses auditeurs qu'à combattre en présence des juges. (*Traduit de Cicéron.*)

Parade.

Il en est des théories comme des machines, qui commencent toujours par être compliquées, et qu'on ne dégage qu'avec le temps, par l'observation et l'expérience, des roues parasites qui en multipliaient le frottement. *Raynal.*

Parasite.

Les mines parasites, qui prennent mille formes différentes, appartiennent à des temps bien modernes en comparaison de celui de la formation des premiers filons qui ont été produits par l'action du feu primitif.

Buffon.

L'oisif de qui l'ennui vient vous rendre visite,
Louera plus volontiers, de sa voix parasite,
Vos glaces, vos tapis, votre salon doré. *Delille.*

Quand ma méthode, parant un inconvénient, en prévient un autre, je juge alors qu'elle est bonne.

J.-J. Rousseau.

Parer.

Il prend toutes les mesures qu'il peut pour se parer du malheur qu'il craint. *Molière.*

Parer. Je me parais à vos yeux de cette fermeté que vous ne m'avez jamais vue. **J.-J. Rousseau.**

——— Jésus-Christ est un roi qui entre en possession, par sa mort, de l'empire de l'univers ; il réunit en sa personne tous les titres glorieux dont l'orgueil des hommes se pare. *Massillon.*

———
Se pare qui voudra du nom de ses aïeux,
Moi je ne veux porter que moi-même en tous lieux.
Corneille.

Parfum. Marie-Thérèse est sans reproche devant Dieu et devant les hommes ; la médisance ne peut attaquer aucun endroit de sa vie, depuis son enfance jusqu'à sa mort ; une gloire si pure, une si belle réputation, est un parfum précieux qui réjouit le ciel et la terre. *Bossuet.*

Parler. Jésus-Christ se plaisait à instruire ses disciples, et faisait parler l'herbe des champs et le lis de la vallée.
Chateaubriand.

———
Les jardins parlent peu, si ce n'est dans mon livre.
La Fontaine.

——— Il ne nous reste des anciens peuples que de l'airain et des marbres, qui ne parlent qu'à l'imagination, interprètes peu fidèles des mœurs et des usages qui ne sont plus. *Raynal.*

——— Les égards parlent à la vanité, et les services ne s'adressent qu'aux besoins. *Rivarol.*

Parlier Quoiqu'au fond je ne fasse pas grand cas de toute cette philosophie parlière, je suis persuadé que tout honnête homme a toujours quelque honte de changer de maxime du soir au matin. *J. J. Rousseau.*
(*Nouvelle Héloïse*).

Cyrille , après avoir médité la parole de vie, se jeta *Parole.*
sur une couche de roseaux. *Chateaubriand.*

Quelle aveugle fureur insulte aux diadèmes ! *Parricide.*
Brisez, peuples, brisez ce parricide fer. *Le Brun.*

Le soleil illuminait de ses feux les plus doux la *Parsemé.*
chaîne des montagnes de Salerne , l'azur de la mer par-
semée des voiles blanches des pêcheurs. *Chateaubriand.*

L'éclat de mes hauts faits fut mon seul partisan. *Corneille.* *Partisan.*

L'astre humide et tremblant qui précède les pas du *Pas.*
matin , attire les méditations des élus. *Chateaubriand.*

... Des dieux, quelquefois la longue patience
Fait sur nous à pas lents descendre la vengeance. *Voltaire.*

Tibulle, enfin, sur patins inégaux *Patin.*
Faisant marcher la boîteuse élégie,
De Cupidon traite à fond la magie. *J.-B. Rousseau.*

...Lorsque dans les airs, la vierge triomphante *Patrie.*
Ramenait vers le Nil son onde décroissante ;
Quand les troupeaux bêlans et les épis dorés
S'emparaient à leur tour des champs désaltérés ,
Alors d'autres vaisseaux, à l'active industrie,
Ouvraient des aquilons l'orageuse patrie. *Esmenard.*

Les circonlocutions sont les marques d'une langue *Pauvre.*
pauvre. *Voltaire.*

...Pauvre de couleur, mais riche de sa voix ,
Le rossignol encore enchantera nos bois. *Delille.*

L'existence des êtres finis est si pauvre et si bornée ,
que , quand nous ne voyons que ce qui est , nous ne
sommes jamais émus. *J.-J. Rousseau.*

L'usage d'employer les mots dans un sens figuré *Pauvreté.*
s'étend fort loin ; c'est le besoin qui l'a fait naître par
l'effet nécessaire de la pauvreté et des bornes du langage ; dans la suite, le plaisir et l'agrément l'ont rendu
commun. Comme les vêtemens ont été inventés pour

préserver le corps du froid, et qu'ensuite on les a employés pour l'orner et lui donner de la dignité, de même c'est par pauvreté qu'on a imaginé de donner aux mots un sens figuré ; mais c'est par goût qu'on a fait un usage fréquent de ce procédé. (*Traduit de Cicéron*).

Pavaner. Quand je verrais la jeune fille se pavaner dans ses atours, je paraîtrais inquiet de sa figure ainsi déguisée.
J.-J. Rousseau.

Pavillon.
A ce déluge barbare
D'effroyables bataillons,
L'infatigable Tartare
Joint encor ses pavillons. *J.-B. Rousseau.*

Pavot. Les pavots de la vieillesse s'interposent entre la vie et la mort. *Rivarol.*

Payer. Payons de nos vertus celles de notre bienfaiteur.
J.-J. Rousseau.

——
C'était peu que votre âme, insensible à mes vœux,
Eût de tout son courroux payé mes tendres feux. *Crébillon.*

——
L'amour ne peut se payer que par l'amour.
Massillon.

——
Ne sachant ni dans quelle maison, ni entre les mains de qui j'étais, je craignis, en faisant du bruit, de le payer de ma vie. *J.-J. Rousseau.*

——
..........Cette veuve inhumaine
N'a payé jusqu'ici son amour que de haine. *Racine.*

Pays. Le pays des chimères est le seul en ce monde digne d'être habité. *J.-J. Rousseau.*

——
La feinte est un pays plein de terres désertes. *La Fontaine.*

Pécher. Quel plaisir trouvez-vous à dire du mal de votre esprit, de votre style, à vous comparer à la princesse d'Harcourt? où péchez-vous cette fausse et offensante humilité ? elle blesse mon cœur, elle offense la justice, elle choque la vérité. *Mad. de Sévigné à sa fille.*

> La vertu, quittant son ton rude,   *Pédant.*
> Prendra le ton du sentiment :
> La vertu ne sera point prude ;
> L'esprit ne sera point pédant ;
> Le savoir ne sera mettable
> Que sous les traits de l'agrément. *Gresset.*

> ...Bonjour, marquis, qu'as-tu donc aujourd'hui ?   *Peindre.*
> Sur ton front, à longs traits, qui diable a peint l'ennui ?
> Tout le monde m'aborde avec un air si morne,
> Que je crois..... *Voltaire.*

Les amères douleurs, les regrets, la mort, se peignirent dans mes songes, et tous les maux que j'avais soufferts reprenaient à mes yeux cent formes nouvelles.

J.-J. Rousseau.

La mort, qui avait éteint ses yeux, n'avait pu effacer toute sa beauté, et les grâces étaient encore à demi-peintes sur son visage pâle. *Fénélon.*

Si les sons ne peignent pas aussi nettement la pensée que le discours, encore disent-ils quelque chose.

Diderot.

Le parler que j'ayme, c'est un parler simple et naïf,   *Peigné.*
tel sur le papier qu'à la bouche, un parler succulent et nerveux, court et serré, non tant délicat et peigné, comme véhément et brusque : plutost difficile qu'ennuyeux, éloigné d'affectation, déréglé, décousu et hardi : chaque loppin y fasse son corps, non pédantesque, non plaideresque, mais plutost soldatesque, comme Suétone appelle celuy de Julius-Cesar.

Montaigne.

L'Eglise est étrangère et comme errante sur la terre,   *Pélerinage.*

où elle vient recueillir les enfans de Dieu sur ses ailes ; et le monde, qui s'efforce de les lui ravir, ne cesse de traverser son pélerinage. *Bossuet.*

Pencher. Les astres penchaient vers leur couchant.

Pente. L'amour à la faveur trouve une pente aisée. *Corneille.*

——— Les voyages poussent le naturel vers sa pente, et achèvent de le rendre bon ou mauvais. **J.-J. *Rousseau.***

Pépinière. Nous ne serons puissans sur les mers que lorsque la marine marchande sera la pépinière de la marine royale.
Thomas.

Perçant. Il envisageait d'abord tout ce qui pouvait ou troubler ou favoriser l'événement des choses ; semblable à un aigle dont la vue perçante fait en un moment la découverte de tout un pays. *Bourdaloue.*

——— Je pourrais ajouter que les plus sages et les plus expérimentés admiraient cet esprit vif et perçant, qui embrassait sans peine les plus grandes affaires et pénétrait avec tant de facilité dans les plus secrets intérêts.
Bossuet.

——— ...Peut-on oublier la charmante Aréthuse,
Aréthuse au teint vif, aux yeux vifs et perçans ? *La Fontaine.*

Percer. Vous seule avez percé ce mystère odieux :
Mon cœur, pour s'épancher, n'a que vous et les dieux. *Racine.*
(*Hyppolite à Aricie.*)

——— J'entends des gémissemens qui me percent l'âme.
J.-J. *Rousseau.*

——— Je craignais que la vérité ne perçât le nuage.
Fénélon.

——— Quand la douleur arrachait quelque plainte à leur mère, ils perçaient l'air de leurs cris. **J.-J. *Rousseau.***

Quelle sagesse ! quelle humanité perce dans chaque ligne de nos ordonnances ! *Gilbert.* — Percer.

Les oiseaux en chœur se réunissent et saluent de concert le père de la vie. *J.-J. Rousseau.* — Père.

Tous les pas d'un voyageur, en périssant tour à-tour, ne laissent pas de le conduire à son but. *Rivarol.* — Périr.

La beauté n'est pas générale ; elle périt par mille accidens, elle passe avec les années. *J.- J. Rousseau.* — ——

Ce sont les lois des mouvemens qui sont immortelles, mais les mouvemens périssent. *Rivarol.* — ——

Que de biens l'ignorance nous rend sublimes ! les illusions de l'amitié et de l'amour, les perspectives de l'espérance, et les trésors même que nous découvrent les sciences. *Bernardin de Saint-Pierre.* — Perspective.

J'ai commencé par sonder la situation de son esprit, je l'ai trouvé grave, méthodique, et prêt à peser le sentiment au poids de la raison. *J.-J. Rousseau.* — Poser.

> Vers l'antique chaos notre âme est repoussée,
> Et des siècles sans fin pèsent sur la pensée. *Delille.* — ——

...Pesons nos vertus et comparons nos mœurs. *Colardeau.* — ——

Montaigne ne voulant pas dire : Je ne sais ; il dit : Que sais-je? de quoi il a fait sa devise en la mettant sous les bassins d'une balance, lesquels pesant les contradictoires, se trouvent dans un parfait équilibre. *Pascal.* — ——

La conversation de cette dame ne pétille pas d'esprit. *J.-J. Rousseau.* — Pétiller.

Au-dedans de lui-même ce cœur ingrat et dénaturé pétillait d'une odieuse joie. *Le même.* — Pétiller.

> L'un pétrit dans un coin l'embonpoint des chanoines,
> L'autre broie en riant le vermillon des moines. *Boileau.* — Pétrir.

Pétri. Il y a des âmes sales, pétries de boue et d'ordure.
La Bruyère.

——— ...Mon maître est fidèle, et son âme est pétrie
De la plus fine fleur de la galanterie. *Regnard.*

——— Un courtisan pétri de feinte·
Fait dans moi tristement passer
La défiance et la contrainte. *Voltaire.*

——— L'hypocrite, en fraudes fertile,
Dès l'enfance est pétri de fard ;
Il sait colorer avec art
Le fiel que sa bouche distille. *J.-B. Rousseau.*

Peuple. ....Devant lui s'allonge
Une plaine où partout se balancent des fleurs,
Peuple odorant et riche en diverses couleurs. *Gilbert.*

Phase. Nos riches voluptueux paient fort chèrement l'histoire d'un insecte de l'Amérique, gravé de toutes les manières, et étudié au microscope, minute par minute, dans toutes les phases de sa vie.
Bernardin de Saint-Pierre.

Philosophe. Je me souviens d'avoir été quelquefois occupé d'une espèce d'anatomie métaphysique, et je trouvais que, de tous les sens, l'œil était le plus superficiel, l'oreille le plus orgueilleux, l'odorat le plus voluptueux, le goût le plus superstitieux et le plus inconstant, le toucher le plus profond et le plus philosophe. *Diderot.*
(*Lettre sur les sourds et muets*).

Physionomie Ces deux mots : *troubadours* et *trouveurs*, expriment assez la physionomie des deux langues picarde et provençale. *Rivarol.*

——— Les leçons de Socrate, l'amour de ses parens et de ses concitoyens, développèrent à la fois, dans Alcibiade, la beauté de son corps et de son âme ; mais

ayant été à la fin entraîné dans le désordre par de mauvaises sociétés, il ne lui resta que la physionomie de la
vertu. *Bernardin de Saint-Pierre.*

Une esquisse du physique de la Suède porterait à
penser que cette région ne fut jamais bien peuplée,
quoiqu'on l'ait appelée quelquefois la fabrique du genre
humain. *Raynal.* — *Physique.*

Ces grandes pièces, qui se jouent sur la terre, ont
été composées dans le ciel, et c'est souvent un faquin
qui en doit être l'Atrée ou l'Agamemnon. *Balzac.* — *Pièce.*

Votre mort est une des pièces de l'ordre de l'univers,
c'est une pièce de la vie du monde. *Montaigne.*

Amusez-vous à vous guérir tout à fait ; mais il faut
que vous le vouliez, et c'est une étrange pièce que
votre volonté. *Mme de Sévigné à sa fille.*

La coustume establit en nous peu à peu à la dérobée,
le pied de son authorité ; mais par ce doux et humble
commencement, l'ayant rassis et planté avec l'ayde du
temps, elle nous découvre tantost un furieux et tyran-
nique visage. *Montaigne.* — *Pied.*

Le chemin passe au pied de la plus belle cascade que
je vis de ma vie. *J.-J. Rousseau.*

> J'ai saisi cet instant favorable à la fuite,
> Jusqu'au pied du vaisseau soudain je l'ai conduite.
> *Voltaire.*

> Je crains tout d'un rival, et ces soins curieux
> Sont des pièges nouveaux que vous tendent les dieux.
> *Le même.* — *Piège.*

Les Arabes apportèrent dans le pays de leurs conquêtes, les sciences qu'ils avaient pillées dans le cours
de leurs ravages, et tous les arts nécessaires à la prospérité des nations. *Raynal.* — *Piller.*

Pilote.

De l'empire des lis, toi, ministre éclairé,
Du vaisseau de l'Etat le pilote assuré,
Sage Choiseul, poursuis..... *Colardeau.*

Pincé.

..........Damis vous supplie
De finir la lorgnade, et chercher aujourd'hui,
Avec vos airs pincés, d'autres dupes que lui. *Voltaire.*

——

..........C'est une chose infâme,
Que vous mêliez dans tous vos entretiens,
Vos qualités, votre rang et vos biens !
Etre à la fois et Midas et Narcisse,
Enflé d'orgueil et pincé d'avarice. *Voltaire.*

——

Presque tous les ouvrages de St.-Evremont ne sont, à quatre ou cinq pièces près , que des futilités en style pincé et en antithèses. *Le même.*

Piper.

Le présent ne nous satisfaisant jamais, l'espérance nous pipe, et, de malheur en malheur, nous mène jusqu'à la mort , qui en est le comble éternel. *Pascal.*

——

Nous voyons que l'âme en ses passions se pipe plutost elle-même, se dressant un faux sujet et fantastique. *Montaigne.*

Piquer.

Les louanges étaient précieuses , parce qu'elles se donnaient avec connaissance ; le blâme piquait au vif les cœurs généreux, et retenait les plus faibles dans le devoir. *Bossuet.*

——

Les Arabes se piquent entre eux de la plus exacte probité. *Raynal.*

Piste.

Depuis leur célèbre Lulli, on a toujours vu les Français à la piste de trente ou quarante ans, copier, gâter nos vieux auteurs, et faire à peu près de notre musique comme les autres peuples font de leur mode. *J.-J. Rousseau.*

..........Je peins en un récit   *Pivot.*
  La sotte vanité jointe avécque l'envie,
   Deux pivots sur qui roule aujourd'hui notre vie. *La Fontaine.*

Tous les objets qui attachent l'homme ici-bas l'ar-   *Plaie.*
rachent du sein de Dieu, son origine et son repos
éternel, et laissent une plaie de remords et d'inquié-
tudes dans son âme.

Tout crie après vous ; il n'y a pas une feuille de mes   *Plaindre(se)*
arbres qui ne se plaigne de votre absence ; le fleuve en
murmure. *Mme de Sévigné.*

  Si la voûte céleste a les plaines liquides,   *Plaine.*
    − La terre a ses ruisseaux. −

As-tu entendu, la dernière nuit, le gémissement   *Plainte.*
d'une fontaine dans les bois, et la plainte de la brise
dans l'herbe qui croît sur ta fenêtre ? *Chateaubriand.*

  Un coup de vent ébranla la forêt, et une plainte sortit   ——
des boucliers d'airain. *Le même.*

  Une plainte du zéphir lui parut être un soupir de la   ——
déesse. *Le même.*

  ...De la même main dont il (César) quitte l'épée   *Plaintif.*
  Fumante encor du sang des amis de Pompée,
  Il trace des soupirs, et d'un style plaintif,
  Dans son champ de victoire il se dit mon captif. *Corneille.*
 (Paroles de Cornélie, dans la tragédie de Pompée, acte II, sc. IX.)

Jamais plante ne fut cultivée avec plus de soin, ni ne   *Plante.*
se vit plutôt couronner de fleurs que la princesse Anne.
                           Bossuet.

  Un soin plus important à présent la tourmente (Agnès) ;   ——
  Aurait-on jamais cru que cette jeune plante,
  Que j'avais pris plaisir d'élever de mes mains,
  Eût trompé mon espoir et trahi mes desseins ? *Regnard.*

Un mont de qui le sommet est planté de roches aiguës,   *Planté.*

un torrent qui se replie vingt-deux fois sur lui-même, et déchire son lit en s'écoulant, forment d'un côté la barrière de l'Etrurie. *Chateaubriand.*

Plâtre.
> Ai-je besoin d'ôter à la laideur
> Le plâtre usé de son masque imposteur ? *Colardeau.*

————
> Ses bons mots ont besoin de farine et de plâtre. *Boileau.*

Plâtré.
> ... Je ne vois rien qui soit plus odieux,
> Que les dehors plâtrés d'un zèle spécieux. *Molière.*

Plein.
> Euryméduse, pleine de jours et d'expérience, apporte le pain et le vin, la force de l'homme.
>
> *Chateaubriand.*

Pleur.
> Lorsqu'elle (l'abeille) va pomper le suc des fleurs,
> Et du matin mettre à profit les pleurs,
> Souvent un sot, qui la suit à la trace,
> Dans ses travaux l'interrompt et l'agace. *Colardeau.*

————
> L'Aurore désormais stérile,
> Pour la divinité des fleurs,
> De l'heureux tribut de ses pleurs
> Enrichit un dieu plus utile. *J.-B. Rousseau.*

Pleuvoir.
> Les diadèmes vont sur ma tête pleuvant. *La Fontaine.*

————
> Il plut dans son escarcelle ;
> On ne parlait chez lui que par doubles ducats. *Le même.*

Pli.
> Ta voix, naturellement si légère, prendra facilement ce nouveau pli. *J.-J. Rousseau.*

Plier.
> L'imagination se plie d'elle-même aux mœurs du pays où l'on est.

————
> La grande âme de ce digne homme ne pouvait se plier que sous le joug de l'amitié. *J.-J. Rousseau.*

Pluie.
> De cendres, de cailloux, une pluie enflammée
> Couvre tout le pays de feux et de fumée. *Castel.*

Plume.
> J'ai fait chanter ma passion aux voix les plus tou-

chantes, et l'ai fait exprimer en vers aux plumes les plus délicates. *Molière.*

Quel plaisir de te suivre aux rives du Scamandre ;	*Poétique.*

Quel plaisir de te suivre aux rives du Scamandre ;
D'y trouver d'Ilion la poétique cendre ! *Boileau.*
　　(*A Louis XIV.*)　　　　　　　　　　　　　　*Poignarder.*
La voix éteinte et le regard baissé ,
Elle avait l'air timide , embarrassé ;
Mon gendre , allons , surprenons la pendarde ,
Voyons le cas , car l'honneur me poignarde. *Voltaire.*

Au printemps, la campagne presque nue n'est encore　　*Poindre.*
couverte de rien ; les bois n'offrent point d'ombre , la
verdure ne fait que de poindre , et le cœur est touché à
son aspect. *J.-J. Rousseau.*

Quand le devoir de tenir ses engagemens ne serait　　——
pas affermi dans l'esprit de l'enfant par le poids de son
utilité ; bientôt le sentiment intérieur commençant à
poindre, le lui imposerait comme une loi de la conscience. *J.-J. Rousseau.*

... Martyr glorieux d'un point d'honneur nouveau.　　*Point.*
　　　　　　　　　　　　　Boileau.

Zacharie vint me chercher à la pointe du jour.　　*Pointe.*
　　　　　　　　Châteaubriand.

La justice et la vérité sont deux pointes si subtiles ,　　——
que vos instrumens sont trop émoussés pour y toucher
exactement. *Pascal.*

La vanité même y mêlait sa pointe. *J.-J. Rousseau.*　　——

L'esprit féroce pousse un cri , comme un coupable　　——
frappé du glaive des bourreaux , comme un assassin
percé de la pointe des remords. *Chateaubriand.*

Tant que le sentiment ne pointe que sur une situa-　　*Pointer.*
tion , son existence est une , parce qu'il ne fait qu'un
avec elle. *Rivarol.* (*Nature du langage en général.*)

Pointilleux. Les cœurs bien occupés ne sont guère pointilleux.
J.-J. Rousseau.

—— Il (le Huron) méprise la vaine étude
D'un philosophe pointilleux,
Qui, nageant dans l'incertitude,
Vante son savoir merveilleux. *J.-B. Rousseau.*

Poivre. Catulle en grâce et naïves beautés,
Avant Marot mérita la couronne ;
Et suis marri que le poivre assaisonne
Un peu trop fort ses petits madrigaux.
Le même.

Polir. Quel fruit revient aux plus rares esprits,
De tant de soins à polir leurs écrits ? *Le même.*

—— Un vers coûte à polir, et le travail nous pèse. *Gilbert.*

Pompe. Il n'y a rien qui cause plus vite du dégoût que la vaine pompe du langage. *Anonyme.*

Pomper. Cet amant léger des fleurs (l'oiseau-mouche) vit à leur dépens sans les flétrir ; il ne fait que pomper leur miel, et c'est à cet usage que sa langue paraît uniquement destinée. *Buffon.*

Pondération. La table est le grand ressort de l'aristocratie des riches ; c'est par son moyen qu'une opinion, de qui dépend quelquefois la ruine d'un état, prend de la pondération.
Bernardin de St.-Pierre.

Port. Après un long orage il faut trouver un port ;
Et je n'en vois que deux, le repos ou la mort. *Corneille.*

—— La tombe est un port favorable. *Lebrun.*

Portes. Jésus-Christ nous ouvre les portes de l'immortalité que le péché nous avait fermées ; et le sein même de son tombeau enfante tous les hommes à la vie éternelle.
Massillon.

La porte des grandeurs est ouverte pour toi. *Voltaire.*   *Porte.*

Demain, aussitôt que Dicé, Irène et Eunomie,   ——
aimables heures, auront ouvert les portes du jour, nous
monterons sur un char. *Chateaubriand.*

Le linge dont on couvre l'enfant, l'air qui l'environne,   ——
le chaud, le froid, le bruit, la lumière qui se pressent
à la porte du sentiment, ne lui donnent pas le temps de
revenir à lui et de se sentir simple. *Rivarol.*

Un matin que l'Aurore, au teint frais et riant,   ——
A peine avait ouvert les portes d'orient,
La jeunesse voisine autour du bois s'assemble. *La Fontaine.*

La poudre que tu dis, n'est que de la commune ;   ——
On n'en fait plus usage ; mais, Cliton, j'en sais une
Qui rappelle si tôt des portes du trépas,
Qu'en moins d'une heure ou deux, on ne s'en souvient pas.
    (*Paroles du Menteur.*)   *Corneille.*

Tout, ainsi que les pensées, sont les portraits des   *Portrait.*
choses ; de même nos paroles sont les portraits de nos
pensées. *Molière.*

Toutes les grâces sont venues reprendre leurs postes.   *Poste.*
    J.-J. *Rousseau.*

Est-il une constance à l'épreuve du foudre,   *Poudre.*
Dont ce nouvel arrêt met notre espoir en poudre ? *Corneille.*

...... Quel nouveau coup de foudre   ——
Tombe sur mon bonheur et le réduit en poudre ! *Le même.*

Il (César) éprouva toujours pleine faveur de Mars ;   *Poupe.*
Sa flotte, qu'à l'envi favorisait Neptune,
Avait le vent en poupe ainsi que sa fortune. *Le même.*

L'argent qu'on possède est l'instrument de la liberté ;   *Pourchasser*
celui qu'on pourchassse est l'instrument de la servitude.

    J.-J. *Rousseau.*   *Pourpre.*

La lumière qui éclaire les retraites fortunées, se

compose des roses du matin , de la flamme du midi et de la pourpre du soir. *Chateaubriand.*

Pourpre. De ses pieds nus , colorés du vermillon des roses, et qu'un léger brouillard environne , l'automne foule la pourpre et l'or des raisins. *G.*

——— Jules Mazarin avait fait prendre un cours si heureux aux conseils du cardinal de Richelieu , que ce ministre se crut obligé de l'élever à la pourpre. *Bossuet.*

Pourrir. Un éloge ennuyeux, un froid panégyrique ,
Peut pourrir à son aise au fond d'une boutique. *Boileau.*

Pousser. Le mystère fut poussé au point que j'en fus alarmé.
J.-J. Rousseau.

Poussière. La sédition confond les rangs ; elle élève la poussière des États ; elle rompt cette chaîne politique qui descend du prince jusqu'au dernier de ses sujets. *Lebeau.*

Pouvoir. Une suite d'idées qu'on n'exprime point, occupe l'âme et lui procure de nouvelles jouissances. L'imagination se transporte aux Champs-Élysées ; elle voit, dans ses rêves, ces sources sacrées, ces bosquets, ces vallons délicieux où règne le bonheur ; le pouvoir intellectuel (l'entendement), du haut de son trône auguste, prête une oreille curieuse et sourit. *Akenside.*

Prêcher. Les dissolutions des grands ne meurent point ; leurs exemples prêcheront encore le vice ou la vertu à nos plus reculés neveux. *Massillon.*

Précipiter. Tite, fils et successeur de Vespasien, donna au monde une courte joie ; et ses jours , qu'il croyait perdus quand ils n'étaient pas marqués de quelques bienfaits, se précipitèrent trop vite.

... De nos tyrans la ligue protectrice ,
D'une gloire précoce enfle un rimeur novice. *Gilbert.*

            Précoce.

O fleurs, qui tant de fois avez servi l'amour !
Votre sein virginal le ressent à son tour ;
Oui, vous n'ignorez pas les humaines délices :
Vainement la pudeur , au fond de vos calices,
Cacha de vos plaisirs le charme clandestin ;
Les zéphirs, précurseurs du soir et du matin,
Les zéphirs les ont vus, et leur voix fortunée
Raconte aux verts bosquets votre aimable hymenée.
         De Fontanes.

            Précurseur.

Dans l'enfance le sentiment , riche d'idées et plein d'espérances, a toute sa carrière devant lui , et rien ou peu de chose en arrière , puisqu'il sort du néant et pré- lude à la vie. *Rivarol.*

            Préluder.

Je dirais volontiers aux Samniens : votre folie est pré- maturée. *Labruyère.*

            Prématuré.

Il vous faut les prémices d'une âme, et la mienne ne serait pas digne de vous. J.-J. *Rousseau.*

            Prémices.

Il me semble déjà que ces murs, que ces voûtes
Vont prendre la parole , et prêts à m'accuser,
Attendent mon époux pour le désabuser. *Racine.*
  (*Paroles de Phèdre.*)

            Prendre.

J'entre avec une secrète horreur dans ce vaste désert du monde. Ce chaos ne m'offre qu'une solitude affreuse où règne un morne silence. Mon âme à la presse cherche à s'y répandre, et se trouve partout resserrée.

            Presse.

Les pensées de Tacite se pressent et entrent en foule dans l'imagination ; mais elles la remplissent sans la fatiguer jamais. *Thomas.*

            Presser.

C'était une nécessité d'avoir des agens pour recueillir les différens tributs ; et le malheur voulut qu'on les allât chercher en Italie , où l'art de pressurer les peuples avait déjà fait des progrès immenses. *Raynal.*

            Pressurer.

Prêter.

Le bonheur sur la terre ! en quel temps ? en quels lieux ?
La fortune le prête et toujours l'empoisonne. *Colardeau.*

———

Je prête mes oreilles et mes yeux à tout ce qui les frappe. *J.-J. Rousseau.*

Printemps.

Ma pensée est à son printemps,
Sa fleur ne peut m'être ravie. *Lebrun.*

Prison.

Le coup est sans danger ; cependant les esprits,
En foule avec le sang de leurs prisons sortis,
Laissent faire à Palmire un effort inutile. *La Fontaine.*

———

... Toi, dont le courroux veut engloutir la terre,
Mer terrible en ton lit, quelle main te resserre ?
Pour forcer ta prison tu fais de vains efforts,
La rage de tes flots expire sur tes bords. *L. Racine.*

———

Les insectes sans vie, les reptiles, les végétaux sans verdure et sans accroissement, tous les habitans de l'air, détruits ou rélegués, ceux des eaux, renfermés dans des prisons de glace, et la plupart des animaux terrestres confinés dans les cavernes, les antres et les terriers, tout nous présente (pendant l'hiver) les images de la langueur et de la dépopulation. *Buffon.*

Prodiguer.

Il (Néron) excelle à conduire un char dans la carrière ;
A disputer des prix indignes de ses mains ,
A se donner lui-même en spectacle aux Romains ,
A venir prodiguer sa voix sur un théâtre. *Racine.*

Profil.

Des bosquets de cocotiers, au centre desquels on entrevoyait des habitations, s'élevaient sur les croupes et les profils d'une île aérienne.

Bernardin de Saint-Pierre.

Profondeur.

Je sentis que mes idées prenaient de la profondeur et de la réalité. *Buffon.*

Profusion.

Dans les écrivains de la plus haute antiquité et dans le langage des peuples sauvages, il y a une grande profusion d'hyperboles. *Anonyme.*

Ce n'est pas la peine de remarquer la profusion d'anachronismes qui règne dans les romans (les ouvrages de l'historien Josephe), la foule des contradictions et des énormes bévues dans lesquelles l'auteur juif tombe à chaque pas. *Voltaire.*

Pour contenter une seule passion (l'ambition), il faut s'exposer à devenir la proie de toutes les passions, car y en a-t-il une seule en nous que l'ambition ne suscite contre nous ? *Bourdaloue.*

La loi n'est rien, si ce n'est pas un glaive qui se promène indistinctement sur toutes les têtes, et qui abat ce qui se promène au-dessus du plan horizontal sur lequel il se meut. *Raynal.*

> De fleurs en fleurs, de plaisirs en plaisirs,
> Promenons nos désirs. *Racine.*

> Je promène toujours mes douces rêveries
> Loin des chemins frayés. *J.-B. Rousseau.*

Elle promena quelques temps ses regards sur ces guerriers. *Chateaubriand.*

Les mots d'obéir et de commander seront proscrits du dictionnaire de l'enfant. *J.-J. Rousseau.*

> ... Malgré ses soupçons, le cruel Amurat,
> Avant qu'un fils naissant eût rassuré l'état,
> N'osait sacrifier son frère à sa vengeance,
> Ni du sang ottoman proscrire l'espérance. *Racine.*

Que de biens vos seuls exemples peuvent faire parmi les peuples ! les plaisirs publics décriés, dès que vous ne les autorisez plus par votre présence ; les modes indécentes proscrites, dès que vous les négligez ; les usages dangereux surannés, dès que vous les abandonnez. *Massillon.* (*Sur les vices et les vertus des grands*).

Prostituer. Je suis blessé toutes les fois que l'homme profane le saint nom de Dieu, et qu'il prostitue l'idée du premier Etre, en le substituant à celle du fantôme de ses opinions. *Buffon.*

Les savans, accoutumés à réfléchir, ont trop de dignité pour avilir leur état, prostituer leurs talens, et soutenir, par leur exemple, des mœurs qu'ils devraient corriger. *J.-J. Rousseau.*

———

J'obtins des regards caressans,
Des promesses, selon l'usage ;
J'en eusse obtenu davantage
En prostituant mon encens. *Colardeau.*

Prostitué. Le serment paraît tellement avili et prostitué par la fréquence, que les faux témoins sont aussi communs que les voleurs. *Raynal.*

———

Non, non, il n'est point d'âme un peu bien située,
Qui veuille d'une estime ainsi prostituée ;
Et la plus glorieuse a des régals peu chers,
Dès qu'on voit qu'on nous mêle avec tout l'univers.
(*Paroles du Misanthrope.*)   *Molière.*

Puiser. Va puiser, dans le sein de Dieu même,
L'amour de l'ordre et du bien général. *Thomas.*

Puissance. Il s'est trouvé partout des hommes qui ont su commander aux autres par la puissance de la parole.
         Buffon.

Purger. Le premier devoir, quand on traite des matières importantes au bonheur des hommes, ce doit être de purger son âme de toute crainte, de toute espérance.
         Raynal.

———

..... Un tyran est digne de périr,
Et le courroux du ciel, pour en purger la terre,
Nous doit un parricide au défaut du tonnerre. *Corneille.*

R.

La bassesse de ma fortune, dont il plaît au ciel de *Rabattre.* rabattre l'ambition de mon amour, me condamne à un éternel silence. *Molière.*

On ne serait pas fâché, pour rabattre un peu l'orgueil philosophique, de mettre la vertu si haut, que le sage même n'y pût atteindre. *J.-J. Rousseau.*

Je sais bon gré à l'Allemand (Copernic) d'avoir rabattu la vanité des hommes qui s'étaient mis à la plus belle place de l'univers. *Fontenelle.*

Des vers trop raboteux polir l'expression. *Boileau.* *Raboteux.*

... Pour mes parens je nomme mes exploits; *Racc.*
Ma valeur est ma race, et mon bras est mon père.
Corneille.

Il est dans la vie des momens d'attendrissement qui *Racheter.* rachètent des années de peines. *Barthélemy.*

O ciel ! dans tous les yeux quelle joie était peinte ,
A la vue de ce roi racheté du tombeau ! *Racine.*

Tout ce qui se rassemble ici intéresse le cœur par quelque endroit avantageux, et rachète quelques ridicules par mille vertus. *J.-J. Rousseau.*

Les mêmes disproportions qui régnaient au-dehors de l'édifice, se faisaient remarquer au-dedans ; mais ces défauts étaient rachetés par le style hardi des voûtes et l'effet religieux de leurs ombres. *Chateaubriand.*

Ce n'est que pour punir l'usage injuste que vous faites *Racine.* de l'abondance, que Dieu frappe quelquefois de stérilité les campagnes, renverse vos fortunes, éteint vos familles, fait sécher la racine de votre prospérité, et vous rend les exemples éclatans de l'inconstance des choses humaines, et les mouvemens anticipés de sa colère contre les cœurs ingrats et insensibles aux soins paternels de sa providence. *Massillon*. (*Sur les vertus et les vices des grands*).

Racine. Repassez sur les siècles qui nous ont précédés, et vous verrez que le Seigneur a toujours soufflé sur les races orgueilleuses, et en a fait sécher la racine. *Le même.*

—— Le livre de Moïse, qui déshonore les Juifs en tant de façons, ils le conservent aux dépens de leur vie; c'est une sincérité qui n'a point d'exemples dans le monde, ni sa racine dans la nature. *Pascal.*

—— Des racines des monts qu'Annibal sut franchir,
Indolent Ferrarois, le Pô va t'enrichir ;
Impétueux enfant de cette longue chaîne,
Le Rhône suit vers nous le torrent qui l'entraîne ;
Et son frère, emporté par un contraire choix,
Sorti du même sein, va chercher d'autres lois. *L. Racine.*

—— Jamais un désir de vengeance ne prit racine au-dedans de moi. *J.-J. Rousseau.*

—— L'avarice, dit saint Paul, est la racine de tous les maux. *Bossuet.*

Râcler. Mes bourreaux de symphonistes, qui voulaient s'égayer, râclaient à percer le tympan d'un quinze-vingts.
J.-J. Rousseau.

Raconter. Je ne vois que des astres qui racontent la gloire du Tres-Haut. *Chateaubriand.*

Radicalement. Quelques années d'expérience n'avaient pu me guérir encore radicalement de mes visions romanesques.
J.-J. Rousseau.

On demande s'il est possible de ruiner radicalement un royaume dont la terre est fertile ; on répond que la chose n'est pas praticable. *Voltaire.*

Radicalement.

L'Eglise ne paraissait, à Celse et aux autres, qu'un ouvrage humain prêt à tomber de lui-même. On concluait qu'il ne fallait pas, en matière de religion, raffiner plus que nos ancêtres, ni entreprendre de changer le monde. *Bossuet.*

Raffiner.

Les nations d'Europe se raffinent tous les jours.
Montesquieu.

Dans le monde, dans ce séjour où l'intérêt est si vif, l'ambition si active, les plaisirs si variés, la mollesse si raffinée, sait-on qu'il y a des misérables sur la terre ?
L'abbé Poule.

Raffiné.

Qand les Lacédémoniens flattent les Athéniens, ils ne vont pas leur rafraischissant la mémoire des biens qu'ils leur ont faits, qui est toujours odieuse, mais la mémoire des bienfaicts qu'ils ont reçus d'eux.
Montaigne.

Rafraîchir.

Nous avons des prières, nous avons ce saint sacrifice, rafraîchissement de nos peines, expiation de nos ignorances et des restes de nos péchés. *Bossuet.*

Rafraîchissement.

Je le voyais semblable à un rocher qui, sur le sommet d'une montagne, se joue de la fureur des vents et laisse épuiser leur rage. *Fénélon.*

Rage.

... La rage des vents brise plutôt le faîte
Du palais de nos rois que les toits des bergers. *Racan.*

Olympe, qu'assiége un orage,
Dédaigne l'impuissante rage
Des aquilons tumultueux. *Lebrun.*

Rajeunir.

Le temps rajeunit encore
L'antique laurier des neuf sœurs. *Le même.*

———

Je rajeunis ma pensée
Par le charme du souvenir. *Le même.*

Rhabiller.

Combien crois-tu que j'en connaisse qui, par ce stratagême (l'hypocrisie), ont rhabillé adroitement les affaires de leur jeunesse, et, sous un dehors respecté, ont la permission d'être les plus méchans hommes du monde ? *Molière.*

Ralentir.

Cette idée agissait sourdement, et ralentissait quelquefois son zèle, *J.-J. Rousseau.*

Rallumer.

Demain, quand le soleil rallumera le jour,
Contente de périr, s'il faut que je périsse,
J'irai, pour mon pays, m'offrir en sacrifice. *Racine.*
(*Paroles d'Esther.*)

Ramasser.

Quand il ne faut être grand que pour certains momens, la nature ramasse toutes ses forces, et l'orgueil, pour un peu de temps, peut suppléer à la vertu. *Massillon.*

Ramassé.

La belle chose de faire entrer aux conversations du Louvre de vieilles équivoques, ramassées parmi les boues des halles et de la place Maubert! *Molière.*

———

Il est impossible d'envisager toutes les preuves de la religion chrétienne, ramassées ensemble, sans en ressentir la force, à laquelle nul homme raisonnable ne peut résister. *Pascal.*

Rameau.

Le peintre a oublié les rameaux de pourpre que font deux ou trois petites veines sous la peau, à peu près comme dans ces fleurs d'iris, que nous considérions un jour au jardin de Clarens. *J.-J. Rousseau.*
(*St.-Preux à Julie.*)

———

C'est un des grands maux de notre vie, qu'à mesure que nous approchons de la source de la vérité, elle s'enfuit devant nous, et que quand nous en saisissons

par hasard quelques rameaux , nous ne puissions y
rester constamment attachés. *Bernardin de St.-Pierre.*

  A la sorce d'Hippocrène,
  Homère ouvrant ses rameaux,
  S'élève comme un vieux chêne
  Entre de jeunes ormeaux. *J.-B. Rousseau.*

Rameau.

Une foule innombrable d'esprits animaux, dispersés
dans la machine , circule dans tous les membres, suit
les dernières ramifications des nerfs, va, vient, descend,
remonte , et porte partout la vie, l'activité et la sou-
plesse. *Thomas.*

Ramification

Le commerce de l'Angleterre s'est ramifié dans les
quatre parties du monde. *Rivarol.*

Ramifier.

Lorsque des idées tres-intellectuelles se ramifient
dans un ouvrage, plus elles sont fines, moins le sentiment a de prise sur elles. *Le même.*

Nos petits maîtres et les vôtres sont l'espèce la plus
ridicule qui rampe avec orgueil sur la surface de la
terre. *Voltaire.*

Ramper.

  La vertu rampe profanée
  Sous le char du vice insolent. *Lebrun.*

Quelles sont les actions héroïques qu'on ne dégrade ,
en y cherchant des motifs lâches et rampans ?
      Massillon.

Rampant.

Près du déluge se range le décroissement de la vie
humaine, le changement dans le vivre, et une nouvelle
nourriture, substituée aux fruits de la terre. *Bossuet.*

Ranger.

Je demande s'il n'est pas probable qu'il tombe de
temps en temps des comètes dans le soleil, puisque
celle de 1680 en a rasé, pour ainsi dire , la surface ?
      Buffon.

Raser.

Raser. Avant que la boussole eût agrandi les vaisseaux et les eût poussés en haute mer à plusieurs voiles, ils étaient réduits à raser les côtes à la rame. *Raynal.*

——— Les rayons du soleil levant rasaient les plaines.
J.-J. *Rousseau.*

———
Chiron parle, et courant sur ces rochers sauvages,
Où croît la ronce, où vit le reptile odieux,
Je m'élance au sommet d'un mont voisin des cieux,
Aussi rapidement que je rase une plaine:
(*Achile à Scyros.*)   *Luce de Lancival.*

———
.... Le volume effroyable
Lui rase le visage. *Boileau.*

——— L'aigle, avant de s'élever aux nues, rase long-temps la surface de la terre. *Gilbert.*

Rassasier. Les grandeurs de ce monde sont au-dessous des désirs du cœur de l'homme, il n'y a que Dieu qui puisse le rassasier. M_{me} *de Maintenon.*

——— Un grand voluptueux se rassasie de plaisirs, et la satiété fait elle-même son supplice, et les plaisirs enfantent eux-mêmes le ver qui le ronge et qui le dévore.
Massillon.

Rassasié. Dût-il mourir jeune, il ne mourra que rassasié de jours. J.-J. *Rousseau.*

——— Tous leurs désirs sont rassasiés. *Fénélon.*

Rassembler. Par quel art peux-tu rassembler dans un cœur tant de mouvemens incompatibles ? J.-J. *Rousseau.*

———
.... Voici l'heure, madame,
Qu'il vous faut rassembler les forces de votre âme. *Voltaire.*

Rasseoir. Mon seul soin devrait être de gagner du temps, pour raffermir mes sens et rasseoir mon imagination.
J.-J. *Rousseau.*

Quand on perd son esprit à philosopher, il va dans la lune, et on ne le rattrape pas quand on veut. *Rattraper.*

Fontenelle.

Les ravages de la jalousie ne sont suspendus que pour quelques jours. *Chateaubriand.* *Ravage.*

Les moralistes ont décrié les passions, parce qu'ils n'ont vu que leurs ravages. *J.-J. Rousseau.*

Combien n'en a-t-on pas vus qui, après avoir été à la dernière extrémité, n'avaient aucun souvenir de ce qui s'était passé, non plus que de ce qu'ils avaient senti? ils avaient réellement cessé d'être pour eux pendant ce temps, puisqu'ils sont obligés de rayer du nombre de leurs jours, tous ceux qu'ils ont passés dans cet état, duquel il ne leur reste aucune idée. *Buffon.* *Rayer.*

Les rayons de sa gloire éclairent tous les yeux. *Colardeau.* *Rayon.*

Toucher un édifice régulier avec le rayon de la pensée et la flamme des passions. *Rivarol.*

Un rayon de joie parut dans ses yeux. *Fénélon.*

Il était environné de rayons de gloire. *Le même.*

Quand Dieu a fait dans ses ennemis, aussi-bien que dans ses serviteurs, ces belles lumières d'esprit, ces rayons de son intelligence, ces images de sa bonté, ce n'est pas pour les rendre heureux qu'il leur a fait ces riches présens, c'est une décoration de l'univers, c'est un ornement du siècle présent. *Bossuet.*

Que se faisait-il dans l'âme du *Prince de Condé?* quelle nouvelle lumière lui apparaissait? quel soudain rayon perçait la nue et faisait évanouir en ce moment (où il allait mourir), avec toutes les ignorances des sens, les ténèbres même, si je l'ose dire, et les saintes obscurités de la foi ? *Le même.*

Rayon.   Les rois, non plus que le soleil, n'ont pas reçu en vain l'éclat qui les environne : il est nécessaire au genre humain, et ils doivent, pour le repos autant que pour la décoration de l'univers, soutenir une majesté qui n'est qu'un rayon de celle de Dieu. *Le même.*

Rayonner.   Si la sagesse du Créateur rayonne dans ses ouvrages, elle se mire dans l'homme. *Rivarol.*

Réaction.   Par une juste réaction de la Providence, l'esprit de corps a été aussi fatal aux patries, que l'esprit de patrie l'a été lui-même au genre humain.

Bernardin de St.-Pierre.

Rebattu.   Tu ne rougis pas d'épuiser des lieux communs cent fois rebattus. *J. J. Rousseau.*

Rebondir.   L'ennemi avait dirigé, à Dresde, la plupart de ses bombes sur l'église luthérienne de St.-Pierre, bâtie en rotonde, et si solidement voûtée, qu'un grand nombre de ces bombes frappèrent la coupole sans pouvoir l'endommager, et rebondirent sur les palais voisins, qu'elles embrasèrent et firent écrouler en partie.

Bernardin de Saint-Pierre.

Rebours.   Demandez à vos agréables s'il est possible d'étaler long-temps son caquet avec un esprit aussi rebours que celui-là? *J.-J. Rousseau.*

——   ... Je doute à présent si vous aimez Lucrèce,
Et vous vois si fertile en semblables détours,
Que, quoique vous disiez, je le prends au rebours. *Corneille.*

Rebrousser.   Contre tout espoir, la renaissance des lettres fit rebrousser la langue vers la barbarie. *Rivarol.*

——   Je trouve ces observations si fines et si justes, que j'ai rebroussé presque à l'extrémité de mon premier sentiment. *J.-J. Rousseau.*

L'arche, qui fit tomber tant de superbes tours, *Rebrousser.*
Et força le Jourdain de rebrousser son cours,
Des dieux des nations tant de fois triomphante,
Fuirait donc à l'aspect d'une femme insolente ! *Racine.*

Le carnage assouvi réchauffe le carnage. *Crébillon.* *Réchauffer.*

Ninias qui croissait, héros dès son enfance,
Réchauffait chaque jour le soin de ma vengeance. *Le même.*

Les crimes étaient sévèrement punis ; mais avec cette *Rechute.*
modération, qu'en pardonnant aisément les premières
fautes, on réprimait les rechutes par de rigoureux châ-
timens. *Bossuet.*

Il faut que je me tienne incessamment sous les yeux *Recoin.*
du public, qu'il me suive dans tous les égaremens de
mon cœur, dans tous les recoins de ma vie.

J.-J. Rousseau.

Il faisait un frais délicieux, qui nous récompensait *Récompenser*
d'une journée fort chaude que nous avions essuyée.

Fontenelle.

Les sophistes prétendent qu'il faut renverser la so- *Reconstruire.*
ciété, afin de la reconstruire sur un plan nouveau.

Chateaubriand.

Je pourrais aisément, sans génie et sans art, *Recousu.*
Dans mes vers recousus mettre en pièces Malherbe. *Boileau.*

Je crus voir la digne mère de votre amie dans son *Recueillit.*
lit expirante, et sa fille, à genoux devant elle, fondant
en larmes, baisant ses mains, et recueillant ses derniers
soupirs. J.-J. *Rousseau.*

Je lui vois reculer beaucoup le choix de son époux, *Reculer.*
et je veux éclaircir un peu cette petite affaire-là.

Molière.

Les grands événemens n'avaient point d'interprètes ;
Les débris étaient morts et les tombes muettes.

13

L'histoire luit. Soudain les temps ont reculé,
L'ombre a fui les tombeaux, des débris ont parlé.
Legouvé.

Reculer.

Cessez de reculer, pour me voir trop soumis,
L'effet du doux espoir que vous m'avez promis.
Th. Corneille.

Reculé.

La religion lamique est, de tous les cultes, le seul qui puisse se glorifier d'une antiquité très-reculée, sans mélange d'aucun autre dogme. *Raynal.*

Redresser.

Raisonnez avec un frénétique et contre un homme qu'une fièvre ardente fait extravaquer, vous ne faites que l'irriter et rendre le mal irrémédiable ; il faut aller à la cause, redresser le tempérament. *Bossuet.*

———

Dieu redresse, quand il lui plaît, le sens égaré, et celui qui insultait à l'aveuglement des autres tombe lui-même dans des ténèbres plus épaisses, sans qu'il faille souvent autre chose, pour lui renverser le sens, que ses longues prospérités. *Le même.*

———

Le jugement des connaisseurs pourra redresser le mien, si je m'abuse. *J.-J. Rousseau.*

Reflet.

L'Etre qui a placé ses dimensions dans l'epace, sa puissance dans la perfection, et sa liberté dans la nécessité, a voulu que l'homme se composât et jouît des reflets de son inaltérable et glorieuse existence.
Rivarol.

Refleurir.

... Tous les princes
Ne songeront désormais
Qu'à faire refleurir la paix
Et le calme dans leurs provinces. *Racine.*

Refluer.

Le commerce des Indes nous donne quelques nouveaux plaisirs, une existence plus agréable. Des attraits si puissans ont également agi sur les peuples qui ne pouvaient aller puiser ces délices à leur source, et sur les nations qui n'ont pu se les procurer que par le canal intermédiaire des États maritimes, dont la navigation faisait refluer, dans tout notre continent, la surabondance de ces voluptés. *Raynal.*

Dans l'antiquité beaucoup d'établissemens politiques et religieux ont reflué de l'Egypte dans la Grèce, et même directement dans les Gaules.   *Refluer.*
Bernardin de St.-Pierre.

... De nos passions le reflux orageux   *Reflux.*
Emporte loin de nous et nos cœurs et nos vœux. *Colardeau.*

.... Vous ne concevez pas
Tous ces soulèvemens, ces craintes, ces combats,
Ce reflux orageux du remords et du crime *Voltaire.*

... Vous me voyez en proie à cet orage,
Nageant dans le reflux des contrariétés,
Qui pousse et qui retient mes faibles volontés. *Le même.*

Un homme, livré à l'ambition, se laisse-t-il rebuter   *Refondre.*
par les difficultés qu'il trouve sur son chemin? il se refond, il se métamorphose, il force son naturel et l'assujettit à sa passion. *Bourdaloue.*

Il faut n'avoir jamais seulement ouvert les saints livres, pour ne pas voir qu'il est encore plus aisé de les refondre, que d'y insérer les choses que les incrédules sont si fâchés d'y trouver. *Bossuet.*

C'est en vain qu'on voudrait refondre les divers esprits sur un modèle commun. *J.-J. Rousseau.*

Il y a des Etats qui semblent changer la nature, et refondre, soit en mieux, soit en pis, les hommes qui les remplissent. *Le même.*

Rome armait son ambition d'une raison céleste, afin   *Réfréner.*
de la rendre victorieuse des puissances les plus redou-

tables , et d'en réfréner la férocité dans ses citoyens, en les exerçant à des vertus sublimes.

Bernardin de Saint-Pierre.

Refroidir. Les censeurs d'Euripide soutiennent que, tant de phrases de rhétorique, tant de maximes accumulées, de digressions savantes et de disputes oiseuses, refroidissent l'intérêt. *Barthélemy.*

——— Quelquefois, le dirai-je , un remords légitime,
Au fort de mon ardeur , vient refroidir ma rime. *Boileau.*

Réfugier. Après mon naufrage , je me réfugie dans votre charité, comme dans un port de miséricorde.

Chateaubriand.

Régaler. Tout le monde a couru en foule à la magnificence de la fête, dont l'amour du prince Iphicrate vient de régaler sur la mer la promenade des princesses.

Molière.

Regard. Il est vrai que je me sens moi-même, que je vois les corps, que je parcours l'espace et que je conçois le temps ; il n'est donc qu'un regard de l'esprit, ce grand et unique témoin de la création. *Rivarol.*

——— Les brouillards et les noirs orages s'engendrent de la tête menaçante de l'hiver ; ils siègent sur son front tristement baissé vers la terre, qu'il glace de ses sombres regards. *G.*

——— ... Qui jamais du ciel eut des regards plus doux !
Vous voyez l'univers prosterné devant vous. *Racine.*

——— .... Ses yeux lancent sur nous
Les regards de la haine et les traits du courroux. *Voltaire.*

——— Leur sort deviendra pareil
Au sort de ces oiseaux funèbres ,
Qui n'osent soutenir les regards du soleil. *J.-B. Rousseau.*

...... Qu'Ismaël en sa garde
Prenne tout le côté que l'orient regarde. *Racine.*

Les planètes n'étant point attachées à un même ciel et ayant des mouvemens inégaux, elles se regardent diversement et figurent diversement ensemble.

Fontenelle.

La folle vanité de la jeunesse , qui régimbe contre l'humiliation, ne me donnait que trop de penchant à une humeur colère. *J.-J. Rousseau.*

L'amitié, l'amour, la vertu, régnent-ils donc à Paris plus qu'ailleurs? non, sans doute ; mais il y règne encore ce sens exquis qui transporte le cœur à leur image. *Le même.*

Tes trésors regorgent d'or et d'argent ; mais nos maisons sont vides ; nos villes , nos campagnes sont le théâtre de la plus affreuse misère. *Lebeau.*

> On verra , sous le nom du plus juste des princes,
> Un perfide étranger désoler nos provinces ,
> Et dans ce palais même, en proie à son courroux,
> Le sang de vos sujets regorger jusqu'à vous. *Racine.*
> (*Esther à Assuérus*).

Nous nous latinizâmes tant , qu'il en regorgea jusques à nos villages tout autour. *Montaigne.*

> Ce n'est plus un honneur que de se voir loué ;
> D'éloges on regorge , à la tête on les jette. *Molière.*

Avec la force de l'âme , Constantin a ces beaux dehors si utiles aux princes , et qui rehaussent l'éclat des belles actions. *Chateaubriand.*

> Chaque jour , chaque instant, pour rehausser ma gloire,
> Met laurier sur laurier, victoire sur victoire. *Corneille.*

> La reine des cités a perdu sa splendeur ,
> Le silence est assis sous ses voûtes antiques. *St.-Victor.*

Regarder.

Regimber.

Régner.

Regorger.

Rehausser.

Reine.

Rejaillir. Dans la naïveté de sa joie, elle s'applaudissait de ces honneurs, parce qu'ils rejaillissaient sur son père.

Chateaubriand.

—— Pleurez ce sang, pleurez, ou plutôt, sans pâlir,
Considérez l'honneur qui doit en rejaillir. *Racine.*
(*Ulysse à Agamemnon.*)

Réjouir. Le rocher à pic, qui noircit les flots de son ombre, revêt des formes plus douces ; le désert se réjouit dans ses sombres solitudes. (*Traduit de Thompson.*)

—— Que les astres se réjouissent,
Que tous les dieux applaudissent
Au Dieu de l'univers ;
Devant lui les soleils pâlissent. *Voltaire.*

Relâchement L'empire romain s'énerva par le relâchement de la discipline, et, tout ensemble, il s'épuisa par tant de guerres intestines. *Bossuet.*

Relâcher. Annibal, enflé de ses grands succès, crut la prise de Rome trop aisée, et se relâcha. *Le même.*

—— Le gouvernement se relâche à mesure que les magistrats se multiplient. *J.-J. Rousseau.*

Relayer. Je n'étais attentif à mon travail que durant la journée ; le soir, je reprenais mes réflexions, et, relayant ainsi l'esprit et le corps l'un par l'autre, j'en tirais le meilleur parti qu'il m'était possible, sans jamais fatiguer aucun des deux. *Le même.*

Reléguer. Platon, Xénophon et Fénélon, en liant leurs fictions à des traditions historiques, et les reléguant dans des siècles reculés, leur ont donné assez de vraisemblance pour qu'un lecteur indulgent croie véritables des récits qu'il n'est plus à portée de vérifier.

Bernardin de Saint-Pierre.

Le style des panégyriques est plein de pompe et de *Reléguer.*
luxe ; il est rempli de réflexions et de tableaux souvent
étrangers à l'objet principal. D'ailleurs, son ton em-
poulé est si peu convenable au langage simple de la
vérité et de la vertu, que lorsqu'un écrivain veut y
introduire des traits de caractère, afin qu'on sache au
moins de qui il veut parler, il est obligé de les reléguer
dans des notes, de peur de déranger son ordre acadé-
mique. *Bernardin de St.-Pierre.*

Almona releva sa beauté par l'ajustement le plus *Relever.*
riche et le plus galant, et alla demander une audience
secrète au chef des prêtres des étoiles. *Voltaire.*

Aujourd'hui l'impiété est un mérite qui donne accès
auprès des grands, qui relève la bassesse du nom et de
la naissance. *Massillon.*

Son père a la cruauté de relever cette étourderie.
J.-J. Rousseau.

L'industrie tombe et se relève chez les peuples par
mille révolutions. *Voltaire.*

Quelque sentiment qu'on ait de Jésus-Christ, on ne *Relevé.*
peut pas disconvenir qu'il n'eût un esprit très-grand et
très-relevé. *Pascal.*

La puissance du langage est telle qu'on ne peut l'en- *Relief.*
visager sans un sentiment profond d'admiration : quel
instrument souple et flexible, qui, habilement manié,
revêt successivement toutes les formes ? il ne transmet
pas seulement nos pensées, il les peint, il s'empare
d'une idée abstraite, et lui donne du relief ou de la
couleur. (*Anonyme.*)

L'air de dignité qui donne du relief aux plus grandes

vertus , ou qui sert du moins à les faire respecter , la décence qui les décore , régnaient dans les actions de M. Pothelin. *Crébillon.*

Relief. La modestie donne au mérite de la force et du relief.
Labruyère.

Remède. On appelait les bibliothèques de l'Egypte , le trésor des remèdes de l'âme ; elle s'y guérissait de l'ignorance, la plus dangereuse de ses maladies et la source de toutes les autres. *Bossuet.*

Remise. Vos résolutions usent trop de remise ;
Prenez la vôtre, enfin, puisque la mienne est prise.
Corneille.

Remonter. La philosophie de Julien semblait moins un sentiment qu'un système ; elle était plus ardente que soutenue, elle tenait à ses lectures et avait besoin d'être remontée.
Thomas.

—— Jaloux d'étendre et de multiplier ses idées, l'homme de lettres remonte dans les siècles et s'avance au travers des monumens épars de l'antiquité, pour y recueillir , sur des traces souvent presque effacées, l'âme et la pensée des grands hommes de tous les âges.
La Harpe.

—— La cause et les effets de la plus incroyable révolution qui soit jamais arrivée dans les finances du royaume, seront mieux saisis par ceux qui remonteront avec nous aux époques les plus reculées de la monarchie.
Raynal.

—— Il fallait un homme (Descartes) qui remontât l'espèce humaine, qui ajoutât de nouveaux ressorts à l'entendement, qui se saisît du don de penser. *Thomas.*

—— La vie de trois ou quatre hommes remontait jusqu'à

Noé, qui avait vu les enfans d'Adam, et touchait à l'origine des choses. *Bossuet.*

    Remonter.

   ... Combien de fois je l'aurais éclaircie (Roxane),
   Si je n'eusse à sa haine exposé que ma vie ;
   Si je n'eusse pas craint que ses soupçons jaloux
   N'eussent trop aisément remonté jusqu'à vous ? *Racine.*
    (*Bajazet à Antalide*).

   Jamais le temps ne remonte à sa source. *La Fontaine.*

Un prince qui craint Dieu et qui gouverne sagement   *Rempart.*
les peuples, n'a plus rien à craindre des hommes. Sa
modération sera le plus sûr rempart de son empire ;
les cœurs de ses sujets entoureront son trône et brille-
ront autour à la place des glaives qui le défendent.
                 Massillon.

L'amour de la justice était né avec ce grave magistrat
(Le Tellier), et croissait avec lui dès l'enfance. C'est
aussi de son heureuse naissance que sa modestie se fit
un rempart contre les louanges qu'on donnait à son intégrité. *Bossuet.*

   Olympe, c'est assez ; qu'à mon dernier ouvrage
   Votre nom serve un jour de rempart et d'abri. *La Fontaine.*

Il faut remplir son sort. *J.-J. Rousseau.*   *Remplir.*

Eschyle reçut des mains de Phrynicus, disciple de   *Remuer.*
Thespis, la tragédie dans l'enfance, enveloppée d'un
vêtement grossier, le visage couvert de fausses couleurs, ou d'un masque sans caractère, n'ayant ni grâces
ni dignité dans ses mouvemens, inspirant le désir de
l'intérêt qu'elle remuait à peine, éprise encore des
farces et des facéties qui avaient amusé ses premières
années, s'exprimant quelquefois avec élégance et dignité, souvent dans un style faible, rampant, et souillé
d'obscénités grossières. *Barthélemy.*

Rênes.   Valois régnait encore , et ses mains incertaines ,
De l'Etat ébranlé laissaient flotter les rênes. *Voltaire.*

Renfermé.   .... Le père des Juifs, sur son fils innocent,
Leva, sans murmurer, un bras obéissant,
Et mit sur un bûcher le fruit de sa vieillesse,
Laissant à Dieu le soin d'accomplir sa promesse,
En lui sacrifiant, avec ce fils aimé ,
Tout l'espoir de sa race en lui seul renfermé ! *Racine.*

Renouer.   La partie est rompue et les dieux la renouent. *Corneille.*

——— Il m'arrive quelquefois de rompre une partie de plaisir , par la raison qu'elle m'en fait trop en la renouant ; j'en jouis deux fois. *J.-J. Rousseau.*

Rentrer.   Je voulais , par l'hymen d'Ithys et de ma fille ,
Voir rentrer quelque jour le sceptre en ma famille.
            Crébillon.

Repaître.   Cesse d'être le jouet d'un vain espoir, et de te repaître de chimères. *J.-J. Rousseau.*

——— Tu ne te repais point d'encens à si bas prix. *Boileau.*

——— ... Si cette paix, dont vous vous repaissez,
Couvrait contre vos jours quelques piéges dressés. *Racine.*

——— Viens voir mourir ta sœur dans les bras de ton père.
Viens repaître tes yeux d'un spectacle si doux. *Corneille.*

Repli.   Sans tes clartés sacrées,
Qui peut connaître , Seigneur ,
Les faiblesses égarées
Dans les replis de son cœur ? *J.-B. Rousseau.*

Replier.   Si l'esprit humain ne voit l'infini dans ses vues, il se replie sur lui-même, et il se détruit par ses propres forces. *Bernardin de Saint-Pierre.*

Replonger.   Le sommeil eut encore une fois pitié d'elle, il la replongea dans les charmes de ses pavots.
            La Fontaine.

Le prêtre, destiné pour les secrets mystères,
Se traîne prosterné près d'un antre profond,
Ouvre.... avec mille cris le gouffre lui répond. *Crébillon.* *Répondre.*

Qu'il n'y ait rien de dur et de brusque à la conclusion *Repos.*
de la période sur laquelle l'esprit s'arrête et se délasse ;
c'est le repos de la parole. L'auditeur attend cette
chute. C'est là qu'éclatent les applaudissemens.

(*Traduit de Quintilien.*)

Epée de l'Eternel, jusqu'à quand seras-tu en mouve- *Reposer.*
ment? rentre dans ton fourreau, repose-toi et cesse de
frapper. Mais comment te reposerais-tu ? l'Eternel t'a
donné ses ordres ; il a marqué le temps où tu dois agir
contre Ascalon. (*Traduit de Jérémie.*)

Le jour de la manifestation révélera les actions des
hommes du commun aux yeux de l'univers ; mais en
attendant, leurs œuvres sont ensevelies et reposent sous
l'obscurité du même tombeau que leurs cendres.

Massillon.

C'est dans la solitude que toutes les heures laissent *Représenter.*
une trace , que tous les instans sont représentés par
une pensée, que le temps est au sage et le sage, à lui-
même. *Thomas.*

La vie des princes et des grands se reproduit , pour *Reproduire.*
ainsi dire, dans le public. *Massillon.*

J'ai répudié mon patrimoine , et je vis. *Répudier.*
J.-J. *Rousseau.*

La verdure a pris, durant la nuit, une vigueur nou- *Réseau.*
velle; le jour naissant qui l'éclaire , les premiers rayons
qui la dorent, la montrent couverte d'un brillant réseau
de rosée, qui réfléchit à l'œil la lumière et les couleurs.

Le même.

Résider. C'est dans les climats où le froid exerce un long empire, où réside l'hiver, accompagné de glaces perpétuelles, que la découverte du feu a été une faveur du ciel, un bienfait pour l'humanité. *Bailly.*

Respecter. La tristesse et l'infortune respectent le sommeil, et laissent du relâche à l'âme ; il n'y a que les remords qui n'en laissent point. **J.-J.** *Rousseau.*

Respirer. Ce charmant ouvrage (le poëme d'Abel) respire une simplicité délicieuse, dont on ne peut trop se nourrir pour converser avec les enfans. *Le même.*

Resserrer. Plus l'Etat s'agrandit, plus le gouvernement doit se resserrer. *Le même.*

—— Otez la gloire de dessus la terre, tout change ; le passé n'est rien, le présent se resserre, l'avenir disparaît, l'instant qui s'écoule périt éternellement.

Thomas.

—— Il semblait que les Romains voulaient eux-mêmes modérer leur humeur guerrière, en la resserrant dans les bornes que l'équité prescrivait. *Bossuet.*

—— O homme ! resserre ton existence au-dedans de toi, et tu ne seras plus misérable. **J.-J.** *Rousseau.*

—— Il semble partout que la pensée de Tacite se resserre pour occuper moins d'espace. On ne la prévient jamais, on ne fait que la suivre ; souvent elle ne se déploie pas toute entière, et elle ne se montre, pour ainsi dire, qu'en se cachant. *Thomas.*

Ressort. Dans les convulsions du corps politique, les ressorts se relâchèrent. *Raynal.*

—— Armés d'un pouvoir qui n'est point à eux, ils en

forcent tous les ressorts et précipitent la servitude publique. *Thomas.*

> Juste ciel.........   *Ressort.*
> Tu romps tous les ressorts de ma vaine prudence.
> > *Racine.*

Le commencement de la navigation ressuscita le *Ressusciter.* commerce. *Raynal.*

> Le discours d'un guerrier, que la colère enflamme,
> Ressuscite l'honneur déjà mort en leur âme. *Boileau.*

Que les âmes honnêtes se pénètrent de cet esprit *Restituer.* d'humanité qui est dans la nature, et qu'il serait temps de restituer à la société, d'où nos préjugés l'ont banni.
> *Barthélemy.*

La loi peut restreindre le droit, mais elle ne saurait *Restreindre.* l'étendre. J.-J. *Rousseau.*

On ne voit pas Fénélon recommencer à penser de *Retomber.* ligne en ligne ; traîner péniblement des phrases, tantôt précises, tantôt diffuses, et ne se relever que pour retomber; son élocution pleine et harmonieuse, enrichie des métaphores les mieux suivies, des allégories les plus sublimes, des images les plus pittoresques, ne présente au lecteur que clarté, facilité, élégance et rapidité. *Maury.*

Les plus grandes prospérités ont toujours des retours *Retour.* à craindre. *Massillon.*

Il se plaisait à me les voir conduire jusqu'au dernier *Retranche-* retranchement de l'obéissance. *Montesquieu.* *ment.*

Rien ne rétrécit plus l'esprit, rien n'engendre plus *Rétrécir.* de riens, de rapports, de paquets, de tracasseries, de mensonges, que d'être éternellement renfermés les uns vis-à-vis des autres dans une chambre, réduits pour tout ouvrage à babiller continuellement.

J.-J. *Rousseau.*

Rétrécir. L'or, semblable au soleil qui fond la cire et durcit la boue, développe les grandes âmes et rétrécit les mauvais cœurs. *Rivarol.*

Rétrograder. Mon imagination qui, dans ma jeunesse, allait toujours en avant et maintenant rétrograde, compense, par ces doux souvenirs, l'espoir que j'ai pour jamais perdu. J.-J. *Rousseau.*

——— On pense généralement que, depuis 1769, la population de la Suède ne s'est pas accrue, qu'elle a même rétrogradé. *Raynal.*

Rétrogressif. Nos passions ne sont point rétrogressives; elles n'ont que nous-mêmes pour centre unique.

Bernardin de S.-Pierre.

Réveil. Tout l'Orient se pare des plus riches couleurs; la nature annonce son réveil à la terre par la voix de tous les animaux ; un vent paisible frémit doucement entre les feuilles des arbres. *Bernis.*

Réveiller. On verra l'esprit humain frappé d'une lumière nouvelle, se réveiller, s'agiter, et marcher sur les pas de Descartes. *Thomas.*

Revencher. Les sens abusent la raison par de fausses apparences, et cette même piperie qu'ils lui apportent, ils la reçoivent d'elle à leur tour ; elle s'en revenche. *Pascal.*

Revenir. Notre bourse est à fond, et par un sort nouveau,
Notre amour recommence à revenir sur l'eau. *Regnard.*

Revers. Si, comme la vérité, le mensonge n'avait qu'un visage, nous serions en meilleurs termes ; car nous prendrions pour certain l'opposé de ce que dirait le menteur ; mais le revers de la vérite a cent mille figures, et un champ indéfiny. *Montaigne.*

Un éternel printemps, tel que celui qui règne dans les champs fortunés de l'Elysée, revêt son beau corps d'une aimable jeunesse, et brille avec douceur sur la fine structure de ses membres. (L'Apollon du Belvédère.) *Winkelman.*   *Revêtir.*

... La nuit se revêt des couleurs de l'aurore. *Gilbert.*

Envain d'un lâche orgueil leur esprit revêtu ;
Se couvre du manteau d'une austère vertu. *Boileau.*   *Revêtu.*

Mourons, braves amis, pourvu que César meure,
Et que la liberté qu'oppriment ses forfaits,
Renaisse de sa cendre et revive à jamais. *Voltaire.*   *Revivre.*
    (*Paroles de Cassius.*)

...Je verrai mon âme, en secret déchirée,
Revoler vers le bien dont elle est séparée. *Racine.*   *Revoler.*

Le lit profond des torrens était bordé d'un nombre effrayant d'animaux doux, cruels, timides, féroces, qui avaient été submergés et revomis par les eaux.   *Revomir.*
    Marmontel.

Je commençai à faire la revue de toutes mes opinions.   *Revue.*
    Thomas.

Scipion, beau-père de Pompéius, rhabilla, en bien mourant, la mauvaise opinion qu'on avait eüe de sa jeunesse. *Montaigne.*   *Rhabiller.*

Le jour le plus riant devient sombre pour moi. *Gilbert.*   *Riant.*

Ayant une imagination assez riche pour orner de ses chimères tous les états, pour me transporter, pour   *Riche.*

ainsi dire , de l'un à l'autre , il m'importait peu dans lequel je fusse en effet. *J.-J. Rousseau.*

Riche.   L'histoire n'est que le temps armé de dates, riche d'événemens. *Rivarol.*

————   Racine est égal, soutenu, toujours le même partout, soit pour le dessein et la conduite de ses pièces , soit pour la versification , qui est correcte , riche dans ses rimes, élégante, nombreuse , harmonieuse.

Labruyère.

Richesse.   Il est impossible aux hommes, difficile à la nature elle-même de passer en richesse mon imagination.

J.-J. Rousseau.

Rideau.   La cavalerie des alliés déployait son rideau mobile.

Châteaubriand.

————   Sur les objets flatteurs, offerts par le sommeil,
La raison vient tirer le rideau du réveil. *Colardeau.*

Rider.   Le moindre vent qui , d'aventure,
Fait rider la face de l'eau,
Vous oblige à courber la tête.
(*Le chêne au roseau.*)   *La Fontaine.*

————   Il faut au moins, pour se mirer dans l'onde ,
Laisser calmer la tempête qui gronde ,
Et que l'orage et les vents en repos
Ne rident plus la surface des eaux. *Voltaire.*

————   … Par un pli léger ridant le sein de l'onde,
Un flot de loin blanchît, s'allonge, s'enfle et gronde ;
Soudain le mont liquide, élevé dans les airs,
Retombe ; un noir limon bouillonne sur les mers. *Delille.*

Riposter.   Si tôt que le prêtre me citait un père de l'Eglise, sans disputer sur la citation , je lui ripostais par un autre passage du même père , et qui souvent l'embarrassait beaucoup. *J.-J. Rousseau.*

La fortune enfin ne leur rit plus, elle se joue ailleurs,   *Rire.*
et traite leur postérité comme leurs ancêtres.

Labruyère.

Elle voit le barbier, qui, d'une main légère,   ———
Tient un verre de vin qui rit dans la fougère. *Boileau.*

Voulons-nous pénétrer dans ces abîmes de la méta-   *Rive.*
physique, qui n'ont ni fond ni rive ? *J.-J. Rousseau.*

Une reine viendra sur les pas de la paix,   ———
Comme on voit le soleil marcher après l'aurore ;
Des rives du couchant elle prendra son cours ;
   Et cet astre surpasse encore
Celui que l'Orient voit naître tous les jours. *Racine.*

On croirait faire insulte à la raison, si l'on disait un   *Rival.*
mot en faveur de ses rivales (les passions). *Diderot.*

La colline a repris sa robe de verdure ;   *Robe.*
J'y cherche le ruisseau dont j'entends le murmure.

Michaud.

Trothal s'avance avec le torrent de ses guerriers,   *Roc.*
mais ils rencontrent un roc ; car Fingal demeure immobile ; ils se brisent et retombent en roulant loin de lui.

(Traduit d'Ossian).

La langue française, à jamais dénuée de prosodie,   *Rocailleux.*
ne s'est dégagée qu'avec peine de ses articulations ro-
cailleuses. (*De l'universalité de la langue française.*)

Rivarol.

Le cœur de cet ami n'est pas équivoque ; il est de la   *Roche.*
bonne et vieille roche, et des meilleurs.

Mme. de Simiane.

... Parmi les feux, les laves, les tombeaux,   *Rôder.*
La famine apparaît, et traînant ses lambeaux,
Traverse les cités, rôde dans les villages. *Castel.*

14

Roi. Là s'avance, du côté de l'orient, le puissant roi du jour, répandant la joie sur la nature. *Thompson.*

——— Mais comment le soleil montrait-il la tête? Environnée d'un diadéme d'or et de pourpre, avec toute la magnificence et la pompe qu'un roi des astres peut étaler. *La Fontaine.*

——— ... Les préjugés sont les rois du vulgaire. *Voltaire.*

——— Le lis...
Lève sans crainte un front majestueux;
Paisible roi de l'empire de Flore,
D'un autre empire il est l'emblême heureux. *Parny.*

Roide. La condamnation que je fay de moy est plus vive et plus roide que n'est celle des juges qui ne prennent que par le visage de l'obligation commune. *Montaigne.*

Roidir. Pour roidir l'âme d'un enfant, il faut lui roidir les muscles. *J.-J. Rousseau.*

Rôle. Je ne vois personne qui ne songe à sa vie et à sa santé, tout ce qui se passe ici le marque assez ; il n'y a que vous qui sembliez avoir envie d'expédier promptement votre rôle. *Mad. de Sévigné.*

Rompre. Il fallait un homme (Descartes) qui eût assez d'éclat pour éblouir son siècle et rompre l'enchantement des siécles passés. *Thomas.*

Rompu. On était étonné de voir qu'avec beaucoup desprit, Zadig n'insultât jamais par des railleries, à ces propos si vagues, si rompus, si tumultueux, à ces médisances téméraires, à ces décisions ignorantes, à ces turlupinades grossières, à ce vain bruit de paroles, qu'on appelait conversation dans Babylone. *Voltaire.*

Quand tu verras de loin briller les flammes, quand tu entendras ronfler le canon , cours par toute la maison , en criant : voici les ennemis. *J.-J. Rousseau.*

Ronfler.

Un songe.... me devrais-je inquiéter d'un songe !
Entretient dans mon cœur un chagrin qui le ronge.
Racine.

Ronger.

Vieux radoteur, rongé de soucis et de peines, je me surprends quelquefois à pleurer comme un enfant.
J. J. Rousseau.

Rongé.

Au lieu de nous extasier sur des médailles romaines et grecques à demi-rongées par le temps , ne serait-il pas aussi agréable et plus utile de jeter nos vues sur nos enfans, frais, vifs et potelés?
Bernardin de Saint-Pierre.

Les roses de la santé reparurent sur le visage d'Ariane , et le bruit courut dans Naxos que Bacchus était venu au secours de l'amante de Thésée.
Le même.

Rose.

Nouveau parvenu, nouveau riche, j'aurai le cœur encore un peu roturier. *J.-J. Rousseau.*

Roturier.

La rouille de l'envie, l'artifice des intrigues, le poison de la calomnie, l'assassinat de la satire , si j'ose m'exprimer ainsi , déshonorent parmi les hommes une profession (celle de poète) qui a paru elle-même quelque chose de divin. *Voltaire.*

Rouille.

Cesse de t'étonner, si l'envie animée ,
Attachant à ton nom sa rouille envenimée ,
La calomnie en main quelquefois te poursuit.
(*Epître à Racine.*) *Boileau.*

Bientôt je commençai de rouler dans mon esprit des projets funestes. *J.-J. Rousseau.*

Rouler.

Rouler.   Il a régné, pendant quelque temps, une sorte de conversation fade et puérile, qui roulait toute sur des questions frivoles qui avaient relation au cœur.

La Bruyère.

Les exemples des princes et des grands roulent sur cette alternative inévitable ; ils ne sauraient ni se perdre, ni se sauver tous seuls. *Massillon.*

Il roule autour de lui ses regards éperdus. *Gilbert.*

Roulez en char brillant votre heureux déshonneur.

Le même.

Roulé.   L'àme s'étant engagée toute entière dans son corps et dans les choses sensibles, roulée et enveloppée parmi les objets qu'elle aime, et dont elle traîne continuellement l'idée avec elle, elle ne s'en peut plus démêler, elle ne sait plus ce qu'elle est ; elle dit : je suis une vapeur, je suis un souffle, un air délié, ou un feu subtil. *Bossuet.*

Route.   C'est-là que toute l'antiquité se trouve (dans le livre des *Hommes illustres* de Plutarque). Là, chaque homme paraît tour-à-tour avec son génie, et les talens, et les vertus qui ont influé sur le sort des peuples : naissance, éducation, mœurs, principes, ou qui tiennent au caractère, ou qui le combattent ; concours de plusieurs grands hommes qui se développent en se choquant ; grands hommes isolés, et qui semblent jetés hors des routes de la nature, dans des temps de faiblesse et de langueur ; lutte d'un grand caractère entre les mœurs avilies d'un peuple qui tombe ; développement rapide d'un peuple naissant à qui un homme de génie imprime sa force ; mouvement donné à des nations par des lois, par les conquêtes, par l'éloquence ; grandes vertus, toujours plus rares que les talens, les unes impétueuses

et fortes, les autres calmes et raisonnées ; desseins
tantôt conçus profondément et mûris par les années,
tantôt inspirés, conçus, exécutés presque à la fois, et
avec cette vigueur qui renverse tout, parce qu'elle ne
donne le temps de ne rien prévoir ; enfin des vies éclatantes, des morts illustres et presque toujours violentes. *Thomas*.

 ... Je place le ver, la nymphe, la chenille,   *Ruban*.
 Le ver rongeur des traits, et le ver assassin,
 En rubans animés vivant dans notre sein. *Delille*.

Tous les matins, une jeune déesse ouvre les portes   *Rubis*.
de l'orient, et répand la fraîcheur dans les airs, les
fleurs dans la campagne, et les rubis sur la route du
soleil. *Barthélemy*.

 ... On fricasse, on se rue en cuisine. *La Fontaine*.   *Ruer (se)*.

                     Rugir.
Là rugit l'esprit de la guerre ; là sourit le démon
de la volupté ; les hommes l'appellent Vénus, l'enfer
le connaît sous le nom d'Astarté. *Chateaubriand*.

 Quand la tempête éclate et rugit dans les airs,   —————
 Quand les vents font rouler, au milieu des éclairs,
 Le char retentissant qui porte le tonnerre,
 Tu parais, tu souris et consoles la terre.
 (*Hymne au soleil*.)   *Baour de Lormian*.

Dieu a fait voir, par expérience, que la ruine de   *Ruine*.
l'idolâtrie ne pouvait pas être l'ouvrage du seul raisonnement humain. *Bossuet*.

L'âme raisonnable, née riche par les biens que lui   —————
avaient donnés son auteur, et appauvrie volontairement pour s'être cherchée elle-même, réduite à ce
fonds étroit et stérile, tâche de tromper le chagrin
que lui cause son indigence, et de réparer ses ruines
en empruntant de tout côté de quoi se remplir.
         Le même.

Ruine. Fêtes sacrées, mariage fortuné, voile nuptial, béné-
diction, sacrifices, puis-je mêler aujourd'hui vos cé-
rémonies et vos pompes avec les pompes funèbres, et
le comble des grandeurs avec leurs ruines ?

Le même.

Les ruines d'une maison
Se peuvent réparer : que n'est cet avantage
Pour les ruines du visage ? *La Fontaine.*

Je vais avec Brutus, en ces murs désolés,
Rappeler la justice et nos dieux exilés,
Etouffer des méchans les fureurs intestines,
Et de la liberté réparer les ruines. *Voltaire.*

Ruiner. Descartes attaqua et ruina la philosophie d'Aristote ;
vous diriez que les sciences et l'éloquence sont préci-
sément hors des barrières de nos institutions gothiques.

Bernardin de Saint-Pierre.

Rien ne ruine davantage les bonnes résolutions que
de les produire. *Pascal.*

Je sentis qu'un homme aussi peu liant qu'Edouard,
n'était propre qu'à ruiner la négociation qu'il avait entreprise. J.-J. *Rousseau.*

Ruiné. Il est inouï qu'une entreprise de cette nature (la
conjuration du marquis de Bedmar) ait été découverte
en partie, sans être entièrement ruinée.

Saint-Réal.

Ruminer. Sans cesse occupé de mon court bonheur passé, je
le rappelle et le rumine. J.-J. *Rousseau.*

S.

La crainte de la mort saisit et saccage quelquefois *Saccager.* tellement le cœur des hommes, qu'ils en haient la vie et la lumière. *Montaigne.*

Quand il s'agit de l'intérêt sacré du maître, la chose *Sacré.* ne saurait demeurer secrète. *J. J. Rousseau.*

As-tu entretenu la mère touchant le bien qu'elle peut *Saigner.* donner à sa fille ? lui as-tu dit qu'il fallait qu'elle s'aidât un peu, qu'elle se saignât pour une occasion comme celle-ci ? *Molière.*

J'ai perdu, dans la fleur de leur jeune saison, *Saison.*
Six frères : quel espoir d'une illustre maison ! *Racine.*

Ce sage législateur (Moïse), qui ne fait, par tant de *Saluer.* merveilles, que conduire les enfans de Dieu dans le voisinage de leur terre, nous sert lui-même de preuve, que sa loi ne mène rien à la perfection, et que, sans nous pouvoir donner l'accomplissement des promesses, elle nous les fait saluer de loin, ou nous conduit tout au plus comme à la porte de notre héritage.
Bossuet.

Fouetter d'un vers sanglant ces grands hommes d'un jour. *Sanglant.*
Gilbert.

Le bonheur n'est que la santé de l'âme. *Santé.*
Barthélemy.

.... N'ayant pas un sou, *Saoul.*
Nous philosopherons maintenant tout le saoul. *Regnard.*

Ces jeunes sauvageons (les enfans) croîtront sous vos auspices, *Sauvageon.*
Hâtés par vos bienfaits, leurs fruits seront plus doux,
Et leur succès flatteur reviendra jusqu'à vous. *Delille.*

Sauve-garde — L'innocence de mes enfans est la sauve-garde de la mienne. *J.-J. Rousseau.*

Sauver. — ... Laissez-moi sauver ma vertu de vos pleurs ;
Je sens qu'elle chancèle et défend mal la place. *Corneille.*

Savourer. — Les dévots ont pour l'ordinaire une sensualité très-vive qui leur fait savourer, avec délices, les plaisirs innocens qui leur sont permis. *J. J. Rousseau.*

Scandale. — S'il n'y avait point de jugement dernier, voilà ce qu'on pourrait appeler le scandale de la Providence : la patience des pauvres outragée par la dureté et l'insensibilité des riches. *Bourdaloue.*

Scandaleux. — L'expression, *toucher de l'argent*, est moins scandaleuse que le mot *intérêt* et le mot *cher. Rivarol.*

Sceau. — O le puissant levier que le sentiment ! heureux l'écrivain qui sait, comme Juvénal, s'en servir au gré de son âme enflammée par la vertu ! tous les sujets lui seront égaux, parce qu'il saura les rajeunir ou les féconder, parce qu'il les enrichira du fruit de ses veilles et de ses profondes méditations, leur donnera, selon les occurrences, de nouveaux aspects, des relations nouvelles ; mais surtout parce qu'il y imprimera fortement le sceau durable de son caractère individuel.

Dusaulx.

Sceller. — Le salut de l'Etat nous a rendus parens ,
Scellons notre amitié du sang de nos tyrans. *Voltaire.*

Sceptre. — Le sceptre enchanteur de la fable ne fait que des miracles et ne produit que des métamorphoses.

Bailly.

———— Cicéron a une prééminence incontestable sur son rival (Démosthène) en littérature et en philosophie, mais il ne lui a point arraché le sceptre de l'éloquence. *Thomas.*

Fléchier était un orateur digne du sceptre de l'éloquence française, s'il avait dispensé ses richesses avec plus d'économie, s'il avait négligé certains ornemens, s'il n'avait pas énervé les matières les plus importantes par le soin affecté de mesurer les syllabes. *Crévier.* — *Sceptre.*

Recevez donc mon hymne, ô vous, fleurs du bocage !
Des belles à la fois la parure et l'image ;
Au milieu des cités et jusques dans les cours,
Vous brillez même auprès des plus riches atours ;
Que du feu le plus vif le diamant scintille,
Plus de charme se mêle à votre éclat tranquille ;
L'aiguille et le pinceau viennent vous consulter,
Le chef-d'œuvre de l'art est de vous imiter. *Lemière.* — *Scintiller.*

Je vois Descartes luttant près de dix ans contre lui-même pour secouer les opinions. *Thomas.* — *Secouer.*

La philosophie de Marc-Aurèle semblait née avec elle ; elle était devenue un sentiment, une passion, mais une passion d'autant plus forte qu'elle était calme, et n'avait pas besoin des secousses de l'enthousiasme.
Thomas. — *Secousse.*

Frère Martin réclame la prisonnière (Jeanne d'Arc) comme sentant l'hérésie. *Voltaire.* — *Sentir.*

Lorsque nous puisons trop profondément dans le plaisir, nous retirons toujours une partie du sédiment qui le rend impur et nuisible. (*Traduit d'Young.*) — *Sédiment.*

Bacchus, dieu des festins, père de l'enjoûment !...
La Gaule à ton nectar doit sa gaîté brillante,
Le charme des festins et le sel des bons mots,
L'art d'écarter les soins et d'oublier les maux. *St.-Lambert.* — *Sel.*

Les plus habiles médecins n'ont encore pu étouffer la semence de la mort. — *Semence.*

Semer. Démosthène veut-il soulever les Athéniens contre Philippe ? ce n'est plus un orateur qui parle, c'est un général, c'est un roi, c'est le prophète de l'histoire, c'est l'ange tutélaire de la patrie, et quand il veut semer autour de lui l'épouvante de l'esclavage, on croit entendre retentir au loin, de distance en distance, le bruit des chaînes qu'apporte le tyran. *Maury.*

Sépulcre. ... Il (Pompée) veut que l'Egypte, en miracles féconde,
Serve à la liberté de sépulcre ou d'appui,
Et relève sa chute ou trébuche avec lui. *Corneille.*

Serpenter. En vêtemens légers l'or s'est changé pour elle ;
Son front luit étoilé de mille diamans ;
Et mille autres encore, effrontés ornemens,
Serpentant sur son sein, pendent à ses oreilles.
Gilbert.

——— Les hommes en tout temps ont pensé qu'autrefois
De longs ruisseaux de lait serpentaient dans les bois.
Voltaire.

Serré. D'une humeur serrée et épargnante, l'ambitieux devient libéral, prodigue même ; tout est inondé de ses dons. *Bourdaloue.*

Sève Qu'importe qu'on arrachât à l'église quelques branches, la bonne sève ne se perdait pas pour cela, elle poussait par d'autres endroits, et le retranchement du bois superflu ne faisait que rendre les fruits meilleurs.
Bossuet.

Sevrer. Hautement d'un chacun elles (les vieilles coquettes) blâment la vie,
Non point par charité, mais par un trait d'envie
Qui ne saurait souffrir qu'une autre ait les plaisirs,
Dont le penchant de l'âge a sevré leurs désirs. *Molière.*

Je les aime encor mieux (les femmes hypocrites) qu'une
   bigote altière,   *Seuil.*
Qui dans son fol orgueil, aveugle et sans lumière,
A peine sur le seuil de la dévotion,
Pense atteindre au sommet de la perfection. *Boileau.*

Voyez Rome, Rome, le siége de la gloire et de la   *Siége.*
vertu , si jamais elles eu eurent sur la terre.

                J.-J. Rousseau.

Elle vient, et son front, siége de la candeur,   ———
Annonce en rougissant les vertus de son cœur. *Voltaire.*

Le dédain siége sur ses lèvres, l'indignation qu'il   *Siéger.*
(l'Apollon de Belvéder) éprouve , gonfle ses narines
et monte jusqu'à ses sourcils. *Winkelman.*

   . . . Sur son front siége le sombre ennui. *Gilbert.*   ———

Les taureaux, mal égorgés , mêlaient leurs mugis- *Sifflement.*
semens aux sifflemens de la tempête. *Chateaubriand.*

L'air emportait la voix et ne permettait d'ouïr que ———
le sifflement aigu des vergues et des cordages , et les
bruits rauques des flots, semblables aux hurlemens des
bêtes féroces. *Bernardin de S.-Pierre.*

  . . . . Les jeunes combattans   *Siffler.*
Tressaillans d'espérance , et d'effroi palpitans,
A leurs bouillans transports abandonnent leur âme ;
Ils pressent leurs coursiers; l'essieu siffle et s'enflamme.
                     Delille.

Tour-à-tour sifflées et bien reçues , les opinions ont *Sifflé.*
flotté dans les affaires sérieuses , comme dans les
beaux-arts et dans les sciences. *Voltaire.*

  . . . . La déesse guerrière ,   *Sillon.*
De son pied trace en l'air un sillon de lumière. *Boileau.*

                       Sillonner.
Des pleurs sans fin, n'ont point sillonné ses joues.
                J.-J. Rousseau.

Sillonner. Je fus frappé d'un mal étrange, des feux semblables à ceux des éclairs sillonnaient ma vue.

Bernardin de Saint-Pierre.

Sillonné. Les guerriers sillonnés du feu de l'éclair, écoutent en silence la voix des orages. *Chateaubriand.*

——— Lorsque le globe eut pris sa consistance, et avant que les eaux n'y fussent établies, il présentait une surface hérissée de montagnes et sillonnée de vallées.

Buffon.

Simulacre. Le style figuré, qui n'est que le simulacre de l'autre, double la richesse des langues. *Rivarol.*

Singeresse. Je craignais de lui voir cette politesse maniérée, ces façons singeresses, qu'on ne manque jamais de contracter à Paris. *J.-J. Rousseau.* (*Nouvelle Hé-loïse.*)

Sobre. Les passions sobres font les hommes communs.

Diderot.

Sombre.
La crainte tremblante,
L'injure arrogante,
Le sombre remord (1),
La guerre sanglante,
Arbitre du sort,
Toutes les furies
Vont avec transport
Apporter la mort. *Voltaire.*

Somme. L'habitude de la privation diminue la somme de nos malheurs; mais en retranchant encore plus sur nos plaisirs que sur nos peines, elle conduit l'homme à l'insensibilité plutôt qu'au bonheur. *Raynal.*

———————————————————

(1) Plusieurs critiques ont reproché à Delille d'avoir fait le premier une faute grave, en écrivant *remord,* et non *remords.*

Mon Emile, dans le sommeil de l'ignorance, échappe à des périls qu'il n'aperçoit point. *J.-J. Rousseau.* *Sommeil.*

L'enfance est le sommeil de la raison.
J. J. Rousseau.

Zulime est encor loin de vouloir se venger ;
Peut-elle craindre, hélas ! qu'on veuille l'outrager ?
Son âme toute entière à son esprit livrée,
Aveugle en ses bontés et d'amour enivrée,
Goûte d'un calme heureux le dangereux sommeil.
Voltaire.

C'est avec mon ami que ma raison s'épure, *Sommeiller.*
Que je cherche la paix, des conseils, un appui ;
Je me soutiens, m'éclaire, et me calme avec lui ;
Dans des pièges trompeurs si ma vertu sommeille,
J'embrasse, en le suivant, sa vertu qui m'éveille. *Ducis.*

Il y a des femmes qui savent rappeler une femme *Sommet.*
du sommet de la vieillesse, pour la faire redescendre
jusqu'à la jeunesse la plus tendre. *Montesquieu.*

L'art de bouleverser les états est d'ébranler les cou- *Sonder.*
tumes établies, en sondant jusque dans leur source
pour y faire remarquer le défaut d'autorité et de justice. *Pascal.*

En sondant la nature de Dieu, penseriez-vous la
connaître ? Ce sont les hauteurs des cieux ; y attein-
driez-vous ? C'est une chose plus profonde que les
abîmes, y pénétreriez-vous ? (*Traduit de Job.*)

Le son de sa voix était net, plein, bien timbré ; une *Sonner.*
belle voix de basse étoffée et mordante, qui remplis-
sait l'oreille et sonnait au cœur. *J.-J. Rousseau.*

Toutes les gazettes, tous les journaux, toutes les
brochures sonnèrent le plus terrible tocsin.
J.-J. Rousseau.

Sonner.
De qui peux-tu savoir ces nouvelles étranges ? —
Du peuple, qui partout fait sonner ses louanges. *Corneille.*

———
Certain ajustement, dites-vous, rend jolie ;
J'en conviens, il est noir ainsi que vous et moi ;
Je veux qu'il ait nom mouche ; est-ce un sujet pourquoi
    Vous fassiez sonner vos mérites ?
  (*La fourmi à la mouche.*)   *La Fontaine.*

———
Elle fait bien sonner ce grand amour de mère,
Mais, quoique nous étale un langage si doux,
Elle a tout fait pour elle et n'a rien fait pour vous.
                       Corneille.

Sortir.
C'est sortir de l'humanité que de sortir du milieu, la grandeur de l'âme humaine consiste à savoir s'y tenir. *Pascal.*

———
Sortez du temps et du changement ; aspirez à l'éternité, la vanité ne vous tiendra plus asservis.
                       Bossuet.

———
Nous sortons de la vie comme d'un spectacle enchanteur, l'aveugle en sort ainsi que d'un cachot.
                       Diderot.

———
Sortons de ces riches palais,
Comme l'on sortirait d'un songe. *La Fontaine.*

Sot.
.... Et toi, que me veux-tu,
Ridicule retour d'une sotte vertu ? *Corneille.*

Souche.
On ne peut s'empêcher de penser que les Madecasses ne sont pas tous sortis d'une souche commune, quand on réfléchit aux différentes formes qui les distinguent. *Raynal.*

———
Tout semble nous démontrer que la première souche et la tige commune des connaissances humaines appartiennent à la haute Asie, et que les rameaux stériles ou dégénérés des nobles branches de cette ancienne

souche se sont étendus dans toutes les parties de la
terre, chez les peuples civilisés. *Buffon.*

> Jouissez en repos de ce lieu fortuné,
> Le calme et l'innocence y tiennent leur empire ;
> Et des soucis affreux le souffle empoisonné
> N'y corrompt point l'air que l'on y respire.
> *J.-B. Rousseau.*

Souffle.

Le vieux Pharamond roulait des yeux terribles, et
livrant au souffle du matin sa longue chevelure blan-
che, était assis au haut du bûcher.
Chateaubriand.

Tous deux (César et Henri IV) avaient reçu de la
nature une âme élevée et sensible, un génie également
souple et profond dans les affaires politiques, de
grands talens pour la guerre. *La Harpe.*

Souple.

Le poëte dit :

> Soupire, étend les bras, ferme l'œil et s'endort.

Sourd.

Tous s'écrient : Que cela est beau ! Mais celui qui
s'assure du nombre des syllabe d'un vers par ses
doigts, sentira-t-il combien il est heureux pour un
poëte qui a le *soupir* à peindre, d'avoir dans sa langue
un mot dont la première syllabe est *sourde*, la seconde
ténue, et la dernière muette ? On lit *étend les bras*,
mais on ne soupçonne guère la longueur et la lassi-
tude des bras d'être représentées par un monosyllabe
pluriel ; ces bras étendus retombent si doucement avec
le premier hémistiche du vers, que presque personne
ne s'en aperçoit, non plus que du mouvement subit
de la paupière dans *ferme l'œil*, et du passage imper-
ceptible de la veille au sommeil dans la chute du second hémistiche *ferme l'œil et s'endort. Diderot.*

Sourire. Le ciel semblait avoir fait la paix avec la terre, et lui sourire en signe de faveur et d'amour.

Marmontel.

Sphère. La sphère de ses connaissances ne s'étend pas plus loin que ce qui est profitable. *J.-J. Rousseau.*

—— La sphère du possible et de l'impossible étant. également inconnue, on l'étend, on la resserre comme on veut. *J.-J. Rousseau.*

Splendeur. Si l'action n'a quelque splendeur de liberté, elle n'a point de grâce ni d'honneur. *Montaigne.*

Spirituel. Le regard de la druïdessse était prompt, sa bouche un peu dédaigneuse, et son sourire singulièrement doux et spirituel. *Chateaubriand.*

Squelette. Qu'on se figure pour un instant la surface actuelle du globe dépouillée de toutes ses mers, de toutes ses collines calcaires, ainsi que de toutes ses couches horizontales de pierres, de craie, etc. ; il ne resterait que le squelette de la terre, c'est-à-dire, la roche vitrescible qui en constitue la masse intérieure. *Buffon.*

Stérilité. Richardson a cela de commun avec les plus insipides romanciers, qui suppléent à la stérilité de leurs idées à force de personnages. *J.-J. Rousseau.*

Subtiliser. Raffinez sur tous les plaisirs, subtilisez-les ; mettez-les dans le creuset de toutes les transformations, il n'en sortira et résultera jamais que l'ennui.

Massillon.

Succession. Il y a une certaine succession d'affections et d'idées qui modifient celles qui les suivent, et qu'il faut connaître pour en bien juger. *J.-J. Rousseau.*

Lorsque j'aurai dévasté, sucé, exténué une région, *Sucer.*
il en restera toujours une autre où je pourrai porter
mon or et en jouir en paix. *Raynal.*

La crainte du serment que les Spartiates avaient
juré eût eu bien peu d'efficace, si, par l'institution et
la nourriture, il n'eût, par manière de dire, teint en
laine les mœurs des enfans, et ne leur eût, avec le
lait de leurs nourrices, fait sucer l'amour des lois de
Sparte et de sa police. *Amyot.*

C'est peu qu'avec son lait une mère amazone
M'ait fait encor sucer cet orgueil qui t'étonne ;
Dans un âge plus mûr moi-même parvenu,
Je me suis applaudi, quand je me suis connu.
   (*Hyppolite à Théramène.*)   *Racine.*

L'arbre suce la terre, et ses rameaux flétris
A leur sol maternel vont mêler leurs débris. *Delille.*

Ce n'est point une erreur avec le lait sucée,
Que sans l'examiner son âme ait embrassée ;
Polyeucte est chrétien parce qu'il l'a voulu. *Corneille.*

Portez à vos païens, portez à vos idoles *Sucre.*
Le sucre empoisonné que sèment vos paroles.
   (*Polyeucte, tragédie, acte V.*)   *Le même.*

... Vous semblez vous boucher les oreilles, *Sucré.*
Vous, infidèle, avec votre air sucré,
Qui m'avez fait ce tour prématuré :
De votre cœur l'inconstance est précoce. *Voltaire.*

Cette femme ambitieuse et vaine croit valoir beau- *Suer.*
coup, quand elle s'est chargée d'or, de pierreries et
de mille autres vains ornemens ; pour la parer, toute
la nature s'épuise, tous les arts suent, toute l'industrie
se consume. *Bossuet.*

Superficie. Il s'était jeté dans la belle littérature , et il y avait réussi ; il avait pris surtout cette brillante superficie , cette fleur qui jette de l'agrément dans le commerce , même avec les femmes. *J.-J. Rousseau.*

Superficiel. L'esprit qui se contente des rapports apparens , est un esprit superficiel. *J.-J. Rousseau.*

———— On trouve facilement des hommes propres à une superficielle accointance ; mais, en cette-cy (l'amitié), en laquelle on négocie du fin fonss de son courage , qui ne fait rien de reste , il est nécessaire que tous les ressorts soient nets et seurs parfaitement.

Montaigne.

Surmonter. Sentimens trop jaloux, c'est à vous de vous taire,
Respectez ma vertu qui vous a surmontés ;
A ses nobles conseils ne mêlez point le vôtre. *Racine.*
(*Paroles d'Atalide.*)

T.

Tache. Le régent se refusa à une violence qu'il jugeait devoir imprimer une tache ineffaçable sur son administration. *Raynal.*

Tailler. Taille-t-on vos avis à une certaine mesure ?

Pascal.

———— Je ne suis point taillé pour habiter les cours :
Que dirait-on de voir un homme de mon âge,
Des airs d'un courtisan faire l'apprentissage ? *Regnard.*
(*Paroles de Démocrite.*)

Taire. Hélas ! votre sort est si doux !
Taisez-vous, ruisseau, c'est à nous
A nous plaindre de la nature.
Madame Deshoulières.

Pressé par la faim qui me talonnait, je prends *Talonner.*
mon parti, quoiqu'avec peine, et je pars pour Annecy.
J.-J. *Rousseau.*

La verdure et les fleurs ne tapissaient point ces *Tapisser.*
compartimens. J.-J. *Rousseau.*

La promenade, la collation dans un lieu tapissé de *Tapissé.*
jonquilles, tout cela fut à souhait. *Mme. de Sévigné.*

A la grandeur de la campagne romaine, succèdent ———
ensuite des vallons étroits et des monticules tapissés
de bruyères, dont la pâle verdure se confond avec celle
des oliviers. *Chateaubriand.*

Est-il un esprit si affamé de plaisanterie, qu'il puisse *Tâter.*
tâter des fadaises dont cette comédie (*l'Ecole des
femmes*) est assaisonnée ? pour moi, je vous avoue,
que je n'ai pas trouvé le moindre grain de sel à tout
cela. *Molière.*

Chacun voulait donner le taux de son mérite. *Taux.*
Montesquieu.

Toutes les peintures ridicules qu'on expose sur les *Taxer.*
théâtres, sont des miroirs publics où il ne faut jamais
témoigner qu'on se voie, et c'est se taxer hautement
d'un défaut, que se scandaliser qu'on le reprenne.
Molière.

Quelquefois la nature enlève ce voile magique (les *Teindre.*
vapeurs de l'air) du fond des vallées, et le roule sur
les montagnes voisines, où elle le teint de vermillon
et d'azur ; elle confond la circonférence de la terre avec
la voûte des cieux. *Bernardin de St.-Pierre.*

Teindre.

O ! des sens enchantés délices innocentes !
O suaves beautés sans cesse renaissantes !
Ainsi que sur les fleurs, zéphyr se balançant,
De leur brillant duvet teint son aile en passant,
Ainsi de ces objets mon esprit se colore ;
La lyre, sous mes doigts, en devient plus sonore. *Lemière.*
(*Sur les fleurs.*)

Teinte.

L'observateur se plaît à saisir le trait particulier qui caractérise chaque peuple, et à le démêler de la foule des traits généraux qui l'accompagne ; inutilement il a pris la teinte des événemens ; inutilement les causes physiques et morales en ont changé les nuances, un œil pénétrant le suit à travers ses déguisemens et le fixe malgré ces variations. *Raynal.*

Teinture.

L'homme seul est sensible aux parfums et à l'éclat des fleurs, indépendamment de tout appétit animal. Le chien même, qui prend, par la domesticité, une si forte teinture des mœurs et des goûts de l'homme, paraît être insensible à cette jouissance.
Bernardin de St.-Pierre.

———

Je ne veux vous donner qu'une première teinture de ces vérités importantes (les prophéties), qu'on reconnaît d'autant plus qu'on entre dans le particulier.
Bossuet.

Témérité.

J'aime ces mots qui amollissent et modèrent la témérité de nos propositions, *à l'aventure, quelquefois, on dit, je pense. Montaigne.*

Tempérament.

Si Rome a plus porté de grands hommes qu'aucune ville qui eut été avant elle, ce n'a point été par hasard ; mais c'est que l'état romain était du tempérament qui devait être le plus fécond en héros. *Bossuet.*

Température

Les Arabes, presque toujours poussés en des climats

brûlans par la guerre et le fanatisme , n'auront jamais cette température de gouvernement et de situation qui forme le goût. *Raynal.*

L'altération de ma santé agit sur mon humeur , et tempéra l'ardeur de mes fantaisies. J. J. *Rousseau.*   *Tempérer.*

Le gouvernement établi dans l'Inde était un despo- tisme purement civil, tempéré par les usages , par les formes , par l'opinion. *Raynal.*   *Tempéré.*

De nos désirs fougueux la tempête fatale   *Tempête.*
Laisse au fond de nos cœurs la règle et la morale;
C'est une source pure ; en vain dans ses canaux ,
Les vents contagieux en ont troublé les eaux. *Voltaire.*

La Providence ne permet pas que les états soient battus d'une éternelle tempête. *Bossuet.*

L'histoire civile, bornée d'un côté par les ténèbres d'un temps assez voisin du nôtre, ne s'étend de l'autre qu'aux petites portions de terre qu'ont occupées successive- ment les peuples soigneux de leur mémoire. *Buffon.*   *Ténèbres.*

Sans l'imagination , le sentiment terne et décoloré se traînerait servilement sur les pas de la mémoire , et passerait, timide, froid et compassé, de l'indifférence à la langueur , et des langueurs à la léthargie.   *Terne.*
                                    Rivarol.

Sully terrassa la calomnie par ses vertus ; il humilia l'envie par ses succès. *Thomas.*   *Terrasser.*

De l'honneur des Hébreux autrefois si jaloux,   *Terrassé.*
Il (Dieu) voit sans intérêt leur grandeur terrassée,
Et sa miséricorde à la fin s'est lassée. *Racine.*

La vertu n'est plus étrangère à la cour.... le désordre lui-même n'y va plus la tête levée. *Massillon.*   *Tête.*

Tête. Le pilote aperçoit de loin les montagnes de Leucate, dont la tête se cache dans un tourbillon de frimas.
            Fénélon.

— Guillemini bâtit une maison à Florence, des bienfaits de Louis XIV ; il mit le nom de ce roi sur le frontispice : et vous ne voulez pas qu'il soit à la tête du siècle ! *Voltaire.*

— Sous les coups réunis de l'âge et des autans,
Tombe du haut sapin la tête échevelée,
Le mont même, le mont, assailli par le temps,
Du poids de ses débris écrase la vallée.
         Baour de Lormian.

Théâtre. L'homme élève un front noble et regarde les cieux,
Ce front, vaste théâtre où l'âme se déploie,
Est tantôt éclairé des rayons de la joie,
Tantôt enveloppé du chagrin ténébreux. *L. Racine.*

Tiède. Mon cœur avide ne donnait qu'un zèle languissant et tiède à l'amour de la vérité. *J. J. Rousseau.*

Tige. Vous reconnaissez que l'Eglise a une tige toujours subsistante, dont on ne peut se séparer sans se perdre ; et que ceux qui, étant unis à cette racine, font des œuvres dignes de leur foi, s'assurent la vie éternelle.
            Bossuet.

— O divine amitié, dont la tige chérie
Enveloppe de fleurs les ronces de la vie !
Le nectar de l'abeille est moins doux que le tien.
          Colardeau.

Timon. On a vu le roi se mêler parmi les citoyens empressés à réprimer les fureurs, tendre lui-même des secours de cette main qui gouvernait le timon de l'Etat. *Gilbert.*

Tison de la discorde et flambeau de la haine ;
  Qu'il (l'or) dévore ses ravisseurs. *Lebrun.*   *Tison.*

Par-delà les restes mugissans du chaos , Satan arrive   *Tombe.*
à la frontière de ces régions impérissables comme la
vengeance qui les forma : région maudite, tombe et
berceau de la mort, où le temps ne fait point la règle,
et qui resteront encore quand l'univers aura été enlevé,
ainsi qu'une tente dressée pour un jour.
                 Chateaubriand.

Loin de la contenir dans le silence, il faut que votre   *Tomber.*
indignation tombe en éclats sur la licence qui détruit
les mœurs , sur les violences, les injustices et les perfi-
dies qui se dérobent à la vigilance des lois , sur la
fausse probité, la fausse modestie, la fausse amitié , et
sur toutes ces viles impostures qui surprennent
l'estime des hommes. *Barthélemy.*

En réduisant l'héroïsme à sa juste valeur, Sophocle   *Ton.*
baissa le ton de la tragédie , et bannit ces expressions
qu'une imagination furieuse dictait à Eschyle , et qui
jetaient l'épouvante dans l'âme des spectateurs.
                 Le même.

Je tondis de ce pré la largeur de ma langue. *La Fontaine.*   *Tondre.*
  (*Paroles de l'âne.*)

Bossuet tonna sur la tête des rois. *Rivarol.*   *Tonner.*

La voix secrète, qui ne cessait de murmurer au fond   ———
de mon cœur , s'élève et tonne avec plus de force.
                 J. J. Rousseau.

Entend-t-on de la mer les ondes bouillonner ?   ———
Le vers, comme un torrent, en roulant doit tonner.
                 Delille.

Tordre. Je tords bien plus volontiers une belle sentence, pour la coudre sur moy , que je ne détors mon fil , pour l'aller quérir. *Montaigne.*

Tors. *Trois rayons de pluie torse*, pour dire de la grêle; cette expression métaphorique (de Virgile) est ingénieuse ; elle suppose que les cyclopes ont tordu des gouttes de pluie pour en faire des grains de grêle.

Bernardin de St.-Pierre.

Torrent. Lorsque chez les hommes du peuple l'imagination est excitée , lorsque leur colère s'enflamme , ils donnent cours à un torrent de paroles conçues en langage figuré , et non moins énergiques que ne pourrait l'être la harangue la plus étudiée. (*Anonyme*).

————
Le Nil a vu , sur ses rivages ,
Les noirs habitans des déserts
Insulter , par leurs cris sauvages ,
L'astre éclatant de l'univers.
Crime impuissant ! fureurs bizarres !
Tandis que ces monstres barbares
Poussent d'insolentes clameurs ;
Le Dieu , poursuivant sa carrière ,
Verse des torrens de lumière
Sur ses obscurs blasphémateurs.
(*Ode sur la mort de J.-B. Rousseau.*)

Le Franc de Pompignan.

———— D'un torrent de flatteurs écarte sa jeunesse. *Crébillon.*

Tortu. Puis-je autrement marcher que ne fait ma famille ?
Veut-on que j'aille droit quand on y va tortu ?
(*L'écrevisse à sa mère.*) *La Fontaine.*

———— Chacun veut en sagesse ériger sa folie,
Et se laissant régler à son esprit tortu,
De ses propres défauts se faire une vertu. *Boileau.*

Tourmenter. Démosthène parle , non comme un écrivain élégant , mais comme un homme inspiré et passionné, que la vérité tourmente, et dans lequel la haine de la tyrannie concentre et exaspère toutes les facultés. *Maury*.

...Tous les avocats,	*Tourner*.
Après avoir tourné le cas	
En cent et cent mille manières,	
Y jettent leur bonnet, se confessant vaincus.	
J.-B. Rousseau.	

Sur des mers suspectes, sous un pôle inconnu, j'é- *Trahison*. prouvai la trahison de l'onde et l'infidélité des vents.

J.-J. Rousseau.

Je sais l'art de traire les hommes ; j'ai le secret de *Traire*. m'ouvrir leur tendresse, de chatouiller leurs cœurs, de trouver les endroits par où ils sont sensibles.

Molière.

...Qui croira qu'un cœur, si grand en apparence, *Tramer*. D'une infidèle cour, ennemi dès l'enfance, ... Dès le premier jour Trame une perfidie inconnue à la cour? *Racine*.

(*Britannicus parlant de Junie*.)

Que le plus coupable de nous *Trait*. Se sacrifie aux traits du céleste courroux. *La Fontaine*.

Un trait de beauté nous fixe et nous détermine.

Labruyère.

Que vous a donc produit votre goût si tranchant ? *Gilbert*.   *Tranchant*.

... Le plus vil faquin tranche du vertueux. *Boileau*.   *Trancher*.

Dans la succession de nos penchans, comme dans une bonne dégradation de couleurs, l'habile artiste doit rendre les passages imperceptibles, confondre et mêler les teintes, et pour qu'aucune ne tranche, en étendre plusieurs sur tout son travail. *J.-J. Rousseau*.

Trancher. ... Pour trancher ces discours superflus,
Albe vous a nommé, je ne vous connais plus.
   (*Horace à Curiace.*)   *Corneille.*

——— Tranchons l'unique espoir où tant d'orgueil se fonde,
Et donnons un tyran à ces tyrans du monde. *Le même.*
   (*Paroles de Ptolémée.*)

Trascendant. Il ne reste aux esprits transcendans qu'à se distinguer par des idées pernicieuses et funestes au genre humain.
                       J.-J. Rousseau.

Transforma-tion. Les souplesses de l'amour-propre ne peuvent se représenter ; ses transformations passent celles des métamorphoses, et ses raffinemens, ceux de la chimie ; on ne peut sonder la profondeur, ni percer les ténèbres de ses abîmes. *La Rochefoucault.*

Transformer. Les ordres d'un despote se transforment en oracles, et la désobéissance des sujets est qualifiée de révolte contre le ciel. *Raynal.*

Transmettre. Vous m'avez transmis la frayeur que vous n'avez plus.
                       J.-J. Rousseau.

Transmigra-tion. Je ne parlerai point des innombrables aventures arrivées à l'argent, depuis qu'il a été frappé, marqué, évalué, altéré, prodigué, resserré, volé, ayant, dans toutes ses transmigrations, demeuré constamment l'amour du genre humain. *Voltaire.*

——— Ce qui a donné un cours si universel à la fable de l'immortalité des Lamas, c'est que la foi du pays ordonne de croire que l'esprit saint, qui a animé un de ces pontifes, passe d'adord, après sa mort, dans le corps de celui qui est légitimement élu pour le remplacer. Cette transmigration du souffle divin s'allie très-bien avec la métempsycose , dont le système est établi de temps immémorial dans ces contrées. *Raynal.*

Je voudrais pouvoir rendre mon âme transparente *Transparent.* aux yeux du lecteur , et pour cela je cherche à la lui montrer sous tous les points de vue, à l'éclairer par tous les jours. *J.-J. Rousseau.*

À peine cette célèbre princesse (Catherine II) avait *Transpirer.* pris les rênes du gouvernenent, qu'il se répandit de tous côtés qu'elle voulait régner sur des hommes libres. Au moment où ses intentions commençaient à transpirer, plus de cent mille serfs se disposérent à la révolte contre leurs maîtres. *Raynal.*

.... Ce que je puis vous dire , *Transplanter*
  C'est qu'ici, malgré moi, le roi m'a fait conduire,
  M'a voulu transplanter, et me faire, en un jour,
  De philosophe actif , un oisif de la cour. *Regnard.*
   (*Paroles de Démocrite.*)

Molière et La Fontaine, doués tous les deux, au plus *Travers.* haut degré, du génie d'observation , génie dirigé dans l'un par une raison supérieure , guidé dans l'autre par un instinct non moins précieux, descendent dans le plus profond de nos travers et de nos faiblesses.

              Champfort.

Par un travers d'esprit, dont moi seul étais capable,   ———
m'étais imaginé qu'ils s'entendaient pour me persiffler.
          J.-J. Rousseau.

Les opinions morales, qui se dépravent dans le sein *Traverser.* des malheureux , s'élèvent , comme les maux qui sortirent de la boîte de Pandore, et traversant, malgré les grandes armées, les forteresses et les châteaux , elles viennent se loger dans le cœur des tyrans.
        Bernardin de Saint-Pierre.

Traverser.   ... Par le destin nos vœux sont traversés. *Racine.*

———   Votre protection anime les gens de bien , et leur fait surmonter tous les obstacles dont le démon traverse toujours les œuvres qui doivent glorifier Dieu et contribuer au salut des âmes. *Massillon.* (*Sur les vices et les vertus des grands*).

Travestir.   Les remontrances les plus justes et les plus respectueuses , l'adulation les travestit en une témérité punissable. *Massillon.*

———   J'avais souvent travesti la religion à ma manière ; mais je n'avais jamais été tout-à-fait sans religion.

J.-J. Rousseau.

Trébucher.   ... Je sens qu'à vos genoux mon courroux chancelant
Trébuche , perd sa force , et meurt en vous parlant.

Corneille.

———   ... Qui voyant un fat s'applaudir d'un ouvrage ,
Où la droite raison trébuche à chaque page,
Ne s'écrie aussitôt : l'Impertinent auteur ! *Boileau.*

———   Ce n'est pas tout d'un coup que tant d'orgueil trébuche.
De qui se rend trop tôt on doit craindre une embûche.

Corneille.

Trembler.   La volonté , entourée de ses passions , fait trembler la raison entourée de ses idées. *Rivarol.*

Trempe.   Ma tristesse sans fiel n'était que celle d'un cœur trop aimant , trop tendre, qui , trompé par ceux qu'il avait crus de sa trempe , était forcé de se retirer au dedans de lui. *J.-J. Rousseau.*

———   Le gosier du rossignol , toujours nouveau , est un chef-d'œuvre de la nature auquel l'art humain ne peut changer ni ajouter ; celui du serin est le modèle des grâces, d'une trempe moins ferme, que nous pouvons modifier. *Buffon.*

Jamais l'aimable sœur des cruels Pallantides
Trempa-t-elle aux complots de ses frères perfides? *Racine.*

Tremper.

Je jurai de ne tremper jamais dans aucune guerre civile. *J.-J. Rousseau.*

Déjà pour le soutien d'une minorité et d'une régence tumultueuses, s'était élevé à la cour un de ces hommes (Mazarin) en qui Dieu met ses dons d'intelligence et de conseil, et qu'il tire de temps en temps des trésors de sa providence, pour assister les rois et gouverner les royaumes. *Fléchier.*

Trésor.

O vous ! objets chéris de mes soins assidus,
Adieu, charmantes fleurs, vous ne me verrez plus
Aux rayons du soleil présenter vos calices,
Du printemps près de vous épier les prémices,
A vos jeunes tribus assigner leurs cantons,
Cultiver votre enfance et vous donner des noms. *Delille.*

Tribu.

Je vous dois l'entier aveu de mes fautes, je les soumets, sans en rien dérober, au saint tribunal de votre vieillesse. *Chateaubriand.*

Tribunal.

... Un génie, au visage riant,
Magistrat enjoué de l'humaine nature,
Citait au tribunal d'une adroite censure,
Les vices échappés à la rigueur des lois, *Thomas.*

Nous naissons tous, faibles hommes,
Tributaires des douleurs. *J.-B. Rousseau.*

Tributaire.

La délicatesse est trop grande de ne pouvoir souffrir que des gens triés. *Molière.*

Trié.

Les vains triomphes des conquérans n'étaient qu'un spectacle d'orgueil, de larmes, de désespoir et de mort. C'était le triomphe des passions humaines.
Massillon.

Triomphe.

Triomphe.   Le triomphe de l'aurore est rapide ; image naturelle du plaisir, rien n'est si brillant que son approche, rien n'est si court que sa durée. *Bernis.*

Triompher.   L'injustice triomphe, et ce peuple, à sa honte,
Au mépris de nos lois penche vers Polyphonte. *Voltaire.*

Trompette.   Dorante n'est qu'un fourbe, et cet ingrat que j'aime,
Après m'avoir fourbé me fait fourber moi-même,
Et d'un discours en l'air, qu'il forge en imposteur,
Il me fait le trompette et le second auteur. *Corneille.*

Tronc.   Je vois que de l'Anglais la race est peu chérie,
Que son joug est pesant, qu'on aime la patrie,
Que le sang des Capets est toujours adoré,
Tôt ou tard il faudra que de ce tronc sacré
Les rameaux, divisés et courbés par l'orage,
Plus unis et plus beaux soient notre unique ombrage.
Voltaire.

——— Les païens eux-mêmes regardaient l'Eglise comme celle qui était la tige, le tout dont les parcelles s'étaient détachées, le tronc toujours vif que les branches retranchées laissaient en son entier. *Bossuet.*

——— Toutes les branches de notre vie en sont mortelles comme le tronc. Nos fortunes, nos réputations, nos amitiés, nos amours, tous les objets de nos affections les plus chères, périssent plus d'une fois avant nous.
Bernardin de St.-Pierre.

——— C'est dans les contrées septentrionales de l'Asie que s'est élevée la tige des connaissances de l'homme ; et c'est sur ce tronc de l'arbre de la science que s'est élevé le trône de sa puissance. *Buffon.*

——— Il y a des vices qui ne tiennent à nous que par d'autres, et qui, en ôtant le tronc, s'emportent comme des branches. *Pascal.*

Plus d'un railleur impitoyable
Prétendait que j'avais croqué,
Et peu clairement expliqué,
Un roman très-peu vraisemblable,
Dans ma cervelle fabriqué ;
Que le sujet en est tronqué,
Que la fin n'est pas raisonnable.
(*Lettre sur Zaïre.*)   *Voltaire.*   *Tronqué.*

Pour un âne enlevé deux voleurs se battaient ;   *Trotter.*
L'un voulait le garder, l'autre le voulait vendre ;
   Tandis que de coups de poing trottaient ,
Et que nos champions songeaient à se défendre,
   Arrive un troisième larron
   Qui saisit maître Aliboron. *La Fontaine.*

.... Voyez ses yeux,   *Trouble.*
Déjà tout égarés, troubles et furieux,
Cette affreuse sueur qui court sur son visage. *Corneille.*

Approche-t-il (le sage) du but ? quitte-t-il ce séjour ?   *Troubler.*
Rien ne trouble sa fin, c'est le soir d'un beau jour.
      La Fontaine.

Viens et pense avec moi que ce troupeau timide   *Troupeau.*
De vestales, d'enfans , a besoin qu'on le guide. *Colardeau.*
   (*Héloïse à Abailard.*)

Ses regards (de Vénus), truchemens de l'ardeur qui la touche, *Truchement.*
Sa beauté souveraine , et les traits de son fils ,
Ont contraint Mars d'aimer. *La Fontaine.*

Un accident qui devait tuer mon corps ne tua que   *Tuer.*
mes passions. J.-J. *Rousseau.*

La richesse ayant tué le besoin , l'ennui s'est aussitôt   ——
attaché à la richesse. *Rivarol.*

L'inquiétude des désirs produit la curiosité , l'incons-
tance ; le vide des turbulens plaisirs produit l'ennui.   *Turbulent.*
      J.-J. Rousseau.

Turbulent. .... Vous pouvez tout sur ce jeune courage ;
Souvent on vous a vu , par des conseils prudens ,
Modérer de son cœur les transports turbulens. *Voltaire.*

Tyran.
Vous, enfans des nuages,
Vous, ministres des orages,
Venez, fiers tyrans du nord,
De vos brûlantes froidures,
Sécher ces feuilles impures
Dont l'ombre donne la mort. *J.-B. Rousseau.*

V.

Vaciller. Le Tellier conjurait ses enfans par toute la tendresse qu'il avait pour eux, et par toute leur reconnaissance, qui faisait toute sa consolation dans ce court reste de vie, de l'avertir de bonne heure quand ils verraient sa mémoire vaciller ou son jugement s'affaiblir.

Bossuet.

——— Il n'est pas possible que, quand la mémoire vacille , la langue ne balbutie aussi. *J. J. Rousseau.*

——— Sur la lampe mourante la flamme vacille et se fixe en tremblant sur un point ; elle s'élève , retombe, et semble refuser de quitter son aliment.

(*Traduit d'Adisson.*)

Vagabond. Où allez-vous, cœurs égarés ? quoi ! même pendant la prière vous laissez errer votre imagination vagabonde ? vos ambitieuses pensées vous reviennent devant Dieu ; elles font même le sujet de votre prière. *Bossuet.*

——— Où prétendent voler ces forêts vagabondes ? *Lebrun.*

Vaisseau. La vieillesse doit marcher pensive sur le rivage silencieux et solennel de ce vaste océan sur lequel elle va faire voile, charger son vaisseau de bonnes œuvres, et attendre le vent qui bientôt la chassera dans des mondes inconnus. (*Traduit d'Young*).

Il est difficile de conduire sagement le vaisseau d'une grande monarchie. *Gilbert.* *Vaisseau.*

Dans les audiences vulgaires, l'un, toujours précipité, vous trouble l'esprit ; l'autre, avec un visage inquiet et des regards incertains, vous ferme le cœur ; celui-là se présente à vous par coutume ou par bienséance, et il laisse vaguer ses pensées sans que vos discours arrêtent son esprit distrait ; celui-ci, plus cruel encore, a les oreilles bouchées par ses préventions, et refuse de donner entrée aux raisons des autres, il n'écoute que ce qu'il a dans son cœur. *Bossuet.* *Vaguer.*

N'avez-vous point chez vous quelque forte liqueur, *Vapeur.*
Du bon esprit-de-vin, des gouttes d'Angleterre,
Pour calmer cet esprit et ces vapeurs de guerre. *Regnard.*

La douce vapeur de l'espérance enivre mon cœur.
J.-J. *Rousseau.*

A quoi es-tu réduite, âme raisonnable ? toi qui étais née pour l'éternité et pour un objet immortel, tu deviens éprise et captive d'une fleur que le soleil dessèche, d'une vapeur que le vent emporte, en un mot, d'un corps qui, par sa mortalité, est devenu un empêchement et un fardeau à l'esprit. *Bossuet.*

Sur les gazons touffus, qu'un vif émail coloré,
Je tombe, je m'étends à l'ombre de ces bois ;
Là vient le doux sommeil, pour la première fois,
De ses molles vapeurs affaisser ma paupière. *Delille.*

Vapeur. Je l'ai vu ; ce n'est point une erreur passagère
Que produit du sommeil la vapeur mensongère.

Voltaire.

Vaporeux. Les traces ont je ne sais quoi de vaporeux dans notre imagination que n'ont point ces figures des corps dont le dessein est fixe et prononcé ! *Rivarol.*

Vase. Les vases de boue , entre les mains de l'ouvrier souverain , deviennent bientôt des vases de gloire et de magnificence. *Massillon.*

—— Un mois après avoir assemblé le parlement, le roi le déclara dissous ; à peine l'eut-il dissous , qu'il s'en repentit ; mais il se repentit trop tard de cette démarche précipitée : il eut lieu de se repentir en effet , car le vase était plein, et cette dernière goutte fit déborder et se répandre les eaux d'amertume.

(*Traduit de l'anglais*).

Vassal. L'homme , vassal du ciel, roi de la terre , l'ennoblit, la peuple , l'enrichit ; il établit, entre les êtres vivans , l'ordre , la subordination , l'harmonie ; il embellit la nature même. *Buffon.*

Végéter. Il (Frédéric II) voulait se construire un agréable asile ;
Où, loin d'une étiquette arrogante et futile,
Il pût, non végéter, boire et courir des cerfs,
Mais des faibles humains méditer les travers. *Andrieux.*

Veiller. La justice outragée veille dans tous les cœurs.

Thomas.

Velours. Le soleil s'avance dans sa carrière enflammée, l'ombre, comme une vague immense , roule et se précipite vers la gorge solitaire , d'où s'échappent les eaux du torrent ; le vent fraîchit, l'air s'épure, une abondante rosée tombe en perles d'argent sur le velours des fleurs, où se résoud en étincelles de feu sur la naissante verdure. *Bergasse.*

L'éclat velouté de la campagne , la tiède température de l'air , les contours arrondis des montagnes, les molles inflexions des fleuves et des vallées , sont à Naples autant de séductions. *Chateaubriand.* — *Velouté.*

On dirait que ces âmes vénales se purifient en entrant dans ce séjour de sagesse et d'union. — *Vénal.*
J.-J. Rousseau.

Les langues ont toujours du venin à répandre. *Molière.* — *Venin.*

L'hérésie tombait avec son venin, et la discorde rentrait dans les enfers d'où elle était sortie. *Bossuet.*

On ne tarit point sur les Pamphiles ; ils sont bas et timides devant les princes et les ministres ; de maximes, ils ne s'en chargent point ; de principes, encore moins ; ils vivent à l'aventure, poussés et entraînés par le vent de la faveur et par l'attrait des richesses. *Labruyère.* — *Vent.*

Les passions sont, chez les hommes, des vents qui sont nécessaires pour mettre tout en mouvement, quoiqu'ils causent souvent les orages. *Fontenelle.*

Nature se devait contenter d'avoir rendu cet asge (55 ans) misérable , sans le rendre encore ridicule. Je hay de le voir, pour un pouce de chétive vigueur, s'empresser et se gendarmer, de pareille aspreté, comme s'il avait quelque grande et légitime journée dans le ventre. *Montaigne.* — *Ventre.*

Verge.   Dieu dit lui-même de ces gens-là (Alexandre, César , etc.), qu'il les envoie en sa colère, et qu'ils sont les verges de sa fureur. *Balzac.*

Vermeil.   ... Que la pudeur, chaste et vermeille,
Imite sur leur front la rougeur du matin ;
Aux clartés du midi que leur foi soit pareille ;
Que leur persévérance ignore le déclin. *Racine.*
(*Sur les combattans du Christ.*)

——————   Les chanoines vermeils et brillant de santé,
S'engraissaient d'une longue et sainte oisiveté. *Boileau.*

Vernis.   Je m'attachai au P. Berthier , malgré quelque léger vernis de pédanterie. *J.-J. Rousseau.*

——————   Le vernis stoïque qu'il met à ses actions ne consiste qu'à parer de beaux raisonnemens le parti que son cœur lui a fait prendre. *Le même.*

——————   Souvent l'esprit est le vernis de l'âme ,
Il en devient l'apologiste. *Colardeau.*

Verser.   Puisse le ciel verser , sur toutes vos années,
Mille prospérités l'une à l'autre enchaînées. *Racine.*

Vestibule.   Le discours préliminaire qui précéde l'*Encyclopédie* était un vestibule d'une ordonnance magnifique et sage, qui annonçait le palais des sciences ; mais il avertissait la jalousie et l'ignorance de s'armer. *Voltaire.*

Vêtement.   La parole étant le vêtement de la pensée, on veut des formes élégantes. *Rivarol.*

Vide.   Mes jours, vides de plaisirs et de joie , s'écoulent dans une longue nuit. *J.-J. Rousseau.*

Vider.   Il faut commencer par vider, d'une manière **ou** d'autre, l'affaire de milord Edouard. *Le même.*

Le grand procès des anciens et des modernes n'est   *Vider.*
pas encore vidé ; il est sur le bureau depuis l'âge d'argent, qu succéda à l'âge d'or. *Voltaire.*

> ... Quand par le fer les choses sont vidées,
> La justice et le droit sont de vaines idées ;
> Et qui veut être juste en de telles saisons,
> Balance le pouvoir et non pas les raisons. *Corneille.*

Il faut avouer que sans les grands acteurs, une pièce   *Vie.*
de théâtre est sans vie : c'est vous qui lui donnez
l'âme. (*A Mlle Clairon.*)   *Voltaire.*

A Rome vous marcherez sur des pierres qui ont été   *Vieillesse.*
les dieux de César et de Pompée ; vous considérerez la
ruine de ces grands ouvrages, dont la vieillesse est encore belle. *Balzac.*

Mon cœur s'est épuisé de si bonne heure, qu'il vieillit   *Vieillir.*
avant le temps. *J.-J. Rousseau.*

La nature fournit à l'homme des moyens de rajeunir
son domaine épuisé par les dons fréquens qu'il en a
reçus ; c'est ainsi que la fécondité de la terre ne vieillit
pas, et qu'elle promet aux générations suivantes des
subsistances toujours assurées. *Bernardin de St.-Pierre.*

> Certes, plus je médite et moins je me figure
> Que vous m'osiez compter pour votre créature ;
> Vous dont j'ai pu laisser vieillir l'ambition,
> Dans les honneurs obscurs de quelque légion.
>   (*Agrippine à Burrhus.*)   *Racine.*

Que répondit cet apôtre vierge (St.-Paul), ce pro-   *Vierge.*
phète du nouveau Testament, cet aigle, ce théologien
par excellence, ce saint vieillard qui n'avait de force
que pour prêcher la vérité ? *Bossuet.*

Vierge.

Voyons comment le sol, dont la simple substance,
Sur les monts primitifs où les dieux l'ont jeté,
Conserve, vierge encor, toute sa pureté,
S'altère en descendant des montagnes aux plaines ;
De nuance en nuance et de veines en veines,
L'observateur le suit d'un regard curieux. *Delille.*

Vigoureux.

Les sentimens vigoureux de l'âme passent toujours dans le langage. *Voltaire.*

Vigueur.

Pour avoir commencé tard à mettre en exercice ma faculté judiciaire, je n'ai pas trouvé qu'elle ait perdu de sa vigueur. *J.-J. Rousseau.*

Violenter.

Pour ne point violenter votre parole ni mon scrupule, agréez un moyen que j'ose proposer. *Molière.*

Virilité.

Le paganisme, qui dévelope les passions avant l'âge, retarde les progrès de la raison. Le christianisme, qui prolonge au contraire l'enfance du cœur, hâte la virilité de l'esprit. *Chateaubriand.*

Vivant.

Je passe des jours sereins entre la raison vivante et la raison sensible. *J.-J. Rousseau.*

——

Le tableau de la nature, si vivant, si animé pour nous, est mort aux yeux de l'infortuné. *Le même.*

——

Qu'on se figure un désert entièrement découvert (l'Arabie Pétrée), où le voyageur n'a jamais respiré sous l'ombrage, où rien ne l'accompagne, rien ne lui rappelle la nature vivante. *Buffon.*

——

Leurs paroles, leurs traits,
De leur mère, en effet, sont les vivans portraits.
Voltaire.

——

Les esprits ambitieux et remuans excitaient les jalousies pour s'en prévaloir ; et ces jalousies, tantôt plus couvertes et tantôt plus déclarées, selon les temps, mais toujours vivantes dans le fond des cœurs, ont enfin causé ce grand changement qui arriva du temps de César, et les autres qui ont suivi. *Bossuet.*

Mortels, vous n'êtes pas abandonnés, la nature vit encore. *J.-J. Rousseau.* — *Vivre.*

Il y a des gens qui se nourrissent de distinctions ; ils vivent de raisonnemens obscurs et de fausses conséquences. *Montesquieu.*

Quand les passions ne peuvent nous vaincre à visage découvert, elles prennent le masque de la sagesse pour nous surprendre, et c'est en imitant le langage de la raison qu'elles nous y font renoncer. — *Visage.*
J. J. Rousseau.

Le Tellier connaissait les deux visages de la justice : l'un facile dans le premier abord ; l'autre sévère et impitoyable quand il faut conclure. *Bossuet.*

J'admire cependant que le ciel ait jeté
Dans le goût des esprits tant de diversité,
Et que ce que les uns regardent comme outrage,
Soit vu par d'autres yeux sous un autre visage. *Molière.*

Un moment donne au sort des visages divers,
Et dans un grand bonheur je crains un grand revers.
Corneille.

L'Egypte visait au grand, et voulait frapper les yeux de loin, mais toujours en les contentant par la justesse des proportions. *Bossuet.* — *Viser.*

Je n'eusse jamais cru, ma fille, qu'un jour visé de si loin, pût être tiré si juste. *Mme. de Sévigné.*

Visité.   J'ai visité de l'œil tout cet appartement. *Molière.*

Vite.   On en a beau fuir ce qui nous est cher, son image, plus vite que la mer et les vents, nous suit au bout de l'univers. *J. J. Rousseau.*

Vivacité.   Les couleurs même, c'est à-dire, ce qui éprouve le plutôt le pouvoir du temps, se soutiennent encore parmi les ruines de cet admirable édifice (un temple de la Thébaïde), et y conservent leur vivacité, tant l'Egypte savait imprimer le caractère d'immortalité à tous ses ouvrages. *Bossuet.*

Voie.   On employa la voie des libelles, de l'intrigue, de la corruption. *Raynal.*

Voile.   Accablé de réflexions funestes, les yeux chargés du voile de la douleur, la pâleur de la mort sur le visage, et l'âme abîmée dans l'excès d'un sombre désespoir, Zadig continuait son voyage vers l'Egypte. *Voltaire.*

————   Maintenant qu'Abeilard ne vit plus dans ces lieux,
La nuit les a couverts de ses voiles funèbres. *Colardeau.*

Voilé.   Ta tristeste, voilée d'un doux sourire, n'en est que plus amère à mon cœur. *J.-J. Rousseau.*

Voir.   .... Mon âme obsédée
Ne respire que toi, ne voit que ton idée. *Colardeau.*

————   Benjamin est sans force et Juda sans vertu :
Le jour qui de leurs rois vit éteindre la race,
Eteignit tout le feu de leur antique audace. *Racine.*

————   Toutes craintes seront pour jamais étouffées :
Les glaives renfermés ne verront plus le jour,
    Ou bien se verront en trophées,
Par les mains de la paix, consacrés à l'amour. *Racine.*

Les nuages que le vent alisé du sud-est voiture dans   *Voiturer.*
le ciel à des distances égales , devinrent plus rares, et
ceux de la partie de l'ouest s'arrêtèrent et se groupèrent
entre eux sous les formes d'un paysage.

Bernardin de Saint-Pierre.

Les invasions des passions sont quelquefois si sou-   *Voix.*
daines, qu'elles enlèvent les suffrages, ou glacent la
main de la justice et la voix de la morale. *Rivarol.*

J'entendis une voix dans le ciel comme la voix des
grandes eaux, et comme la voix d'un grand tonnerre.

(Traduit de St.-Jean.)

... Je veux que la voix de la plus noire envie
Elève au ciel ma gloire et plaigne mes ennuis.

Corneille.

... C'est la voix du temps qui frappe mon oreille.

Colardeau.

Le sang de votre roi, dont la terre est fumante,
Elève encore au ciel une voix gémissante. *Voltaire.*

De la sagesse immortelle
La voix tonne et nous instruit. *Racine.*

Vous ne donnez point au génie le temps de se déve-   *Vol.*
lopper, de s'élever insensiblement, et d'aller en son
vol toucher la voûte du ciel. *Gilbert.*

Tantôt je dévançais les cerfs ou le lapithe,
Qui d'un pas effrayé précipitait sa fuite,
Et tantôt je suivais, d'un élan aussi prompt,
Le vol d'un trait ailé qu'avait lancé Chiron.
(*Achille à Scyros.*)   *Luce de Lancival.*

J'ai tiré de son cœur, par surprise, un secret qu'il
veut cacher à tout le monde ; il a été au désespoir du
vol subtil que je lui ait fait. *Molière.*

Volcan. La terre dans son sein , épouvantable gouffre ,
Nourrit de noirs amas de bitume et de souffre ,
Enflamme l'air et l'onde , et de ses propres flancs ,
Sur ses fruits et ses fleurs verse des flots bouillans ;
Emblème trop frappant des ardeurs turbulentes ,
Dans le volcan de l'âme incessamment brûlantes ,
Et qui, sortant soudain de l'abîme des cœurs,
Dévorent de la vie et les fruits et les fleurs. *Delille.*

Volée. Quelquefois de fâcheux arrivent trois volées. *Boileau.*

Voler. Comment contenir le geste et les yeux, quand le
cœur vole ! *J.-J. Rousseau.*

——— Reportons à Lucrèce un esprit ébranlé ,
Qu'une autre à ses yeux même avait presque volé.
Corneille.

Voltiger. … L'homme sans arrêt, dans sa course insensée ,
Voltige incessamment de pensée en pensée. *Boileau.*

——— Les nuages suspendus voltigent irrégulièrement autour de notre globe , et ombragent tantôt un pays, tantôt
un autre. *Fontenelle.*

——— Les zéphirs du Ladon et de l'Alphée faisaient voltiger ses cheveux noirs autours des cordes de la lyre.
Chateaubriand.

——— Le feu a chassé l'ennui, la peur et toutes les chimères
qui voltigent dans l'ombre. *Bailly.*

Vomir. Que de larges quartiers de terre aient vomi des tourbillons de feu ; ne faut-il par placer ce conte parmi tous
ceux de l'antiquité ? *Voltaire.*

——— Monstre que les enfers ont vomi sur la terre ,
Assouvis la fureur dont ton cœur est épris ,
Joins un malheureux père à son malheureux fils.
(*Thieste à Atrée.*) *Crébillon.*

——— L'airain, sur ces monts terribles ,
Vomit le fer et la mort. *Boileau.*

... La mer en fureur, te roulant dans son onde,   *Vomir.*
Te vomit sur ses bords pour le malheur du monde.
  (*Armide à Renaud.*)   *Colardeau.*

Le Danube en fureur vomissait des soldats. *Delille.*   ———

Les voyages de mon intelligence donnent à mon âme   *Voyage.*
une extension convenable à la nature.
                    Bernardin de Saint-Pierre.

Moïse construisit le tabernacle, temple portatif où   *Voyager.*
les enfans d'Israël présentaient leurs vœux au Dieu qui
avait fait le ciel et la terre, et qui ne dédaignait pas de
voyager avec eux et de les conduire. *Bossuet.*

  ... Le monde, vieilli par la mer qui voyage,
Dans l'abîme des temps s'en va cacher son âge. *Delille.*   ———

Depuis long-temps je ne sais quel instinct voyageur   *Voyageur.*
me poursuit. *Chateaubriand.*

FIN.

ERRATA.

<pre>
Pages.   lignes.
—   6, — au lieu de alarme, lisez, alarmer.
— 12, — 23, au lieu de sur, lisez, sous.
— 17, — 18, au lieu de sensibilité, lisez, subtilité.
— 23, — 33, au lieu de poursuivaient, lisez, poursuivait.
— 24, — 1re, cette phrase est nulle.
— 24, — 5, au lieu de bombes, lisez, bouches.
— 25, — dernière, au lieu de qui, lisez, que.
— 26, — 5, au lieu de accordée, lisez, accouchée.
— 28, — 31, au lieu de vos, lisez, vous.
— 32, — 24, au lieu de sa, lisez, la.
— 34, — dernière, au lieu de le, lisez, se.
— 36, — 26, au lieu de obscure, lisez, obscur.
— 44, — 6, au lieu de encore, lisez, encor.
— 70, — 26, au lieu de dompter, lisez, domter.
— 106, — dernière, au lieu de l'astre brillant, lisez, l'autre
parlait.
— 142, — 2, au lieu de feu, lisez fer.
— 189, — 3, au lieu de sorce, lisez, source.
— 194, — 15, au lieu de tobe, lisez, tombe.
— 210, — 24, au lieu de desprit, lisez, d'esprit.
— 224, — 22, au lieu de forces, lisez, force.
</pre>